贵州喀斯特山地长大隧道安全修建技术创新与实践

刘 宁 熊成宇 杨 辉 主编
虞大美 吴 波 刘远明 副主编

中国建筑工业出版社

图书在版编目（CIP）数据

贵州喀斯特山地长大隧道安全修建技术创新与实践 / 刘宁，熊成宇，杨辉主编；庹大美，吴波，刘远明副主编. — 北京：中国建筑工业出版社，2022.12
ISBN 978-7-112-28006-3

Ⅰ.①贵… Ⅱ.①刘…②熊…③杨…④庹…⑤吴…⑥刘… Ⅲ.①喀斯特地区-隧道工程-工程施工-安全技术-贵州 Ⅳ.①U458.1

中国版本图书馆CIP数据核字（2022）第178591号

本书以贵州桐梓隧道工程为背景，详细介绍了喀斯特山地隧道建设特点、难点及技术与经验。全书共六章，包括绪论，特长大跨隧道快速施工安全控制关键技术，富水岩溶隧道地下水防排及回收利用技术，大跨隧道平立面交叉施工控制关键技术，喀斯特地貌山地特长大跨高瓦斯隧道穿煤关键技术，贵州桐梓隧道修建技术的创新实践。书中对工程中涉及的关键技术从理论与实际中予以分析解决，对其他类工程建设提供了行之有效的技术管理经验。

本书可作为铁路、公路、交通工程设计、施工、监理单位工程技术人员学习、工作、培训用书，也可作为高等院校相关专业师生教学参考资料。

责任编辑：王砾瑶
责任校对：芦欣甜

贵州喀斯特山地长大隧道安全修建技术创新与实践

刘 宁 熊成宇 杨 辉 主编
庹大美 吴 波 刘远明 副主编

*

中国建筑工业出版社出版、发行（北京海淀三里河路9号）
各地新华书店、建筑书店经销
北京科地亚盟排版公司制版
建工社（河北）印刷有限公司印刷

*

开本：787毫米×1092毫米 1/16 印张：17¼ 字数：427千字
2024年2月第一版 2024年2月第一次印刷
定价：**75.00**元
ISBN 978-7-112-28006-3
（40145）

版权所有 翻印必究
如有内容及印装质量问题，请联系本社读者服务中心退换
电话：（010）58337283 QQ：2885381756
（地址：北京海淀三里河路9号中国建筑工业出版社604室 邮政编码：100037）

本书编委会

主　编：刘　宁　熊成宇　杨　辉
副主编：庹大美　吴　波　刘远明
编　委：赖庆招　姜晓博　田世宽　逯啟凯　宋宝顺
　　　　朱吉斌　巫志文　曹成勇

前　言

随着我国科学技术的不断进步，我国隧道及地下工程建设也得到了迅速发展，中国已经成为世界上隧道最多的国家，但在我国隧道建设事业蓬勃发展的同时，也遇到了很多困难，其中具有较强代表性的当属喀斯特岩溶发育地区的隧道建设。

喀斯特地貌在我国分布相当广泛，总面积约 344.4 万 km^2，约占我国国土面积的三分之一。主要集中于我国西南和东南地区的云南、贵州、广西、广东等省份。喀斯特地貌主要特点为岩溶发育，岩层常表现为软弱破碎含水，极易发生塌方，2002～2018 年，中国共发生 61 起塌方事故，占所有地质灾害的 62.89%，每当发生事故必然造成重大人员伤亡与经济损失，而地质条件为导致隧道坍塌的主要因素。喀斯特地区隧道工程建设面临着塌方、涌水、瓦斯等不良重大地质灾害，亟待总结喀斯特地区隧道安全修建技术，以期为类似工程提供借鉴指导，保证喀斯特地区隧道工程的安全经济建设。本书基于此需求，以贵州桐梓隧道工程为背景，详细介绍了喀斯特山地隧道建设特点与难点，并总结出特长大跨隧道快速施工安全控制、富水岩溶隧道地下水防排及回收利用、大跨隧道平立面交叉施工控制、喀斯特地貌山地特长大跨高瓦斯隧道穿煤等多项关键技术，描述了贵州桐梓隧道建设过程中所采用的理论分析、数值模拟、现场监测方法，这些关键技术方法对喀斯特地区特长大跨公路隧道Ⅳ级围岩微台阶施工、斜井、联络风道、交叉口开挖形成了动态模拟，揭示了喀斯特地区隧道微台阶施工、空间交叉施工工况下，隧道的位移、应力的特征。本书通过对贵州桐梓隧道工程建设过程的详尽分析总结，精练总结出喀斯特山地长大隧道安全修建技术与管理经验，希望为今后类似工程提供行之有效的技术管理指导。

本书作为贵州特殊环境长大隧道安全修建方面的专著，共分为 6 章。第 1 章主要论述了贵州喀斯特特殊环境特点，隧道洞身穿越 3 处大断层破碎带，隧址区岩溶发育，预测涌水量大，瓦斯含量高、压力大，斜井交叉口空间结构受力复杂，面临瓦斯突出、突水突泥、岩爆、软岩大变形等施工风险。第 2 章论述了特长大跨隧道快速施工安全控制关键技术，构建了基于智能多臂凿岩台车、自行式液压仰拱栈桥、自动逐窗浇筑轨道式二衬台车等长大隧道机械化施工体系；提出了周边眼深浅孔布设技术和反坡排水技术。第 3 章论述了富水岩溶隧道地下水防排及回收利用技术，开展了桐梓隧道施工过程中地下水防排对环境的影响和地下水利用的研究，预判了桐梓隧道地下水排放引起的地下水环境负效应等级，基于水质和水力要求提出了地下水利用途径。第 4 章论述了大跨隧道平立面交叉施工控制关键技术，对近距离多断面复杂交叉口段隧道进行不同工况下三维受力数值仿真，提出了近距离多断面复杂交叉口段隧道开挖及支护技术。第 5 章论述了喀斯特地貌山地特长大跨高瓦斯隧道穿煤关键技术，基于玄武岩纤维新型喷射混凝土的衬砌结构瓦斯密封措施研究，创新了高瓦斯喷射混凝土封堵技术，提升了封堵质量；提出了粉状煤层下治理技术，践行了大断面高效揭煤防突安全工法。第 6 章论述了贵州桐梓隧道修建技术的创新实践，课题研究及应用，提升了长大隧道施工的质与效。课题中的机械化施工体系、深浅孔布设技术、双组分速凝剂制备技术、交叉口施工技术等多项技术，为国内外类似长大隧道施工提供了很好的参考及借鉴意义。

本书工作得到了国家自然科学基金（52168056）、贵州省基金（黔科合基础［2020］1Y250）和有关企业科研基金资助［创新券项目（K20-0112-013）、4GS（J）-GUZ-CZTJ-08-JS-066等］的资助，在此一并表示感谢。本书的撰写过程中得到了中交一公局重遵扩容T8标项目经理部的帮助，提供了现场实际资料和现场试验的方便，感谢中交一公局四公司的宋宝顺、李进、朱吉斌、杜璇、胡俊、赵玮臣、杨赢、陈沛江、戴年杰等人提供的桐梓隧道现场数据和资料。感谢裴俊豪、万永皓、吴雄、万志强、张聪、任方舟等研究生为书稿的文字校对所做的工作！感谢黄义雄、蔡炜、彭琛等研究生为书稿的基础材料整理所做的工作！

本书由贵州大学隧道工程专业教师和中交一公局集团工程师编写，他们都是科研和工程一线的骨干人员，拥有丰富的科研工作、工程经验和成果，希望能够充分发挥个人所长，尽可能地保证本书内容的新颖性、科学性。本书的具体编写分工如下：第1章由熊成宇、杨辉、庹大美和刘宁编写，第2章由刘宁和熊成宇编写，第3章由刘远明和刘宁编写，第4章和第5章由刘宁编写，第6章由吴波和刘宁编写，在此一并表示感谢。笔者也衷心感谢中国建筑工业出版社有关人员为本书的出版所付出的辛勤劳动和努力。

本书是以作者所参与的研究课题的相关研究成果为基础整理而成的，时间仓促，难免存在错漏，敬请各位读者批评指正。

2023年5月于贵阳

目 录

第1章 绪论 ··· 1

1.1 喀斯特山地隧道建设特点 ··· 1
1.1.1 贵州喀斯特山地隧道交通特点 ·· 1
1.1.2 贵州山地隧址区及水环境特点 ·· 1
1.1.3 贵州煤系地层隧道瓦斯特点 ··· 1

1.2 贵州桐梓隧道工程概况 ·· 2
1.2.1 工程概况 ··· 2
1.2.2 工程地质条件 ··· 2
1.2.3 工程水文条件 ··· 3

1.3 贵州喀斯特山地长大隧道建设难点 ·· 6
1.3.1 岩溶富水隧址区环境复杂 ·· 6
1.3.2 大跨隧道空间交叉施工风险大 ·· 8
1.3.3 喀斯特软弱围岩对施工制约多 ·· 8
1.3.4 隧道地下水防排难度大 ··· 8
1.3.5 水文地质 ··· 9

1.4 贵州喀斯特山地隧道建设关键技术 ·· 9
1.4.1 软弱围岩下快速施工的安全控制 ··· 9
1.4.2 富水岩溶下地下水防排及回收应用 ··· 10
1.4.3 大跨隧道平立面交叉施工控制技术 ··· 10
1.4.4 高瓦斯段隧道穿煤及密封瓦斯技术 ··· 10

1.5 小结 ··· 11

第2章 特长大跨隧道快速施工安全控制关键技术 ·· 12

2.1 拟解决关键问题及重难点分析 ·· 12
2.1.1 拟解决的关键问题提出 ··· 12
2.1.2 重难点分析 ··· 13

2.2 特长大跨公路隧道机械设备配套技术 ··· 13
2.2.1 公路隧道施工的基本概念 ·· 13
2.2.2 机械选型与适应性研究 ··· 14
2.2.3 多功能地质钻机设备配置及应用效果分析 ···································· 15
2.2.4 全电脑三臂凿岩台车设备配置及应用效果分析 ······························ 23

2.2.5		基于全电脑三臂凿岩台车快速钻爆施工技术研究	27
2.2.6		拱架安装机配置及应用效果分析	35
2.2.7		车载湿喷机械手配置及应用效果分析	41
2.2.8		自行式液压仰拱栈桥配置及应用效果	47
2.2.9		防水板铺挂、钢筋安装一体机	49
2.2.10		自动分层浇筑二衬台车	50
2.2.11		电缆沟槽台车	59
2.2.12		小结	62

2.3 特长大跨公路隧道Ⅳ级围岩微台阶施工技术 63

- 2.3.1 桐梓隧道台阶法设计及其计算分析 64
- 2.3.2 施工工艺流程及操作要点 69
- 2.3.3 主要机具设备运用 76
- 2.3.4 现场监控量测数据分析 76
- 2.3.5 技术经济效益分析 77

2.4 山地城市轨道交通长大连续坡道节能技术运用 78

- 2.4.1 长距离反坡抽排水方案设计 78
- 2.4.2 智能化远程操控平台技术研究 85
- 2.4.3 施工现场应用效果分析 88

2.5 小结 88

第3章 富水岩溶隧道地下水防排及回收利用技术 89

3.1 拟解决关键问题及重难点分析 89

- 3.1.1 拟解决的关键问题 89
- 3.1.2 重难点分析 89

3.2 隧道涌水量预测及环境效应评价体系 89

- 3.2.1 隧道涌水量预测方法 89
- 3.2.2 隧道反坡排水方案设计及数值分析 92
- 3.2.3 桐梓隧道评价结果及分析方法 100

3.3 桐梓隧道排放地下水化学成分检测技术 107

- 3.3.1 试验目的及检测方法 108
- 3.3.2 隧道排放及地下水化学特征与主要离子来源分析 113
- 3.3.3 隧道排放水结构材料腐蚀性成分来源分析 119

3.4 桐梓隧道地下水回收利用技术 120

- 3.4.1 隧址区地下水评价及分析 120
- 3.4.2 隧址区地下水可利用方案探索 125
- 3.4.3 隧道消防用水标准及内容 126
- 3.4.4 隧址区地下水作消防水方案 128

3.5 小结 133

第4章 大跨隧道平立面交叉施工控制关键技术 135

4.1 拟解决关键问题及重难点分析 135
4.1.1 拟解决的关键问题 135
4.1.2 重难点分析 135
4.2 平立面交叉洞室施工力学理论研究 135
4.3 立面交叉洞室开挖扰动影响数值分析 139
4.3.1 有限元的基本方程与边界条件 139
4.3.2 模拟流程及数值模型构建 141
4.3.3 大跨隧道空间交叉口施工总方案 142
4.3.4 桐梓隧道1号交叉口开挖方法数值模拟 143
4.3.5 桐梓隧道2号交叉口开挖方法数值模拟 143
4.3.6 桐梓隧道3号交叉口开挖方法数值模拟 145
4.3.7 桐梓隧道4号交叉口开挖方法数值模拟 147
4.3.8 桐梓隧道5号交叉口开挖方法数值模拟 150
4.3.9 桐梓隧道6号交叉口开挖方法数值模拟 152
4.3.10 桐梓隧道7号交叉口开挖方法数值模拟 153
4.4 平面交叉洞室开挖扰动影响数值模拟 156
4.4.1 数值试验设计 156
4.4.2 不同爬升段长度对围岩稳定性的影响 157
4.4.3 数值计算结果处理及分析 161
4.5 新型支护结构体系及施工控制技术 167
4.5.1 交叉口主钢拱架设计方案及数值试验 167
4.5.2 抗弯承载力试验 170
4.5.3 等截面交叉口新型钢拱架体系及其配套装置 173
4.5.4 现场测试应用分析 177
4.6 大跨隧道空间交叉口施工组织研究 179
4.6.1 总体施工顺序 179
4.6.2 总体施工工艺介绍 180
4.6.3 桐梓隧道1号交叉口施工工艺技术 180
4.6.4 桐梓隧道2号交叉口施工工艺技术 190
4.6.5 桐梓隧道3号交叉口施工工艺技术 191
4.6.6 桐梓隧道4号交叉口施工工艺技术 196
4.6.7 桐梓隧道5号交叉口施工工艺技术 198
4.7 小结 201

第5章 喀斯特地貌山地特长大跨高瓦斯隧道穿煤关键技术 202
5.1 拟解决关键问题及重难点分析 202
5.1.1 拟解决的关键问题 202

          5.1.2 重难点分析 ··· 202
   5.2 特长大跨高瓦斯隧道石门揭煤岩柱受力状态研究 ·· 202
          5.2.1 煤层群超前钻探关键技术 ·· 202
          5.2.2 高瓦斯隧道计算模型建立和参数取值 ··· 205
          5.2.3 数值模拟计算结果及分析 ·· 206
   5.3 隧道瓦斯突出性判别、评估及防突措施研究 ·· 209
          5.3.1 瓦斯突出性判别、评估 ·· 209
          5.3.2 揭煤防突施工技术研究 ·· 213
          5.3.3 揭煤施工开挖支护工艺流程及操作要点 ····································· 234
   5.4 基于新型纤维混凝土的衬砌结构瓦斯密封技术 ·· 240
          5.4.1 玄武岩纤维喷射混凝土基础试验 ··· 240
          5.4.2 玄武岩纤维喷射混凝土配合比设计规定及参数控制 ····················· 252
          5.4.3 玄武岩纤维喷射混凝土原材料质量要求 ····································· 253
          5.4.4 玄武岩纤维喷射混凝土拌合要求 ··· 254
          5.4.5 玄武岩纤维喷射混凝土喷射注意事项 ·· 254
          5.4.6 玄武岩纤维喷射混凝土成本分析 ··· 255
          5.4.7 聚丙烯纤维混凝土和玄武岩纤维混凝土结构物分析 ····················· 255
   5.5 小结 ·· 257

第6章 贵州桐梓隧道修建技术的创新实践 ·· 259

   6.1 设计与施工的创新实践 ·· 259
          6.1.1 软弱围岩下快速施工的安全控制优化设计 ·································· 259
          6.1.2 富水岩溶环境下地下水防排及回收应用关键技术 ························ 259
          6.1.3 大跨隧道平立面交叉施工控制技术 ·· 260
          6.1.4 新型支护结构体系设计和施工 ·· 260
          6.1.5 高瓦斯段隧道穿煤设计和施工关键技术 ····································· 261
          6.1.6 新型纤维混凝土的衬砌结构瓦斯密封关键技术 ··························· 261
          6.1.7 工程创新技术 ··· 262
   6.2 科研和成果 ··· 262

参考文献 ·· 264

第1章 绪　论

1.1　喀斯特山地隧道建设特点

1.1.1　贵州喀斯特山地隧道交通特点

喀斯特地貌（karst landform）是具有溶蚀力的水对可溶性岩石进行溶蚀等作用所形成的地表和地下形态的总称，又称岩溶地貌。喀斯特地貌主要表现形式有地表的溶沟、石芽、落水洞、漏斗、峰丛、峰林和孤峰，地下的有溶洞、地下河和岩溶泉。

山地城市广义概念上指具有山地特征的城市，即城市选址和建筑在丘陵、山坡等起伏比较大的地形之上，地形断面坡度大于5%，分割深度大于25m的城市。

地球上约有15%的地形是喀斯特岩溶地貌，我国是世界上岩溶分布面积最广的国家之一，岩溶分布面积达 $3.444 \times 10^6 km^2$，占国土面积的35.93%。我国境内岩溶分布纵深横广，北方以山西为中心，主要分布在山西、山东、河南、河北一带；南方以贵州为中心，主要分布在云南、贵州、广西、四川、湖南、湖北和广东一带。我国也是个多山国家，山地面积约为650万 km^2，占国土面积超过三分之二，具有山地多、耕地少特点。

在我国，重庆、青岛、贵阳、遵义、攀枝花等都是典型的山地城市。山地城市的功能区一般分布在不同起伏的地形上，使得其空间特征和环境特征都与平原城市有很大的不同。

1.1.2　贵州山地隧址区及水环境特点

山地城市建设具有以下特点：

（1）山地城市是指城市主要分布在上述山地区域的城市，形成与平原地区迥然不同的城市形态与生态环境，山地城市空间结构按照多中心、组团发展模式，具有明显的集中与分散的对立统一特点。组团内人口密集，资源紧缺，建筑密集，组团间连接交通压力大。大运量、绿色出行的轨道交通能更好地满足交通出行需求。

（2）山地城市"基底"高低起伏，落差较大，对城市轨道交通工程影响大。城市轨道交通工程应充分考虑地形地貌进行优化设计。

（3）山地城市轨道交通工程周边环境复杂，施工期间交通疏解压力大，需有针对性地选择施工工法。

（4）山地城市的人与地是矛盾统一体，应以人与自然和谐共生的科学发展观进行城市轨道交通建设。充分发挥自然地形的潜力，尊重自然，顺应自然，因地制宜，和谐发展。

1.1.3　贵州煤系地层隧道瓦斯特点

贵州煤系地层隧道瓦斯具有以下特点：

（1）隧道穿越煤系地层一般都会存在瓦斯。根据隧道瓦斯涌出情况，可分为无瓦斯区、低瓦斯区、高瓦斯区和煤与瓦斯突出区。也可根据瓦斯含量的不同，将瓦斯划分为不同的防御等级。在实际施工中，需要综合考虑不同的情况。隧道应根据绝对瓦斯涌出量、瓦斯压力、煤的坚固性系数等指标，进行瓦斯工区等级划分。瓦斯隧道指导性与实施性施工组织设计应围绕瓦斯隧道工区等级进行编制。

（2）近年来，贵州瓦斯隧道数量呈现出一种爆发式增长态势。瓦斯燃烧、爆炸是隧道施工中经常发生的现象，并且危险性极高，有关结果显示，在常温条件下，瓦斯浓度在5%～16%时容易发生爆炸，并且一些外部条件也极易引起瓦斯爆炸。比如，明火、煤自燃、摩擦火花、静电火花等都有可能引起隧道内瓦斯爆炸。当瓦斯浓度达到16%以上时，瓦斯就不再是呈现爆炸状态，而是自动燃烧。如果没能及时发现，必然会使隧道引起火灾，从而给整个隧道工程施工带来严重的灾害。

（3）在隧道施工贯通运营中，如果没有做好隧道结构的密封性工作，岩体内的瓦斯将极易从未密封好的工程缝隙中泄漏出来，给隧道运营埋下安全隐患。

（4）煤与瓦斯突出是瓦斯隧道施工过程中最为严重的灾害，它的危害范围广且威力巨大。当突出发生时，大量的瓦斯将会从岩层中涌出，其涌出量远远超过煤层原始的瓦斯含量，从而出现瓦斯逆流的现象。此时，瓦斯将波及整个施工工作区，会破坏隧道公共设备，给施工区造成严重的灾害。

1.2 贵州桐梓隧道工程概况

1.2.1 工程概况

贵州省是国内喀斯特地貌最为集中的地区之一。贵州可溶岩总面积达 12.88 万 km^2，占全省国土总面积的 73%。贵阳市地处黔中典型岩溶山区，山高坡陡（贵阳盆地周围山地坡度多在 15°以上），地形破碎，属高原中山丘陵地貌。本工程为兰州至海口国家高速公路重庆至遵义段（贵州境）扩容工程 T8 标段，项目位于遵义市桐梓县境内，路线起于桐梓县楚米镇，途经出水村，跨越石板村到达本标段终点，路线起止桩号：YK40+546～YK47+410，全长 6864m。采用双向六车道高速公路标准建设，设计时速 100km，本项目包含桐梓隧道一座，属全线控制性工程，合同工期 41 个月（1240 日历天）。

桐梓隧道为公路分离式三车道特长隧道，全长 10497m。T8 标段负责左幅起止桩号 ZK40+511～ZK45+005，全长 4494m；右幅起止桩号 YK40+546～YK45+015，全长 4469m，出口端反坡施工隧道最大埋深 639.07m。桐梓隧道左、右幅均为上坡，纵坡－1.75%。桐梓隧道出口端含辅助导坑 3 号斜与主洞交叉桩号 YK41+990，起止桩号：K0+000～K1+570，1 座，全长 1570m，斜井路线与隧道主洞平行，综合纵坡－8.46%，施工中为保证揭煤安全和加快施工进度新增斜井 1 座，新增斜井与主洞交叉口桩号 YK42+810，起止桩号 K0+000～K0+410，综合纵坡－9.18%，长 410m。

1.2.2 工程地质条件

（1）地质构造：隧道区位于扬子准地台黔北台隆遵义断拱毕节北东构造变形区东部边缘，以南北向及少部分北西、北东向构造为境内基本构造格架。褶皱构造以复式背、向斜为主，具有窄向斜宽背斜组成的典型隔槽式构造组合特征。隧道穿越的褶皱构造有东山背斜、高桥向斜、茅坝向斜，穿过的断裂主要为开肩堡断层、令狐家垭口断层、出水孔断层和野猫洞断层。

(2) 地层岩性：隧址区地层众多，岩性多样，组合复杂。上覆第四系土层分布零星，厚度不大，有碎屑地段的含碎石粉质黏土以及可溶岩地段的黏土。出露的基岩有：1) 三叠系下统茅草铺组（T_1m）灰岩，偶夹透镜状溶塌角砾岩和角砾状白云岩，底部为层厚15~20m的泥岩；2) 三叠系下统夜郎组第五段（T_1y5）泥岩夹泥灰岩，第四段（T_1y4）灰岩，第三段（T_1y3）泥岩夹泥灰岩，第二段（T_1y2）灰岩、泥质灰岩、泥岩，第一段（T_1y1）泥岩；3) 二叠系上统长兴组（P_3c）灰岩；4) 二叠系上统龙潭组（P_3l）煤系地层；5) 二叠系中统茅口组（P_2m）灰岩；6) 二叠系中统栖霞组（P_2q）灰岩夹炭质泥岩；7) 志留系中统韩家店组（S_1h）泥岩，局部夹泥质灰岩；8) 志留系中统石牛栏组（S_1sh）泥质泥岩、灰岩夹泥灰岩及泥质粉砂岩；9) 志留系下统龙马溪组（S_1l）泥质灰岩与泥岩互层，下部为泥岩、黑色炭质泥岩；10) 奥陶系中上统五峰组（O_3w）、涧草沟组（O_3j）、宝塔组（O_2b）灰岩、灰岩夹粉砂质泥岩及炭质泥岩；11) 奥陶系下统湄潭组（O_1m）粉砂质泥岩夹灰岩。

1.2.3 工程水文条件

(1) 地表水

拟建隧道横穿东山背斜、令狐家垭口断层、茅坝向斜、出水孔断层及野猫洞断层，含水岩组多呈间互出现，隧址区水文地质条件较复杂。

隧址区地表无常年地表径流。因山体高程落差大，地形坡度较陡，地表水分散排泄速度快，仅在雨季因降水及泉点水出露排泄于冲沟内集中径流，形成短浅溪流。以地表分水岭为界，重庆端地表径流流入松坎河，遵义端流入桐梓河。

(2) 地下水类型

1) 碳酸盐岩岩溶水：碳酸盐岩岩溶水依据含水介质组合及水动力特征又可进一步分为碳酸盐岩裂隙—溶洞水、不纯碳酸盐岩溶洞—裂隙水两个亚类。

① 碳酸盐岩裂隙—溶洞水。

该含水岩组为 T_1m、T_1y4、P_3c、P_2m、P_2q、O_2b 灰岩、白云岩，水量较丰富，泉水及地下河流量一般为 5~30L/s，最大流量达 200L/s，枯季地下水径流模数 7.10~7.80L/(s·km^2)，富水性中等~强。含水层中地下水分布的均一性视岩石类型的不同而有较大差异；石灰岩中地下水主要集中于裂隙带和岩溶管道中，分布极不均匀；而白云岩中地下水多赋存于溶孔、溶隙中，分布较为均匀。地下水水位埋藏一般较深，地下水水力坡度较大。

② 不纯碳酸盐岩溶洞—裂隙水。

该含水岩组为 T_2s、T_1y2、S_1sh、O_3w、O_3j 灰岩、泥质灰岩夹泥岩。含水岩层与隔水层相间分布，地下水在碳酸盐岩层中通常作顺层运动，含水性不均一，水量较为丰富，泉流量一般为 5~10L/s，枯季地下水径流模数 4.50~5.09L/(s·km^2)。属碳酸盐岩夹碎屑岩类溶洞裂隙水，富水性中等。

2) 基岩裂隙水：根据调查，区内隧道进出口一带分布 T_1y5、T_1y3、T_1y1、P_3l、

S_1h、S_1l、O_1m，其面积较广，岩性为泥岩、粉砂岩夹灰岩及煤层，其中灰岩厚度薄，整体是主要的基岩裂隙水含水层。泉水流量一般为 0.1～1.0L/s，个别构造汇聚可达 12.0L/s，枯季地下水径流模数 1.3～2.46L/(s·km^2)，富水性弱～中等。

（3）地下水补给、径流、排泄特征

场区为相互交接的高耸山地，补、径、排较为多变，总体上王庙、扁桶山、尖峰顶及杨家坝、大顶、槽湾一带形成分离式地表分水岭，地下水沿分水岭分别以不同方式排往松坎河、桐梓河和清溪河。

具体而言，降雨是区内地下水的主要补给来源，部分地段存在降雨形成的片流、地表径流，通过裂隙、溶隙、溶槽、落水洞（漏斗）下渗补给地下水。调查区内地下水径流部位一般为斜坡地带，排泄区为谷地及河流，受地貌、岩溶、地质构造、水网展布控制，地段性差异较大，但一般都与岩层走向一致。其中东山背斜外围翼部洼地、落水洞、竖井发育，径流类型以隙流、层面流及暗河、伏流状态，自南向北越过背斜倾伏端再由东向西运移，沿途多集中排入松坎河；梅子沟至黄家湾一带，洼地、落水洞发育，但控制基面发生变化，径流类型以隙流、层面流为主，由北向南运移，分散进入外侧桐梓河；茅坝向斜轴部，有断层通过，径流类型以隙流、层面流和断层流，由北往南运移，分散排往桐梓河；黄瓜湾至仓水岩，明显跨越分水岭，径流类型主要以隙流状态径流，运移方向由南向北径流。从全区情况看，地形较陡峻，降水渗入后，形成的水力坡度较大，虽然溶隙、溶洞及管道曲折多变，地下径流普遍都较迅速。松坎河、桐梓河及清溪河是区内最低位置，为地下水排泄基面。地下水排泄以泉点及地下暗河、伏流的形式排泄，其排泄特征受构造和岩溶化程度控制，如大河镇龙洞塘、马打洞、莲花洞和马鬃乡出水孔、龙塘坝等地，节理、断裂影响明显，岩溶化程度较高，地下水水量大，形成岩溶大泉、地下河，相应其余构造作用弱和岩溶化程度不高地带水量则较小。区内地下水大都沿岩层面相间分布，闭合性较好，向下游的侧向流出很少，跨境联系不大。隧道穿过碳酸盐岩区段较多，施工存在诱发涌水、突泥事故的可能。

（4）地下水动态和埋藏深度

受地层岩性影响，隧道区地下水具有较强关联性，广泛接受大气降水和部分地表水补给，地下水动态类型基本属于渗入—径流型。一般来说，地下水的丰水期、平水期、枯水期与雨期的划分是相对应的。地下水的丰水期在多雨的 6～8 月，5 月中下旬水点流量开始回升，在伏汛期间达到高峰，8 月即行递减。9～11 月为地下水的平水期，期间受降水影响，可能出现短暂的峰值，但总的趋势是下降的。12 月以后，降雨显著减少，地下水进入枯水期，至 3 月或 4 月达到最低值。由于地下水径流特征的地区性差异，地下水流量或水位常有数日至数十日的滞后时间。

本次工作由于时间关系，无法对区内泉点（地下暗河）流量进行长观统计，只是有针对性地对龙洞塘地下河和马打洞地下河进行多次测流。根据 1∶20 万桐梓幅区域水文地质普查报告和此次调查资料对比分析，在石灰岩、白云岩分布区，地下水流量变幅在 1.1～30 倍，最大 200 倍；在基岩裂隙水和第四系孔隙分布地带，流量变幅在 0.1～20 倍，相对较为稳定。

根据地貌组合情况以及收集和施工钻孔实测的稳定水位与隧道周边出露泉点显示，区内可划分为地下水浅埋区和地下水水位深埋区，地下水埋深一般为 50～100m，局部地段大于 200m，隧道基本都位于地下水位以下。

(5) 水文地质分区

工作区地表分水岭与地下分水岭总体一致，依据地表分水岭及水文网所起的控制作用，将区内分为三个水文地质区，再按构造单元、地貌形态类型，划分为 7 个亚区，亚区边界是以隔水岩层和阻水断层为界，如图 1-1 所示。

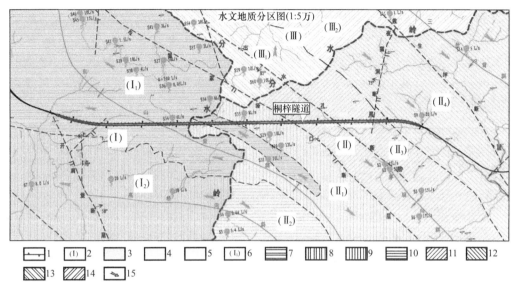

图 1-1 场区水文地质分区图

1—地表分水岭；2—主区编号；3—松坎河流域水文地质区；4—桐梓河流域水文地质区；5—清溪河流域水文地质区；6—亚区编号；7—东山背斜北段水文地质亚区；8—高桥向斜北段水文地质亚区；9—东山背斜南段水文地质亚区；10—茅坝向斜南段水文地质亚区；11—高桥向斜南段水文地质亚区；12—三岔背斜南段水文地质区；13—茅坝向斜北段水文地质亚区；14—三岔背斜北段水文地质区；15—地下水径流方向

(6) 涌水量预测

经对隧址区水文地质条件的调查，结合区域水文地质资料的综合分析，大气降水、地表水的直接入渗是地下水的主要补给来源。隧道穿越多个不同性质的含水岩组，地下水位不一，地下水渗透性亦存在一定差异。但区内 60% 以上为碳酸盐岩分布，结合本次隧址区地形地貌、地层岩性、构造及水文地质条件等进行隧道涌水量预算时，考虑隧道安全施工，选取区内日最大降水量（173.3mm）状态下，按照地层岩性对隧道进行分段计算。隧道各段涌水量采用大气降水入渗法、地下水径流模数法、半理论半经验公式法进行预测，并进行对比，最终预测隧道主洞、3 号斜井、4 号斜井最大涌水量分别为 5.8 万 m^3/d、2.89 万 m^3/d、2.73 万 m^3/d。

(7) 水质条件

选取隧道出口段地表水、团圆煤矿煤洞（P3l）煤系地层水进行了水质测试。测试结果表明：

① 场区水质类型为 [C] Ca I 型。即为碳酸盐钙质水；地表水、地下水对钢筋混凝土结构具微腐蚀性。

② 团圆煤矿煤洞水（P3l）。地下水为 [S] K+Na I 型，即为硫酸盐钾钠质水，根据《公路工程地质勘察规范》（JTG C20—2011）附录 K 中表 K.0.3 环境类型划分标准，场区属 II 类环境，煤系地层内的地下水对钢筋混凝土结构具有弱腐蚀性。

1.3 贵州喀斯特山地长大隧道建设难点

1.3.1 岩溶富水隧址区环境复杂

贵阳市城市轨道交通 1 号线线路全长 38.6km，起于观山湖区朱昌镇窦官村，经云岩区和南明区，止于经开区场坝村，线路由西向东，由北向南走向。其中地下线长 30.07km，路基段长 1.54km，高架线长 3.5km，共设车站 25 座（20 座地下站、2 座地面站、3 座高架站），其中换乘车站 9 座，联络线 1 处（设于诚信路站西北象限）。其线路平面图如图 1-2 所示。

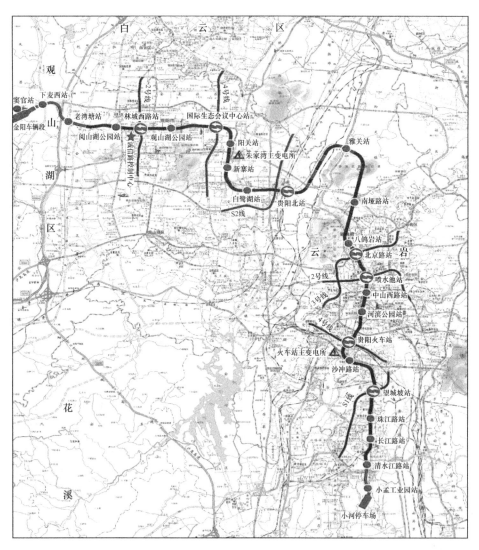

图 1-2 贵阳城市轨道交通 1 号线线路走向示意图

1 号线线路起点预留向百花湖延伸的条件，由西向东下穿绕城高速公路，高架过将军山后转入地下，后线路沿林城西路东行，于林城路与诚信北路交叉口设诚信路站（与 2 号线十字换乘），过行政中心站、会展中心站后转向 210 国道南行至景观大道（规划）设大关站，出站后线路转至贵阳北站与大铁路实现换乘。后线路沿小关水库西侧拐向北，至雅关村处跨过小关峡谷，设雅关站后向南至蛮坡，经安云路设站，后于北京路口设北京路站与 3 号线换乘，后线路沿合群路南行至延安路口北侧设延安路站与 2 号线通道换乘，沿公园路南行于中山路口设中山路站，过都司路后下穿南明河，跨瑞金南路设人民广场站后线路再次下穿南明河，到遵义路后线路敷设至贵阳火车站，线路经朝阳洞路，在望城坡设站后经珠江路、浦江路南行，上跨西南环线后达到 1 号线终点站场坝村站，终点预留向南延伸的条件。

（1）岩溶

轨道 1 号线工程起点至贵阳北站，为高原低山溶丘及溶蚀洼地区域，地表岩溶形态以溶沟、溶槽、岩溶洼地为主，地下岩溶形态多为隐伏型的溶洞、溶隙、溶沟、溶槽等，岩溶洞穴多被黏土充填，根据钻探资料揭示，钻孔遇溶洞率 8%～21%，属岩溶弱至中等发育场地，局部岩溶强发育，在强发育区，钻探揭示充填型溶洞呈串珠状。

贵阳北站至雅关站，岩性以碎屑岩为主，局部分布碳酸盐岩，岩溶不发育至弱发育。

雅关站至安云路站，岩溶弱至中等发育，岩溶形态多为隐伏型的溶洞、溶隙、溶沟、溶槽等，岩溶洞穴多被黏土充填，地下水以基岩裂隙和岩溶裂隙水为主，无大的岩溶管道流，地下水位较深，降水引起地面塌陷的可能性小。

安云路站至望城坡站，本段为地下水径流、排泄区，地下水以南明河为排泄基准面，南明河底低于城区地面标高 10～20m，城区地下水位多在地面下 5～10m，多位于岩土分界面附近。本区地下水水力坡度比较缓。岩溶中等发育至强发育，岩溶形态多为隐伏型、溶洞多被黏土充填，局部有空的溶洞和岩溶管道。岩溶对轨道交通工程的影响主要为施工期间降水引起地面塌陷和隧道、车站基底遇到溶洞需要进行处理等问题。

望城坡站至设计终点，本段主要为碎屑岩区，局部分布有碳酸盐岩，大部分地段岩溶不发育，局部岩溶弱发育。

贵阳城市轨道交通 1 号线岩溶情况见表 1-1，岩溶段落长度所占比例为 71.2%。

贵阳城市轨道交通 1 号线岩溶段落占比情况表　　　　表 1-1

项目名称	线路长（km）	岩溶总长（km）	非岩溶总长（km）	岩溶段落长度所占比例
1 号线	38.6	27.5	11.1	71.2%

（2）其他不良地质

1）煤层瓦斯。

沿线部分地段有二叠系龙潭组煤系地层分布，局部地段曾有当地居民进行过无序开采。已停止开采多年，有一定规模，但沿线在煤矿采空区附近未见地表塌陷现象，采空区顶板处于基本稳定状态，根据勘察结果，在下麦西站至将军山站区间线路以外存在小的巷道采空区，但对线路工程无影响。

2）膨胀岩土及红黏土

红黏土为特殊土，局部具弱膨胀性，沿线广为覆盖，主要分布在金阳台地和中心城区，覆盖于碳酸盐岩之上，承载力和力学指标随含水量增大而减小，本层与轨道交通工程关系密切，是基坑边坡的主要岩土层，红黏土还是地下水降水引起地面塌陷的直接层位。

红黏土中的软塑、流塑状土，多为地下水位以下的溶沟、溶槽、溶洞充填物。

3) 顺层及滑坡

贵阳北至雅关段，为河谷斜坡，岩层倾向与坡向相同，倾角20°~50°，工程施工切割岩体坡脚容易引起滑动，傍山修建隧道容易产生偏压，因此，本段线路需要避免深挖路堑和傍山浅埋隧道。望城坡至小河停车场地段，岩性为泥岩、泥质砂岩等软质岩，岩层倾角30°左右，顺向坡高边坡容易产生顺层滑动。

4) 软土

沿线局部地段穿越溪沟、鱼塘、岩溶洼地等，分布少量软塑~流塑状的红黏土及淤泥质土，范围一般较小，厚度较薄。

1.3.2 大跨隧道空间交叉施工风险大

沿线地势北西高、南东低，主要为溶丘、洼地与槽谷地貌。线路自下麦西站至贵阳北站，地面海拔高程多在1268~1292m之间，平均为1280m左右，属云贵高原上的低山溶丘及溶蚀洼地地貌。自贵阳北站出站后，于小关河谷设雅关站，经蛮坡站至安云路站，线路紧坡而下，所经地段地形起伏大，山脊海拔高程1323.7m，河谷海拔高程1113m，最大高差210.7m。地貌形态为山脊、河谷、斜坡地貌。线路出安云路站，经北京路站、延安路站、中山西路站、人民广场站、贵阳火车站站至沙冲路站，线路穿行于繁华的中心城区，地形最低处为南明河河底，海拔高程1047.2m，其余地段地面海拔高程多在1062m左右，属河流、岩溶槽谷地貌。线路出沙冲路站，经望城坡站、新村站、长江路站、清水江路站至终点场坝村站，地面标高1077~1239m，属岩溶槽谷、河流谷地和丘陵地貌。

1.3.3 喀斯特软弱围岩对施工制约多

贵阳属亚热带季风湿润气候，冬无严寒，夏无酷暑，阳光充足，雨水充沛。空气不干燥，四季无风沙，多年平均气温15.3℃，最热月平均气温24.0℃，最冷月平均气温5.1℃，极端最高气温35.4℃；年平均风速2.5m/s，最大风速23m/s；多年平均降雨量1107.8mm，多年一次最大降雨量269.4mm；积雪最大厚度16cm，积冰最大厚度6cm；晴天日数149天，阴天日数233.4天，雾天日数10.5天，日照时数1285.3小时；多年平均相对湿度77%，最大相对湿度100%。

1.3.4 隧道地下水防排难度大

贵阳城区北面属长江水系的乌江流域范围，南面少部分地段属珠江水系的红水河流域，最大河流为南明河，发源于湖潮林长一带，经市中心河滨公园、朝阳桥、甲秀楼一带，线位处河流常水位高程为1048.9m，河底出露基岩，标高1046.0~1048.0m，河水深0.9~2.9m，河面宽45~60m，河床坡降2‰，平均流量12.3m³/s。

南明河百年一遇的最高洪水位在朝阳桥段为1055.30m，在新桥段为1056.20m。南明河主要支流有贯城河、市西河，影响拟建线路的地表河流主要为南明河及贯城河。贯城河是一条由北向南纵贯贵阳市城区的河流。流域面积仅为21km²，河面宽度约14.0m，发源于茶店村以北的唐家山，河源高程为1438.0m，于大营坡处进入贵阳城区，沿途经过黑马市场、贵阳医学院、沙河桥、化龙桥、喷水池、狮子桥、原市政府、六洞桥，于朝阳桥上游140m处汇入南明河，汇口水位高程为1048.5m。市西河发源于都拉小关一带，流经偏坡、雅关、二桥、市西路，于一中桥处汇入南明河，汇口水位标高为1049.48m。

1.3.5 水文地质

(1) 地下水分布

沿线地下水主要有第四系孔隙水、碎屑岩基岩裂隙水、岩溶裂隙水和岩溶管道水。

① 第四系孔隙水。

主要分布于第四系土层中，其中水量较大的是河床中的卵石层水，其他土层中含水量较小，黏性土层尤其是红黏土层中弱含水，渗透系数小，一般为隔水层。

② 碎屑岩基岩裂隙水。

分布于地下水位以下的砂岩、粉砂岩、泥质砂岩、砂质泥岩、泥岩等基岩裂隙中，弱富水，局部中等富水。

③ 岩溶裂隙水。

分布于地下水位以下可溶岩裂隙中，弱~中等富水，局部强富水。

④ 岩溶管道水。

主要分布于中心城区，水量丰富，但水量分布极不均匀，岩溶发育段水量较大，岩溶管道最大水量超过1000m^3/d。

(2) 地下水类型及水化学特征

沿线地下水属碳酸盐钙质水、碳酸盐钠质水。场地地下水环境作用等级为I-C级，化学环境作用等级为无，地表水环境作用等级为I-C级，SO_4^{2-}化学环境作用等级为V-C级。

(3) 水文地质分区

由于沿线地形起伏较大，地下水分布不均匀，基岩裂隙水、岩溶裂隙水、岩溶管道水的地下水位总体受地形起伏控制，且又受含水岩组和隔水岩组的产状控制，沿线无统一含水层和统一地下水位，有时数米之内地下水位会形成较大落差，水文地质分区并无明显的分区界线，大体上可分为以下几个区域：Ⅰ区，金阳台地，基岩裂隙、岩溶裂隙水区；Ⅱ区，小关河~市西河流域，基岩裂隙、岩溶裂隙、孔隙水区；Ⅲ区，贵阳市中心城区，岩溶裂隙、岩溶管道、基岩裂隙水、孔隙水区；Ⅳ区，小河区，基岩裂隙、局部孔隙水和岩溶裂隙水区。

1.4 贵州喀斯特山地隧道建设关键技术

1.4.1 软弱围岩下快速施工的安全控制

(1) 复杂条件下特长大跨公路隧道机械设备配套技术研究

① 设备配置。为了加快炮眼钻进速度和精度，配置三臂凿岩台车；为了及时施作锚杆，并确保锚杆的施作质量，配置专门的锚杆钻机或利用三臂凿岩台车，以及锚杆注浆设备；为了及时喷射混凝土，并确保混凝土质量，配置湿喷机械手；为了加快钢架安装速度，确保钢架安装质量，配置钢架安装机；为了实现隧道全部断面开挖，配置自动仰拱栈桥。

② 对于研发、改造或新引进的设备，首先在现场设置试验段进行工业化试验。建立隧道施工机械化操作系统与机械设备配套技术，保证人员安全。

（2）复杂条件下特长大跨公路隧道Ⅳ级围岩微台阶施工技术研究

第8标段桐梓隧道Ⅳ级围岩占比高达67.17%，是制约施工进度的关键，根据围岩具体条件，通过理论分析、工程类比及现场对比试验，研究提出Ⅳ级围岩微台阶施工工法（Ⅳ级围岩），加快隧道安全快速掘进。

1.4.2 富水岩溶下地下水防排及回收应用

针对隧道穿越断层多、含水量大特点，对隧道地质及水文情况进行深入分析，根据主洞及3号斜井的预测涌水量及隧道纵坡参数，计算得出所需设备的扬程、功率等参数，做好反坡排水措施；设计出一套反坡抽排水系统，包含泵站和集水坑位置设置、水泵及抽排水管路管径的选型及配置，以及涌水处治预案等。建立泵站监控系统和现场设备的协同控制机制，直观、形象、实时地反映出水泵和相关设备的工作状态，并且对各种监测到的状态参数进行动态管理和报表自动生成及打印，实现了泵站的科学运行、实时监测和动态管理，提高和优化水泵的各项使用性能及可靠性，减少人员管理数量，使水泵的利用达到最经济、最节能、最可靠。

反坡施工隧道一旦突水带来的危害很大，因此必须研究快速有效的施工期排水系统，研究多级高扬程排水方法，解决长距离斜井施工排水问题。

1.4.3 大跨隧道平立面交叉施工控制技术

（1）桐梓隧道大断面空间交叉口力学分析和支护参数优化

研究斜井与主洞交叉口及联络通道三维受力状态，指导隧道支护，优化支护参数，实现动态施工、动态设计，确保交叉口施工安全。

（2）大跨隧道空间交叉口施工组织研究

根据大跨隧道空间交叉口施工受力分析和支护方案，科学组织施工工序，保证交叉口施工安全，有效提高交叉口施工工效。

（3）桐梓隧道大断面空间交叉口控制爆破技术研究

桐梓隧道属高瓦斯隧道，研究大跨隧道交叉口围岩开挖爆破控制技术，设计光面爆破和聚能水压爆破技术参数，包括爆破掏槽形式、掏槽孔的位置、深度、周边眼形式、大小和间距、药卷和雷管类型、炮泥长度和水袋填充等技术参数。开展瓦斯隧道爆破围岩松动圈测定和爆破振速检测，对隧道控制爆破技术进行分析、评价和优化，降低爆破对交叉口扰动，稳定围岩，确保施工安全。

1.4.4 高瓦斯段隧道穿煤及密封瓦斯技术

（1）复杂地质特长大跨高瓦斯隧道石门揭煤岩柱受力状态研究

对石门揭煤瓦斯隧道不同预留岩柱厚度进行受力分析，确定大跨度高瓦斯隧道最小安全岩柱厚度，科学合理指导揭煤，确保施工安全。

（2）复杂地质特长大跨瓦斯突出隧道瓦斯突出性判别、评估及防突措施研究

对复杂地质特长大跨瓦斯突出隧道瓦斯突出性判别、评估以及揭煤防突技术研究，更

好地指导揭煤过程,确保隧道穿越瓦斯突出煤系地层的施工安全。

(3)基于新型纤维混凝土的衬砌结构瓦斯密封措施研究

研究瓦斯压力对隧道衬砌的瓦斯密封功效的影响,基于新型纤维材料研究高气密性、低紧缩性、易于施工的新型纤维混凝土,研究新型纤维混凝土的材料构成、配装参数及施工工艺流程。

1.5 小结

桐梓隧道长度在目前全国在建公路隧道三车道中属第一,隧道围岩以Ⅳ、Ⅴ级围岩为主,地质复杂,隧道施工过程中解决了大涌水、大跨、长距离反坡施工、岩溶突水突泥施工、高瓦斯隧道施工、隧道长距离独头施工,水源保护等技术难题。本书以复杂地质条件下多重交互空间条件下特长大跨隧道快速施工、隧道空间交叉施工、隧道智能化快速抽排水、穿煤高瓦斯隧道研究为背景,总结理论推导、数值模拟、现场监测的方法对复杂条件下特长大跨公路隧道Ⅳ级围岩微台阶施工、斜井、联络风道、交叉口开挖、高瓦斯隧道石门揭煤岩柱受力进行了运动状态下的数值模拟。汇总通过初支及煤岩柱竖向位移、应力进行分析,揭示桐梓隧道微台阶施工、空间交叉施工、揭煤施工工况下,隧道的位移、应力的特征。将特长大跨隧道配套机械设备施工、富水断层隧道施工突水机理及处治、大跨隧道空间交叉口施工、大跨公路隧道揭煤防突等一系列技术综合应用,从而提高隧道施工效率、质量,以及隧道施工安全风险的管理水平。

第 2 章 特长大跨隧道快速施工安全控制关键技术

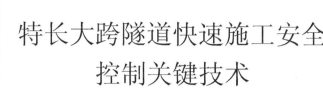

兰州至海口国家高速公路重庆至遵义段（贵州境）扩容工程，是《国家公路网规划2013—2030 年》"第 10 纵"兰州至海口国家高速公路的组成部分，也是《贵州省高速公路网规划》中"第四纵"崇溪河至罗甸＋高速公路的组成部分，是我国西南地区经重庆、遵义、贵阳至珠江三角腹地、西南出海口的最便捷运输通道。已列入了交通运输部综合交通运输"十三五"发展规划以及《交通基础设施重大工程建设三年行动计划》。

桐梓隧道全长 10497m，是全线高风险重点工程，采用分离式双向六车道高速公路标准，设计速度 100km/h，是目前全国三车道高速公路第二长隧，也是目前贵州省高速公路在建第一长隧。

桐梓隧道地处黔北高原北部山区，地形、地质、水文条件十分复杂。隧道埋设深度较大，洞身穿越 3 处大断层破碎带以及灰岩、泥岩、煤系地层。值得注意的是，隧道下穿地方停产煤矿矿区，遇到煤矿采空区的可能性极大。隧址区岩溶发育，预测涌水量大，瓦斯压力大，瓦斯含量高，存在瓦斯突出、突水突泥、岩爆、软岩大变形等施工风险。

施工工期紧，合同工期 41 个月，综合进尺达 90m/月以上，隧道穿越 3 处长距离断层破碎带，同时还穿越煤系地层，存在隐伏岩溶，具有突泥突水、瓦斯突出等风险，Ⅴ级围岩采用双侧壁导坑，Ⅳ级围岩采用单侧壁导坑或三台阶七步开挖法，施工难度极大。需对施工工法、施工工艺技术等科学合理地适当改进，掘进过程尽可能地机械化，提高工效，加快施工速度。开展绿色、环保、节能爆破技术研究，降低施工对围岩的扰动，减少出渣量，可达到既绿色环保施工又提高工效目标。因此，开展复杂地质超长大跨隧道快速施工技术研究意义重大。

2.1 拟解决关键问题及重难点分析

2.1.1 拟解决的关键问题提出

（1）研究隧道各类机械设备在隧道施工中的工效，与传统施工方法进行对比，探索出一套最优的隧道施工机械设备组合，建立隧道施工机械化操作系统与机械设备配套技术，保证人员安全。

（2）研究Ⅳ级围岩微台阶施工工法进行理论模拟计算分析，加快隧道安全快速掘进。

（3）根据主洞及 3 号斜井的预测涌水量及隧道纵坡参数，设计出一套智能化、自动化反坡抽排水系统，实现泵站的科学运行、实时监测和动态管理，解决长距离斜井施工排水问题。

2.1.2 重难点分析

(1) 基于目前国内机械化施工趋势,目前市场上隧道施工机械设备琳琅满目,结合隧道施工特点进行设备选型,选择出适用于桐梓隧道的施工机械设备是难点。

(2) Ⅳ级围岩微台阶施工工法台阶长度对施工工效具有一定的影响,台阶长度的确定以及隧道开挖组织工序是该工法研究的难点。

(3) 结合隧道主洞及3号斜井涌水量的预测,进行反坡排水方案的设计,并对隧道反坡排水泵站智能化如何实现进行研究是该项研究的重点。

2.2 特长大跨公路隧道机械设备配套技术

2.2.1 公路隧道施工的基本概念

(1) 隧道类型分类

按照所处的地质条件,可以划分为:土质隧道和石质隧道。

按埋置深度,可以划分为:浅埋隧道和深埋隧道。

按长度,可以划分为:特长隧道、长隧道、中长隧道和短隧道。

按用途,可以划分为:交通隧道、水工隧道、市政隧道和矿山隧道等。

按截面形状,可以划分为:圆形隧道、椭圆形隧道、马蹄形截面隧道、双孔隧道和双层隧道等。

按穿越地层的地质情况不同,可划分为:山岭隧道、水底隧道和浅埋及软土隧道等。

(2) 洞身开挖方式类型

矿山法:又称钻爆法,经常在浅埋隧道、软土隧道及山岭隧道施工中应用。

新奥法:国内称为"喷锚构筑法",在山岭隧道施工中应用广泛。

浅埋暗挖法:常用于浅埋隧道和软土隧道,在山岭隧道浅埋段施工有应用。

盖挖法:在浅埋隧道和软土隧道施工应用广泛。

明挖法:常用于浅埋隧道和软土隧道,并且适用于山岭隧道的浅埋段。

盾构法:适用于浅埋隧道和软土隧道,对于山岭隧道的软岩段适用。

TBM掘进机法:适用于山岭隧道。

沉埋法:又称沉管法,常用于水底河床上的隧道施工。

冻结法:可用于水底地层隧道,在浅埋隧道及软土隧道施工中经常使用。

目前我国长大隧道洞身开挖施工方法分为两类:掘进机开挖法和钻爆开挖法。掘进机开挖法安全、环保、效率高,但设备投入大,动辄上亿元,而且施工过程中的维护、配件消耗等费用高,施工成本大;另外,掘进机开挖法对地层变化适应能力差,较适用于岩性比较单一的地层。对地质构造复杂、围岩等级变化大的隧道,掘进机开挖法适应性较差,其综合施工效率不如钻爆开挖法。由于钻爆法开挖施工具有较好的地质适应性、较小的设备投入等特点,仍然是目前国内隧道洞身开挖施工的主要施工方法,并将在相当长的时期内占主导地位,目前公路隧道机械化施工也逐渐以钻爆法施工为依托,引进三臂凿岩台车进行隧道施工,逐步探索隧道机械化快速施工方法。

(3) 隧道洞身初期支护施工技术

在山岭隧道洞身的支护方法,可分为两大类:

1) 采用圆木、型钢、钢轨等形成支架,对开挖面形成强力支撑。

2) 以喷射混凝土和打锚杆作为衬砌的支护方式。在对隧道施工方式命名的时候,我们规定:传统矿山法是采用钢木支护的钻爆开挖方法;新奥法是采用锚喷支护的钻爆开挖方法。

(4) 隧道机械化施工作业技术

我国隧道施工机械化程度还比较低,相应的开挖和支护设备虽已开始推广应用,但关于设备之间的配合、作业等一系列问题还没有进行深入研究。对隧道施工设备性能配置,没有很好的理论支撑,其设备配套技术与管理模式研究不完善,设备选型配套方法简单。

2.2.2 机械选型与适应性研究

公路隧道机械化施工存在的问题主要有:公路隧道采用机械化施工模式时,形成了4个主要的设备作业线,即洞身开挖设备作业线、出渣设备作业线、初期支护设备作业线与衬砌支护设备作业线。在施工技术要求、工期、施工作业环境等因素的影响下,4个设备作业群在协同作业的过程中,形成了具有单设备作业特性、多设备作业特性的多种类施工设备群的施工作业模式。但是,在实际的生产过程中,由于设备选型的不合理、设备参数之间的不匹配、设备配套的不满足或过剩等情况出现,直接导致公路隧道机械化施工过程中施工效率低下,出现"大牛拉小车"或"小牛拉大车"的现象。

(1) 公路隧道机械化施工应对措施

1) 设备选型

公路隧道机械化施工的设备配套过程中应围绕这4条作业线进行配置,设备配套应当本着"设备性能可靠,应用技术先进,满足施工需求,略有储备应急"的原则进行。在一般情况下,如果施工机械化程度越高,施工进度就越快,生产效率也越高,因此在隧道工程的具体施工时,应尽量选择技术较先进、使用性能好、生产效率高的设备,且数量要满足施工要求,各种设备参数之间要互相匹配,避免配套不合理的情况发生。

2) 设备配置及配套

① 洞身开挖设备作业线。

公路隧道机械化施工中,开挖作业施工一般采用钻爆法,目前,国内公路隧道开挖大多还采用自制多功能台架,台架分层根据隧道断面高度确定,从而方便施工钻孔、喷锚支护等操作。作业时,人工在台架上手持多台风动凿岩机钻孔,并对爆眼进行人工装药,最后爆破开挖,这种方式不仅需要大量人工进行作业,而且在钻孔过程中极易发生危险。因此,隧道机械化施工中应合理采用全电脑液压凿岩台车进行钻孔及装药,提高功效及安全系数。

② 出渣设备作业线。

出渣运输是钻爆法施工中设备配套选择的关键,目前主要采用的是无轨运输和有轨运输两种方式。无轨运输的优点在于设备配备较为简单,在施工生产中组织管理和维修相对容易,但由于采用内燃机设备,排放尾气污染较严重,作业环境恶劣,对通风能力要求高,而且隧道断面过小时无法采用;有轨运输的优点在于洞内污染少,但是由于专业设备配置较多,在日常管理中,组织、维修和养护都比较复杂。当运输采用无轨方式时,开挖面需配置侧翻式的大斗装载机装碴,大容量出碴车直接将洞碴运至隧道外弃碴场;当运输采用有轨方式时,为提高生产效率,一般开挖面配备自动的装岩设备。铺设轻型钢轨在隧道内,采用电瓶车牵引大容量出碴车将洞碴运出隧道外弃碴场,或在隧道口采用侧翻式的大斗装载机配合大容量出碴车二次倒运至弃碴场,施工组织较为复杂。当前,我国公路山岭隧道施工基本采用无轨运输方式。

③ 初期支护设备作业线。

隧道施工初期支护设计一般采用锚喷支护,在作业面较小时,配备1或2台混凝土小型湿喷机进行喷射混凝土施工;作业面较大时,需配备混凝土喷射机组进行喷射混凝土施工。喷射混凝土一般采用强制式混凝土搅拌机拌合,喷射混凝土运输的方式与出碴运输的方式基本相同,无轨运输方式可采用混凝土罐车运输或自卸汽车,有轨运输方式可用轨行式罐车。锚杆采用全电脑液压凿岩台车进行锚杆安装,拱架安装可采用自制或专业机械手进行安装。

④ 二次衬砌设备作业线。

隧道在二次衬砌施工时,一般在洞外设置自动计量拌合站进行混凝土生产,无轨运输时可采用混凝土罐车,有轨运输时采用轨行式输送车。每台模板台车配备1台混凝土输送泵,也可配备1台备用。每个输送泵需配备输送管300 m。采用液压式整体模板台车进行二次衬砌混凝土施工,台车可沿铺设的轨道行走,一般有12m和9m两种长度。另外,防水板的安装,需配备1个简易台架。

(2)小结

公路隧道机械化施工中,设备配置基本上是由掘进设备、出碴运输设备、初期支护设备及二次衬砌设备四大部分构成。只有这四部分配置设备的有机配合,才能形成强大的施工生产力。但在设备配套过程中还是应将重点放在掘进和支护的选择上,因为这是形成高效生产力的关键所在。

在设备配置方案的研究过程中,也就是说,机械化的配置程度都应在基本配置基础上进行,并且要因地制宜,根据工程的具体施工条件和施工单位设备实际情况,将机械化施工程度分为不同的水平,并按不同水平要求配置相应的设备。

2.2.3 多功能地质钻机设备配置及应用效果分析

目前,意大利CASAGRADE公司、芬兰Tamrock公司、日本"矿研"公司、瑞典Atlas-Copco和Sandvik等公司在生产工程钻机方面有着雄厚实力,其研制的钻机在结构和参数上都比传统的转盘式和立轴式钻机有较大的提高。在这些钻机上液压装置也得到了更为广泛的应用,如液压自动卡盘、无导向杆的大通径动力头回转器等,变速器、离合器和其他部件的性能也做了大幅度的改善。同时,计算机辅助监控也应用到了这些新型的多功能钻机中。所有上述技术上的改进使得这些产品通常具有安全可靠、功能齐全和较高自动化水平等特点。

在钻机研究开发方面,日本"矿研"和意大利CASAGRADE公司可以代表现代多功能钻机的国际先进水平,并且各具特色。

(1)日本"矿研"多功能快速钻机

"矿研"多功能快速钻机有多重结构和规格,主要型号有 45、75SL-H2、150C、

180CBR。所有"矿研"生产的多功能快速钻机统称 RPD 系列钻机，即全液压旋转冲击式钻机。此系列钻机具有以下特点：带有后冲击锤的旋转冲击式动力头装置，配合其他的功能可以直接进行冲击式钻孔取芯和钻杆直接注浆，可大大提高施工效率；由于在裂隙岩体和破碎带岩体中施钻，易发生卡钻现象，采用动力头内部的后顶锤装置，通过打击可以轻松解决卡钻问题；钻孔速度快，为传统旋转钻机的 5～10 倍，保证了施工单位的工程进度；内杆和外杆同时钻进，又可分开拆卸，在管棚等施工中应用可确保软弱地层不塌孔，也可用于抢险救助时为被困人员通风、送水、送物；配有自动拆卸钻杆装置，通过夹具、拆卸扳手和动力头的旋转可实现钻杆的快速、安全拆卸，不仅提高了施工效率，而且大大降低了工人的劳动强度。另外，RPD 系列钻机的钻具通用，尺寸适中且均为耐冲击设计；作业时噪声低、污染小；控制装置操作简单；设计紧凑，适用于各种大小的作业场所。

RPD-180CBR 钻机 C6 是"矿研"研制的最新型的多功能快速钻机，它在前几种机型的基础上，做了许多改进，首先是作业姿态的改进，在大臂端部增加了旋转盘，可以左右 95°旋转。其次，钻机采用电动机和柴油机双动力，柴油机用于行走、电动机用于钻孔（也可用于行走），大大改善了工人的作业环境。RPD-180CBR 钻机的夹具可以适应所有尺寸的钻杆，提高了施工效率（图 2-1）。

(2) 意大利 CASAGRADE 公司

意大利 CASAGRADE 公司生产的 C6 型多功能钻机，适用于各种地层的直接或间接钻进，也可以加载液压冲击锤或潜孔锤进行冲击破碎作业，满足各种工法的施工要求，如液压排放、地下微型桩、锚杆锚索、地质勘探、地基加固等，C6 型钻机可以配备不同型号的钻架，每个钻架具有不同的延伸节和部件；不同型号的动力头具备可选的液压凿岩机或钻柱卡盘；钻杆模块和卸扣夹持器；卷扬机；用于装载水、泥和泡沫的冲洗泵性

图 2-1　RPD-180CBR 钻机

能控制面板：一个用于形式或钻架姿态控制，另一个用于钻孔和动力头控制，后者是可移动的，安装方便，使操作者在钻孔操作期间能够看到孔内其所有伺服辅助的控制器的布局和标签，目的是给操作者最大的方便。一直以来，C6 型钻机以可靠的质量和优异的性能取得了广大国内外客户的一致好评，也是目前同类产品市场占有率最高和使用最广泛的一款多功能钻机。

多功能钻机在我国的研制和应用相对较晚。20 世纪 70 年代，我国在工程钻机的研制方面才开始起步。当时我国在研制和生产钻探设备方面主要是地质岩心钻机，而即便此时，国内对多功能钻机方面的关注也几乎为零。随着经济发展，尤其是改革开放以来，各类基础建设工程不仅数量越来越多，项目也变得越来越庞大。为了应对此时的工程施工，工程钻机的发展逐步得到重视。研究人员通过对水文钻机的研究，在原来基础上作出一系列的改进之后便演变成了早期的国内多功能钻机。

四十多年来，我国工程钻探设备和勘察技术水平均有了长足的发展，在施工范围、安全高效、节能环保、钻进工艺等诸多方面的水平都有了显著提升。其中，山河智能所生产

的全液压钻机采用的动力头均是自主开发的，具有液压回转冲击功能，其产品大部分都属于高档产品。但总体而言，我国相同功能的产品与国外同类尖端产品相比性能上还有一定差距。

(3) 设备选型

桐梓隧道项目在选用多功能地质钻机时考虑了如下因素：

① 隧道穿越地质条件复杂，包含岩溶、突泥涌水、断层破碎带、煤系地层瓦斯段等特殊不良地质，设计物探异常段落需采用边探边掘方法进行施工，且合同工期紧，钻机需具备长距离快速钻进、钻探精确的功能。

② 煤系地层软弱围岩段采用超前大管棚施工，采用传统的先钻孔后施工管棚方法施工质量得不到保障，且施工进度慢，钻机需具备快速施工管棚功能。

③ 隧道瓦斯段煤系地层段需对厚度超过30cm的煤层进行取芯作业，并对具有瓦斯突出危险地段进行瓦斯抽排施工，钻机需具备快速取芯、瓦斯排放孔施工功能。

综上所述，为确保项目隧道安全快速探测前方围岩地质，同时满足煤系地层、软弱地层大管棚施工要求，尽可能节约施工工期，考虑国内相同类型钻机与国外钻机在性能上存在一定差距，项目经考察对比，最终选用意大利C6XP-2型多功能钻机进行隧道施工。

(4) 设备性能分析

① 多功能地质钻机简介。

C6XP-2型多功能钻机技术参数见表2-1。

C6XP-2型多功能钻机技术参数　　　　　表2-1

规格型号	C6XP-2
整车重量（kg）	16500
车架号码	C6UN1536
外观尺寸	7.765m×2.250m×2.821m
履带板宽度（mm）	400
履带板长度（mm）	3345
底盘宽度（mm）	2250
行走速度（km/h）	2.2
爬坡能力	最大爬坡能力72%
燃油箱容积（L）	210
液压油箱容积（L）	400
钻架旋转角度	左右各185°
解锁力（kN）	45

② C6XP-2型多功能钻机具有以下功能：

a. 可通过超前地质预报系统进行自动、直观地超前地质预报，探孔距离通常可达到100m以上，取芯深度可达到50m。

b. 可用于隧道抢险救援及管棚施作。

c. 可用于隧道止水注浆、破碎段、泥石流段注浆固化药。

d. 可用于高瓦斯隧道瓦斯释放与探测。

e. 可用于中空锚杆施工。

f. 可用于粉尘黄土、细砂、胶结粉尘砂、致密砂卵石、砂砾石等非扩散软弱地层隧道水平高压旋喷。

③ C6XP-2型多功能钻机优点：

a. 动力足：克服深孔、大孔、松散体所带来的阻力矩能力更强，超前钻探、大管棚、抢险救援、中空锚杆钻进更快捷、更有保证。

b. 节能环保：配置高效节能、低污染发动机，排放满足欧三A以上（国四以上）排放标准。

c. 电气安全等级高：采用全球最高标准的IP65电气安全标准，对尾气的温度及明火进行降温和消除处理，高瓦斯隧道施工更安全。

d. 钻进速度快：平均在3～4min即可完成2m钻杆换杆和钻进。

e. 动力头有效行程长：可以使用2m以上钻杆，减少钻进过程中拆接钻杆的次数和时间，便于隧道水平高压旋喷施工，减少断桩风险。

f. 超前预报系统更准确：最新的DEFI超前预报系统检测分析更准确，同时有中文语言可以选择，操作更方便。

（5）设备应用效果分析

超前地质预报：

桐梓隧道工程利用C6XP-2型多功能钻机LUTZ隧道超前地质预报系统对隧道前方地质状况进行钻探预测，操作人员运用钻机的钻探系统在施工的过程中体现的各项参数，依据经验推断出前方地质状况，如地质的软硬、有无空洞、有无涌水等。数据的真实性用于推断地质状况简单的隧道围岩，而对于更复杂的隧道地质条件，根据采集的数据结合专业地质人员的理论和实践经验进行判断与推理。用LUTZ隧道超前地质预报系统，钻探深度可达100m以上，在C6XP-2型多功能钻机上安装"钻探自动记录装置"以测量各种数据，如深度、钻孔速度、推进压力、扭矩、旋转压力，再结合控制台上排水压力表和总压力表上的数据，将这些数据相互结合、比较，分析出当前隧道地质状况。

项目利用C6XP-2型多功能钻机，在桐梓隧道右洞煤系地层瓦斯段YK43+560掌子面处进行超前地质探孔，以进一步揭示前方围岩地质情况，布孔如图2-2～图2-5所示。

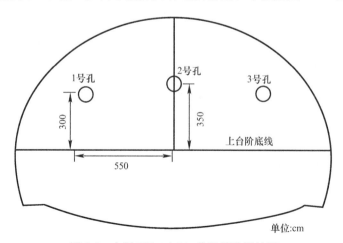

图2-2 右洞YK43+560位置钻孔设计图

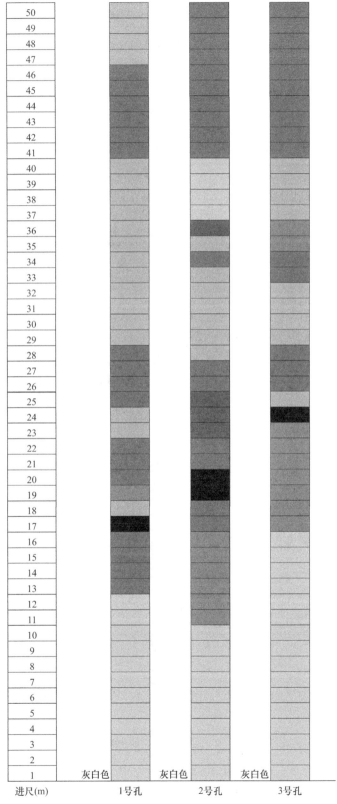

图 2-3 右洞 YK43+560 位置钻孔情况（2020 年 5 月 20 日）

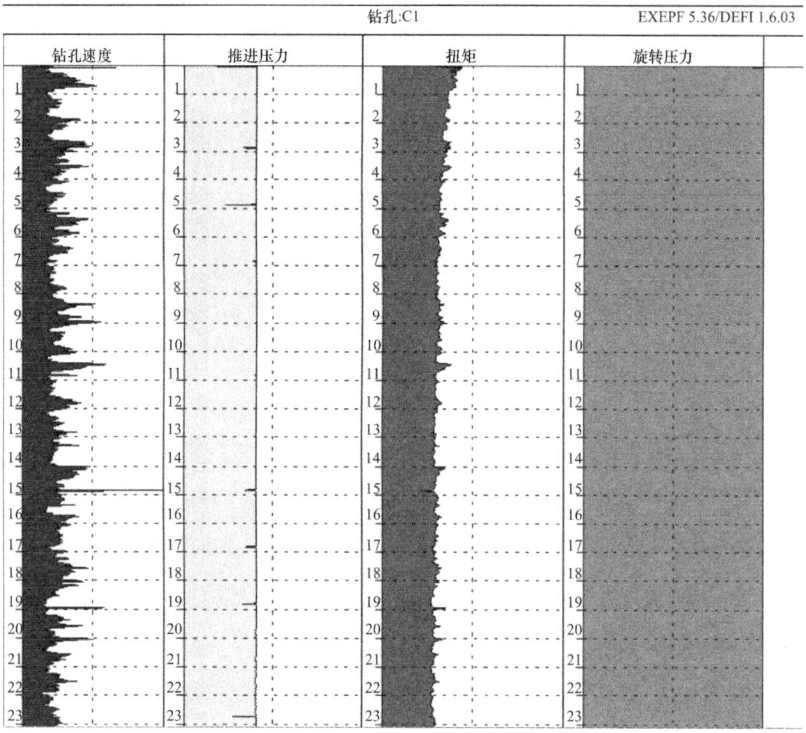

图 2-4　C6XP-2 型多功能钻机钻孔数据记录（1）

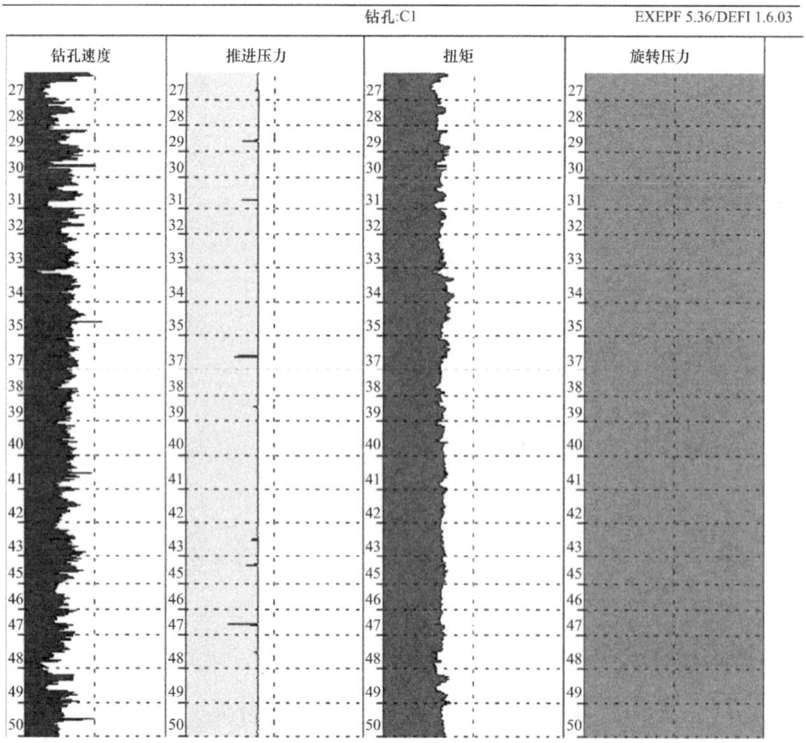

图 2-5　C6XP-2 型多功能钻机钻孔数据记录（2）

根据 LUTZ 隧道超前地质预报系统记录的钻孔速度、推进压力、扭矩和旋转压力数据，扭矩和旋转压力变化不大的情况下，钻孔速度开始较慢，而后逐渐增大，钻孔速度所呈现的峰值，是地层界面或者是围岩裂隙发育的表征。综上所述可判断，围岩层理、裂隙较多，岩质偏软，整体性较差。现场钻孔记录冲洗液颜色开始呈现灰色，在 YK43+543～YK43+536 位置，冲洗液出现深黑、灰黑色，并呈一定角度，据此可判断掌子面前方岩层在 YK43+543～YK43+536 位置处以炭质泥岩或煤矸石或煤层为主，岩质较软，遇水受力后容易碎裂，钻孔过程中在孔口位置进行瓦斯检测，未出现瓦斯超标现象，为进一步探明前方围岩情况，根据设计规范，项目在 2 号孔位置进行了取芯作业，取芯结果显示前方 18～20m 位置存在煤层，厚度大于 30cm，隧道施工至距离煤线 10m 位置需进行防突试验方能进行下一步施工（图 2-6）。

图 2-6 YK43+560 掌子面钻孔取芯布置图

根据 C6XP-2 型多功能钻机超前探测分析的结论，隧道掘进到 YK43+540 处揭露的围岩为灰岩、炭质泥岩、煤层互夹层，煤层厚度大于 30cm（图 2-7），由此可见，C6XP-2 型多功能钻机超前探测分析在隧道掘进中的运用是成功的，为今后隧道施工围岩及地质难题预先探测提供依据。

图 2-7 YK43+540 掌子面围岩揭露情况

(6) 超前大管棚施工效果

桐梓隧道出口端右洞在进行瓦斯段煤系地层时，因掌子面围岩地质较差，结合超前地质预报情况，采用 $\phi 50mm$ 注浆钢花管和 $\phi 76mm$ 自进式管棚注浆对前方地质围岩进行加固，管棚 3m 一个节段，为外丝分节段接长，采用 C6 多功能钻机钻进施工，将管棚安装于 C6 钻钻杆套筒内，钻进过程中钻杆套筒跟进，在第一根钢花管前端安装钻头，钻出的孔径大于钢管外径 0.8cm，钻进完一个节段时，可将钻头连同钢管反转取出，采用套丝钢管接长下一个节段后持续钻进直至钻完一个管棚的长度，以此循环施工将全部钢花管打入前方围岩形成 12m 管棚；管棚打入完成后，对管棚加压注入水泥净浆；管棚周壁打有注浆孔，浆液通过注浆孔分散渗入周围松散围岩体内将其凝固形成稳定圈，待注入的浆液达到设计强度的 85% 时，对掌子面进行短进尺开挖及支护。

采用 C6 多功能地质钻进行自进式管棚施工，一次性成孔、装管，提高了成孔质量，一根管棚钻进时间约为 1h，注浆 30min/孔，每循环施工时间 3d 左右，较传统施工方法钻、安装一根 12m 长度的管棚，需要 3~4h，在正常施工情况下钻、安一环管棚共需要 8d 时间，相比自进式管棚施工多 5d 时间，工期效益明显，施工过程中，监控数据显示无异常，保障施工安全（图 2-8、图 2-9）。

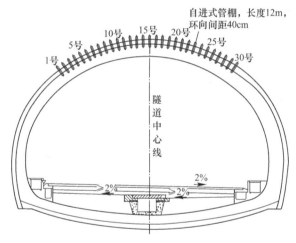

图 2-8 自进式管棚施工平面示意图

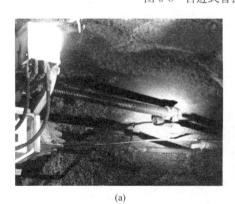 

(a) (b)

图 2-9 超前管棚施工及注浆情况
(a) 多功能地质钻自进式管棚施工；(b) 超前管棚注浆

2.2.4 全电脑三臂凿岩台车设备配置及应用效果分析

(1) 设备选型

目前我国的隧道或巷道施工方法常用的有三种：钻爆法、TBM法和部分断面掘进机法。TBM法比较适合隧道断面较大且长的重大工程，而钻爆法因其灵活、方便、成本低廉、适应性强以及不受地质条件变化影响的特点，因而广泛应用于各类工程隧道、巷道掘进或矿山开采等工程。钻爆法重要工序之一就是打炮眼，常用的钻眼设备有气动凿岩机、液压凿岩机和凿岩台车。随着隧道机械化施工的普及，凿岩台车在隧道钻爆施工必然成为必不可少的一部分，凿岩台车按照控制方式分为全液压凿岩台车、全电脑凿岩台车两种。全电脑凿岩台车是在保留液压台车所有功能和特性的基础上，采用电脑对钻进系统进行全方位智能控制，同时还集成了测量、位置传感、数据收集和存储等诸多应用于全自动管理体系接口的新技术，在扫描定位、掌子面钻孔、超前钻探、信息化管理等方面优势明显。本项目通过调查研究全电脑凿岩台车和全液压凿岩台车功能对比见表2-2。

全电脑凿岩台车和全液压凿岩台车功能对比　　　表2-2

序号	对比项	全电脑凿岩台车	全液压凿岩台车
1	扫描定位	隧道的线路曲线坐标及竖曲线（坡度）坐标导入软件，在此基础上建立隧道轮廓断面并设计炮孔。施工时通过分析器进行定位，通过分析器检测隧道内测量的桩号坐标，能直接在掌子面反映出各钻孔的点位，再与台车电脑结合	无定位功能，需要人工测量画隧道轮廓线及标注炮孔位置
2	掌子面钻孔	按照驾驶室电脑钻孔图自动找点，程序控制自动钻孔。成孔速度快，5m深的孔仅需1.5min	测量员掌子面画点，人工按照红点找点，人工操作手柄控制钻孔
3	超前钻探	可钻探ϕ76mm的超前探孔，钻孔深度20~30m，钻孔时间20~25min。通过MWD软件分析复原地质情况，并形成地质报告，还能形成隧道大地质库，为后期施工作参考	可打20~30m超前钻探孔，不能分析地质情况
4	超前管棚	可施工直径ϕ45~ϕ142mm的超前导管（或管棚），最大钻孔深度可达50m，钻孔速度快	可打直径ϕ45~ϕ89mm管棚孔，深度10~20m
5	锚杆钻孔	垂直岩面打锚杆，记录锚杆孔深度、位置、数量。锚杆成孔速度快，5m深的孔仅需1.5min	垂直岩面打锚杆，不能记录数据
6	信息化管理	向项目部传输施工进度、钻孔数据、超欠挖情况、地质分析数据等，并可实时查看台车工作状态	—
7	超欠挖扫描	台车定位以后，在钻孔的同时可以通过扫描仪进行扫描开挖断面（或初期支护断面），不占用工序施工时间。可以提取任一里程的断面情况与设计断面进行对比，可作为爆破设计优化及混凝土方量计算的标准	—
8	操作难易程度	程序自动控制钻孔，手柄少，同时可参考电脑上钻臂状态凿岩机参数，操作简单易学，一般学习1个月可独立操作	凿岩机推进、冲击、回转三个动作分别由三个手柄控制，臂架6个手柄控制，手动控制钻孔，操作复杂，操作手培训需要半年以上

续表

序号	对比项	全电脑凿岩台车	全液压凿岩台车
9	钻孔质量控制	驾驶室电脑上钻臂状态凿岩机参数实时显示，钻孔角度、钻孔深度精确显示，且具有眼底找平功能，钻孔质量容易控制。可以通过调取工作日志查看实际钻孔与设计炮孔进行三维对比，分析钻孔质量的原因，靠优化爆破设计来控制爆破效果，降低对操作手的技能要求	钻孔深度、角度、位置完全凭经验，对操作手熟练程度和经验要求高。爆破效果及质量完全取决于操作手的经验，无法进行控制
10	保养难易程度	整机设100多个铰接润滑点，自动集中润滑，保养方便，保养工作量小	保养复杂，保养工作量大
11	工作人员安全	封闭式驾驶室，远离掌子面，安全性好	敞开式驾驶室，远离掌子面，安全性较好
12	工作人员健康	封闭式驾驶室，免受噪声和粉尘伤害，避免听力丧失、尘肺病的发生	敞开式驾驶室，噪声、粉尘伤害大

基于全电脑三臂凿岩台车较液压凿岩台车使用性能高的优点，目前国内工程项目对全电脑三臂凿岩台车使用评价较高，在全电脑三臂凿岩台车领域国内应用较广的主要是铁建重工研制的凿岩台车，市场在用全电脑台数超过40台，国外品牌在国内市场销售比率较高的主要是阿特拉斯的凿岩台车，目前市场在用全电脑台数超过30台。项目通过调查研究，阿特拉斯、铁建重工全电脑凿岩台车主要功能参数见表2-3。

全电脑三臂凿岩台车品牌对比　　　　表2-3

品牌名称	阿特拉斯·科普柯	铁建重工
控制方式	全电脑	全电脑
规格	全电脑凿岩台车： Boomer XE3C　RCS控制系统	全电脑凿岩台车： Boomer XE3C　RCS控制系统
外形尺寸	运输高度：3664mm（降）， 4764mm（升）； 运输宽度：2926mm； 运输长度：17362mm	运输高度：3600mm（降）， 5200mm（升）； 运输宽度：2900mm； 运输长度：16100mm
最大覆盖面积	198m²	196m²
作业范围	高度：13300mm 宽度：17400mm	高度：11000mm 宽度：17000mm
核心部件厂家及功率	阿特拉斯科·普柯公司 凿岩机 22kW ABB电机 237kW	法国蒙特贝公司 凿岩机 31.9kW 施耐德电机 325kW
每立方米消耗成本	按照围岩级别、钻具型号、设备维护保养条件等综合确定，通常与人工手风钻持平或略高	按照围岩级别、钻具型号、设备维护保养条件等综合确定，通常与人工手风钻持平或略高
特色服务	阿特拉斯·科普柯公司提供为期6个月的驻点技术服务，每台车可派遣1名技术娴熟的操作人员跟机作业	推行产品全生命周期的保姆式服务，免费提供1~2个月操作培训与产品生命周期的技术支持。联合科研、新工法技术交流、工法支持等
服务网点及维护成本	阿特拉斯·科普柯公司在国内拥有200名以上专职服务人员，在郑万铁路沿线设立服务站点，专门服务沿线各局设备，维护成本市场最低	在厂内备有大量备件，且国产化程度高，价格实惠，提供4~24h的到货承诺

		续表
超欠挖控制量	娴熟操作手可达到零超挖,最大超欠挖10~15cm	娴熟操作手可达到零超挖,最大超欠挖10~15cm
售价(万元)	1278	1080

通过调查了解,国外阿特拉斯凿岩台车可靠性好,相对国产凿岩台车优势较大,综上考虑,项目选择进口两台阿特拉斯凿岩台车用于隧道斜井、主洞开挖施工,以满足安全、快速施工的要求。

(2) 三臂凿岩台车单双机作业方式选择

桐梓隧道3号斜井工区主洞需要三臂凿岩台车施工作业,现将桐梓隧道三臂凿岩台车双机作业和单机作业进行技术经济性对比,探索大跨隧道快速施工方法。由于三臂凿岩台车在配件消耗、超欠挖控制方面变化不大,故选取电力设备、人员工资、电费消耗的投入、钻孔时间四个方面进行对比分析。

① 电力设备投入,见表2-4。

单机作业和双机作业电力设备投入对比　　表2-4

作业方式	电力设备名称	规格或型号	单位	数量	价格(元)	金额(元)	合计(元)
单机作业	变压器	800kWh	台	2	257960	515920	2582080
	低压开关	KBZ-630	台	4	24180	96720	
	电缆	MY(3×φ240+1×φ70)	m	2984	660	1969440	
双机作业	变压器	1250kWh	台	2	353800	707600	5263200
	低压开关	KBZ-630	台	4	24180	96720	
	电缆	MY(3×φ240+1×φ70)	m	5968	660	3938880	

单机作业电力设备费用分析:桐梓隧道左右洞单机作业电力等附属设施费共计2582080元,根据常规及以往经验,五年后,设备几乎不能用或利用率很低。按80%进行摊销,即摊销总费用2582080×0.8=2065664元,每月摊销费为2065664/5/12=34428元。工期需要按照17.6个月计算,电力设备共计投入605928元。

双机作业电力设备费用分析:桐梓隧道左右洞双机作业电力等附属设施费共计5263200元,根据常规及以往经验,五年后,设备几乎不能用或利用率很低。按80%进行摊销,即摊销总费用5263200×0.8=4210560元,每月摊销费为4210560/5/12=70176元。工期需要按照17.6个月计算,电力设备共计投入1235098元。

② 人员工资比较。

单双机作业设备人员工资对比见表2-5。

单双机作业设备人员工资对比　　表2-5

工种	单机作业		双机作业	
	人数	工资(元)	人数	工资(元)
机长	1	10000	2	10000×2
操作手	2	18000×2	4	18000×4

续表

工种	单机作业		双机作业	
	人数	工资（元）	人数	工资（元）
学徒	1	5000	2	5000×2
合计	4	51000	6	102000

单机作业每个隧道设备人员投入4人，设备人员每月工资51000元，工期按17.6个月计算，左右洞设备人员工资投入共计1795200元。

双机作业每个隧道设备人员投入6人，设备人员每月工资102000元，工期按17.6个月计算左右洞设备人员工资共计3590400元。

③ 电费对比。

通过统计每循环双机作业电费总费用为500×0.74×851=314870元，单机作业电费为350×0.74×851=220409元。

④ 作业时间对比。

通过分别统计单、双机作业15个循环钻孔时间进行作业工效对比，见表2-6。

单双机作业工效对比　　表2-6

循环	单机作业（min）			双机作业（min）		
	准备时间	钻孔时间	用时	准备时间	钻孔时间	用时
1	35	165	200	54	91	145
2	30	155	185	51	85	136
3	32	160	192	53	88	141
4	30	170	200	56	94	150
5	31	162	193	53	89	143
6	35	165	200	54	91	145
7	34	161	195	53	89	142
8	32	169	201	56	93	149
9	30	160	190	53	88	141
10	32	162	194	53	89	143
11	35	167	202	55	92	147
12	36	159	195	52	87	140
13	32	156	188	51	86	137
14	33	172	205	57	95	151
15	34	170	204	56	94	150
平均耗时	33	164	196	54	90	144

由表2-6统计数据得出，单机作业每循环钻孔平均耗时196min，双机钻孔平均耗时144min，每循环仅节约51min，按照主洞1500m，每循环20h，进尺4m计算，采用双机作业仅节约工期16d。

小结：双机作业比单机作业电力设备设施多投入629170元，人员工资多投入1795200元，电费多投入94461元，合计双机作业较单机作业多投入2518831元，工期仅缩短16d，且在施工过程中发现双机作业容易出现协调不当，电压不足，对设备损耗较大等问题，综上，单机作业较双机作业有明显优势（图2-10）。

(a) (b)

图 2-10 三臂凿岩台车作业情况

（a）三臂凿岩台车单机作业；（b）三臂凿岩台车双机联合作业

2.2.5　基于全电脑三臂凿岩台车快速钻爆施工技术研究

传统人工钻爆法开挖，在掘进过程中，由于围岩地质情况、节理裂隙分布情况、打眼方式和精度等因素的影响，使得隧道超欠挖现象普遍存在，超挖会引起出碴量增加，从而导致出碴时间延长，增加喷射混凝土的用量，严重影响了初期支护、防水板的布设、二次衬砌的浇筑等后续作业，耽误工期；欠挖会影响到后期钢拱架的架设，需要清除，增加了工人的作业时间以及材料用量，隧道超欠挖严重影响了施工企业的综合效益，浪费社会资源。项目基于全电脑三臂凿岩台车开展快速钻爆施工技术研究，以提升隧道施工工效，减少隧道超欠挖，降低施工成本。

（1）技术原理

主要利用全电脑三臂凿岩台车钻孔精度高、施工效率高、自动化程度高的优点，在隧道洞身开挖中首先将爆破设计参数导入全电脑三臂凿岩台车驾驶室内车载主控电脑，利用导航分析器及爆破图车载电脑，实现钻孔数量、角度、深度等参数自动找点控制，实现快速钻孔，同时提高成孔精度及质量。

（2）工艺流程

隧道开挖的主要流程是：施工准备→台车进洞→接水、电→台车定位→台车钻孔→台车退出洞外→装药→爆破→通风降尘→排危找顶→出渣→准备下一循环（图 2-11）。

（3）台阶高度确定

由于采用三臂凿岩台车进行钻爆施工，台车高度4.76m，为提高作业效率，便于三臂凿岩台车钻爆施工，

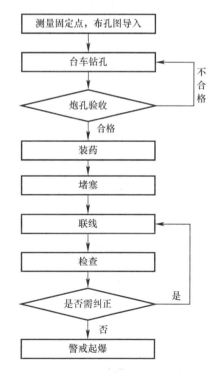

图 2-11　施工工艺流程图

隧道主洞内Ⅲ、Ⅳ级围岩均采用上下台阶法施工，上台阶施工高度由原设计 7.26m 调整至 8.42m，下台阶高度由原设计 3.8m 调整至 2.64m（图 2-12、图 2-13）。

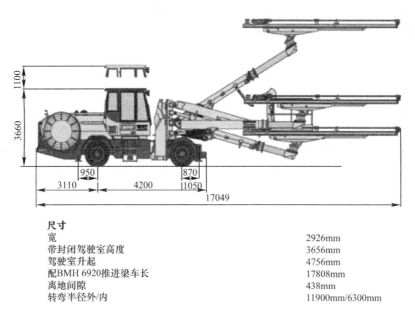

尺寸	
宽	2926mm
带封闭驾驶室高度	3656mm
驾驶室升起	4756mm
配BMH 6920推进梁车长	17808mm
离地间隙	438mm
转弯半径外/内	11900mm/6300mm

图 2-12 三臂凿岩台车尺寸图

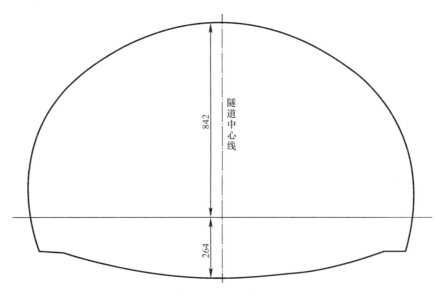

图 2-13 隧道上下台阶设计图（单位：cm）

(4) 爆破方案

桐梓隧道3号斜井工区主洞以Ⅳ级围岩为主，岩性以灰岩、泥岩为主，岩质较硬，爆破方案以主洞Ⅳ级围岩开挖断面150m² 为例，受全电脑三臂凿岩台车机械臂外插角过大的影响，周边眼采用长短眼结合方式，同时起爆，掏槽眼采取水平楔形复式掏槽法，左右各布置6列，由中心至两边掏槽眼深度为5.2m。底眼及辅助眼采用直眼钻孔，孔深4.0～4.2m，平均每循环进尺4m。具体炮孔布置如图2-14～图2-16所示，爆破参数统计见表2-7（Ⅳ级围岩段）。

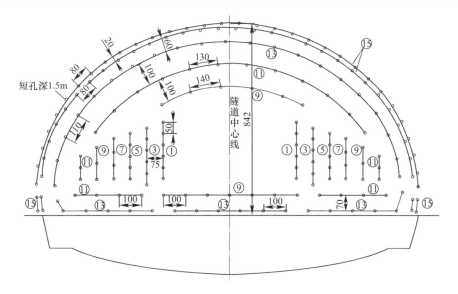

图 2-14　钻孔正视图（单位：cm）

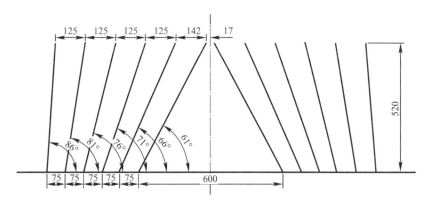

图 2-15　掏槽眼示意图（1）（单位：cm）

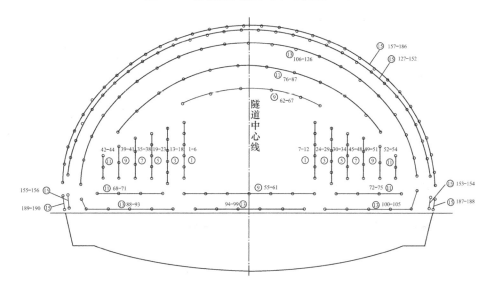

图 2-16　掏槽眼示意图（2）

爆破参数设计见表2-7。

爆破参数设计表 表2-7

炮眼类别	编号	孔深(m)	段位	孔数	每孔药卷个数	药卷规格(mm)	单孔装药量(kg)	备注
掏槽眼	1~12	5.3	1	12	9	φ32	32.4	
	13~34	5.3	3、5	22	9	φ32	59.4	
	35~54	5.3	7、9、11	20	9	φ32	54	
辅助眼	55~67	4.1	9	13	7	φ32	27.3	
	68~87	4.1	11	20	9	φ32	54	
	106~126	4.1	13	21	7	φ32	44.1	
周边眼	127~152	4.2	15	26	4	φ32	31.2	
	157~186	4.2	15	30	0.5	φ32	4.5	
	153~156	4.2	15	4	11	φ32	13.2	
	187~190	4.2	15	4	1	φ32	1.2	
底眼	88~105	4.2	13	18	8	φ32	43.2	抬炮
总计				190			364.5	

(5) 台车钻孔施工

① 测量固定点及台车定位。

在隧道选择两个固定点进行测量坐标，把测量的坐标点数据输入爆破设计布孔图软件，然后把布孔图和固定点导入三臂全电脑凿岩台车。三臂全电脑凿岩台车支撑在距离掌子面前1.5m处，把徕卡全站仪架在三臂全电脑凿岩台车后30m左右，徕卡全站仪距离固定点10m左右，打开徕卡全站仪自动连接三臂全电脑凿岩台车电脑，选用三臂全电脑凿岩台车一个钻臂在掌子面找一个基准面进行导航，导航完成收好徕卡全站仪，防止损坏。

② 钻孔。

在三臂全电脑凿岩台车使用之前必须满足作业要求的电压和水压，三臂全电脑凿岩台车提供电压380V，电压最大波动±5%，变压器或配电室距离工作面小于500m，提供的电源超过400kVA，提供单根电缆400mm²以上四芯，空气开关630A以上，钻孔时进水管要求耐压20bar，当进水管水压不够时要使用增加泵增压。三臂全电脑凿岩台车定位完成之后，按照导入三臂全电脑凿岩台车的爆破设计布孔图进行钻孔，严格按照布孔图上炮孔的位置进行钻孔。钻孔的顺序首先打底部炮孔，然后钻周边炮孔和辅助炮孔，最后钻楔形掏槽孔。三臂全电脑凿岩台车具有自动清孔功能，能够自动清洗孔中残留的石碴和泥土。

③ 检查验收。

a. 炮孔检查是指检查孔深和孔距。孔距一般都能按参数控制，因此炮孔的检查，主要是炮孔深度的检查。孔深的检查，分三级检查负责制，即打完孔后个人检查、接班人或班长抽查及专职检查人员验收。检查方法最简单的是通过测量仪器或钢尺测量，测量时要做好记录。

b. 根据实践，炮孔深度不能满足设计要求的原因有：炮孔壁内落片石，导致堵塞炮孔；排出的岩碴因某种原因回填孔底；凿岩时，因故岩碴未被吹出，残存岩碴在孔底沉积造成孔深不够。

c. 为防止堵孔,应该做到:钻完孔后,要将岩碴吹干净,防止回填,若不能吹净,应适当加大钻孔深度;凿岩时将孔口岩石清理干净,防止掉落孔内;防止雨天的雨水流到孔内,可采用围住孔口作围堤的方法;在有条件的地方打完孔后,尽快爆破也是防止堵孔的一个重要方法。

对于没有防水炸药的情况,可以将孔内积水排出,排水方法有提水法、爆破法、高压风吹出法等,使用这些方法孔内积水仍无法排干时,应该采用防水炸药进行爆破。

④ 装药。

a. 爆区装药量核对无误,应在装药开始前先核对孔深、再核对每孔的炸药品种、数量,然后清理孔口附近的浮碴、石块,做好装药准备,最后核对延时雷管段别,装药时炸药应避免与岩碴混合,装粉状炸药要用无底布口袋,装防水炸药要用铝铲将炸药切成小块,保持装药顺畅。

b. 严格按设计要求控制每孔的装药量及装药结构,并在装药过程中检查装药高度。

c. 装药过程中如发现堵塞时应停止装药并及时处理,在未装入雷管或起爆药包以前,可用木制长杆处理,严禁用钻具处理装药堵塞的炮孔;装好起爆体的则由技术人员或有经验的爆破员提出处理办法,包括轻轻往上提起起爆体,若提不上来,则调整后排装药结构和装药量、孔口压砂袋或防护网等措施。

d. 装药过程中发现装药量与装药高度不符时,该炮孔可能出现裂缝等,应及时检查,并采取相应措施。

e. 在装药过程中,不应拔出或硬拉起爆药包中的导爆管,安装和连接起爆体必须由爆破员进行。

f. 做好装药的原始记录,包括装药的基本情况、出现的问题及处理措施。

g. 装药作业应进行检查验收,未经检查验收不得进行堵塞作业。

⑤ 堵塞。

a. 严禁无堵塞爆破。堵塞工作是在完成装药工作以后进行的,对于塑性较好的炸药,应在完成装药 10~30min 后再进行堵塞,以防堵塞物渗入炸药内。

b. 常用的堵塞材料有砂子、黏土、岩屑等,垂直深孔爆破宜用岩屑或细砂子堵塞,堵塞材料中不得夹有石块。堵塞物块度应小于 30mm,堵塞前要用塑料袋装一小袋岩碴放入孔内,然后再正式充填;不得用石头、木桩堵塞炮孔或代替充堵物,以防飞石远抛事故。

c. 堵塞长度应达到设计要求,不应自行增加药量或改变堵塞长度,如需调整,需经现场爆破技术人员同意并做好记录。根据施工经验,堵塞长度一般为大于 1.2m,若孔口上部岩石破碎,可适当增加。

d. 堵塞长度及堵塞密实度由专人负责检查。

e. 间隔装药的炮孔,应注意间隔填塞段的位置和填塞长度,保证间隔药包处于设计位置。

f. 不应捣固直接接触药包的堵塞材料或用堵塞材料冲击起爆药包。堵塞要密实,防止堵塞料的悬空。

g. 堵塞时不得将导爆管拉得过紧,防止被砸断、破损。

(6) 导爆索双向起爆网路连接

创新周边眼双向传爆导爆索网路,每个孔内导爆索尾部用约 50cm 长度弯成水滴形环,结合处的电工胶缠绕长度为 15~20cm，孔外连接导爆索采用整根导爆索，每 6 个孔用 1 发雷管连接。在两孔间的孔外导爆索上连接处弯成 Ω 形索结，雷管置于 Ω 形正中，正向传爆，结合处的电工胶缠绕长度为 15~20cm（图 2-17）。其他孔的孔外双发接力雷管，实现交叉或者跨越一阶接入上一阶或者降阶接入传爆节点，该网路优点：

① 利用导爆索高爆速（5000~6000m/s）能消除高段雷管毫秒误差，确保周边孔同段起爆。

② 利用导爆索水滴形环双向传爆功能，确保不论从左边传来还是右边传来的爆轰波，均能可靠起爆孔内预裂爆破装置。

③ 利用 Ω 形索结双向传爆功能，能确保最先起爆的雷管将孔外导爆索全部起爆。

④ 不论哪发雷管未爆、拒爆，均不影响网路正常起爆。

⑤ 8~10 发雷管为多重保证，能在连接可靠的前提下消除拒爆可能性。

⑥ 周边眼与二圈眼同段，防止高段位段别的光面爆破的高毫秒偏差和高毫秒差扯断周边孔导爆索网路，降低拒爆概率，减少补炮次数，提高工效。

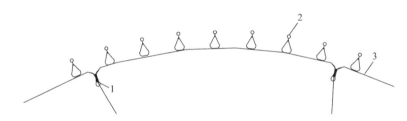

图 2-17　双向传爆导爆索起爆网路连接示意图
1—雷管；2—聚能管装置；3—导爆索

（7）应用效果分析

项目于 2020 年 3 月份开始在主洞中应用全电脑三臂凿岩台车，项目部各部门分工合作，密切联系。从思想动员、培训、原料采购、各工序的协调、基础数据采集、成本核算、进度统计、参数实时调整、工序衔接等做了大量的基础工作，为项目隧道施工提质增效总体目标服务。

根据材料部、工程部、拌合站和施工队伍等综合测量、统计原始数据，经整理得到以下成果。

① 爆破效果对比。

以主洞隧道上下台阶法施工中全电脑三臂凿岩台车钻爆施工和人工施工进行对比分析，全电脑三臂凿岩台车在隧道主洞中施工，平均每循环进尺 4m，相较于常规隧道爆破进尺每循环进尺 3m 多 1m，掌子作业人数由 15 人降至 3 人（人工钻爆开挖时，上台阶高度亦为 8.42m），有效保障了施工安全，炮眼残留率由原先的 50% 提高至 85% 以上，爆破效果得到了极大的提高，且爆破后隧道壁面较为平顺光整，通过测量人员对断面的扫描，隧道超欠挖能有效控制在 10~15cm，传统人工爆破一般控制在 20~30cm，超欠挖的有效控制大大降低了初喷混凝土的用量及开挖各工序施工时间（图 2-18）。

② 施工工序时间对比。

以桐梓隧道 3 号斜井右洞采用全电脑三臂凿岩台车和 3 号斜井左洞采用人工钻爆进行钻爆施工工序时间进行对比，各工序均以开始作业到完成进行计算，工序衔接不计入在内。两种爆破工艺时间对比见表 2-8。

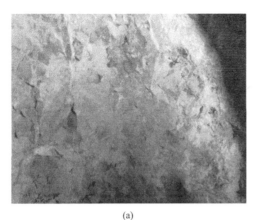 

(a) (b)

图 2-18 爆破效果对比图

(a) 普通人工爆破效果；(b) 全电脑三臂凿岩台车爆破效果

人工光面爆破与全电脑三臂凿岩台车爆破每上台阶延米工艺时间比较表　　表 2-8

项目	传统人工爆破（每循环进尺 3m、上台阶面积 114m²）		全电脑三臂凿岩台车钻爆（每循环进尺 4m、上台阶面积 114m²）		增减量	新工艺优势及备注
	单循环	平均	单循环	平均		
单位	h	h	h	h	h	
钻孔	3.7	1.2	2.8	0.7	−0.9	
装药爆破	1.5	0.5	1.6	0.4	0.1	人工钻爆法钻孔数量较凿岩台车的少
通风	0.5	0.2	0.5	0.1	0.0	
排险	0.6	0.2	0.3	0.1	−0.3	轮廓面平整，减少排险时间
清渣	4.5	1.5	4.3	1.1	−0.2	爆破效果较好
架立拱架、网片、打锁脚	3.5	1.2	3.5	0.9	0.0	
初支喷射混凝土	4	1.3	3.5	0.9	−0.5	大幅度减少超喷量和时间
清理底渣	0.5	0.2	0.5	0.1	0.0	
合计	18.8	6.3	17	4.3	−1.8	

由表 2-8 可以看出，采用全电脑钻爆施工主要在钻眼、排险、出渣以及初支喷射混凝土工序上较人工钻爆法节约时间，人工钻爆法施工每循环进尺 3m，平均耗时 6.3h/m。采用全电脑钻爆施工每循环进尺 4m，平均耗时 4.3h/m，相比人工钻爆节约 2h/m。数据统计显示，在Ⅳ级围岩段，3 号斜井右洞采用新型爆破技术平均每月进尺可达 100～110m，3 号斜井左洞采用人工钻爆开挖每月进尺在 85～95m，较全电脑三臂凿岩台车开挖每月进尺减少 15m 左右。

③ 初支混凝土损耗对比。

项目对 3 号斜井右洞及 3 号斜井左洞进行初支喷射混凝土超耗进行统计分析，如图 2-19 所示。

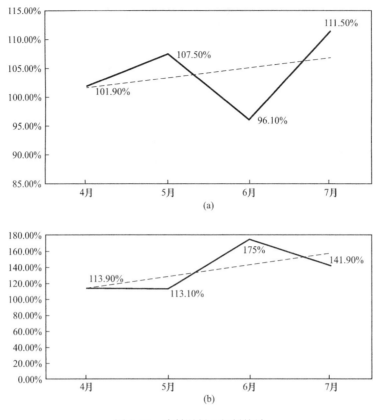

图 2-19 喷射混凝土超耗统计

(a) 3号斜井右洞机械钻爆喷射混凝土超耗统计图；(b) 3号斜井左洞人工钻爆喷射混凝土超耗统计图

通过对比分析，采用全电脑三臂凿岩台车机械钻爆喷射混凝土平均超耗率104%，较人工钻爆136%减少32%，基本控制在公司定额范围内。

④ 经济效益分析。

采用全电脑三臂凿岩台车钻爆施工耗材分析见表2-9。

全电脑三臂凿岩台车爆破与常规人工爆破耗材分析　　　表 2-9

项目名称	单价（元）	人工爆破			全电脑三臂凿岩台车爆破		
		每循环进尺（m）	消耗量	合价（元）	每循环进尺（m）	消耗量	合价（元）
炸药（kg）	11	3.2	380	4180	4	480	5280
雷管（枚）	7.26	3.2	160	1161.6	4	168	1219.68
导爆索（m）	4.2	3.2	43	180.6	4	72	302.4
初喷混凝土	374.62	3.2	44	16483.28	4	47	17607.14
合计				22005.48			24409.22

从表2-9可以看出，全电脑三臂凿岩台车钻爆施工较人工爆破在炸药、初喷混凝土消耗方面节约 22005/3.2－24409/4＝774 元/m。

采用全电脑三臂凿岩台车钻爆与常规人工爆破每循环人工、机械成本分析见表2-10、表2-11。

人工开挖综合成本 　　　　　　　　　　　表 2-10

序号	种类	费用（元）	开挖进尺（m）	每延米费用（元）
1	电费	18273.4		
2	配件消耗	5435		
3	油品消耗	0		
4	人员费用	134500	90	1894
5	设备折旧费用	5800		
6	电力设备费用	6500		
7	合计	170508.4		

全电脑三臂凿岩台车综合成本 　　　　　　　　　表 2-11

序号	种类	费用（元）	开挖进尺（m）	每延米费用（元）
1	电量	10056.60		
2	油品消耗	2640.00		
3	配件消耗	30347.78		
4	设备折旧	101626.72	110	2383
5	电力折旧	6000.27		
6	人员费用	111500		
7	合计	262171.37		

通过表2-10、表2-11统计可以看出，Ⅲ、Ⅳ级围岩下传统人工开挖综合费用为1894元/m，全电脑三臂凿岩台车开挖费用为2383元/m，常规爆破人工开挖每延米可节约费用489元/m。但考虑炸材、初喷混凝土消耗方面全电脑三臂凿岩台车钻爆开挖较人工节约774元/m，综合得出采用全电脑三臂凿岩台车钻爆开挖，每延米可节约285元，以3号斜井主洞工区1.5km计算，可节约经济成本42.75万元，且采用三臂凿岩台车施工可提高功效10%以上，符合当前提倡的隧道机械化施工、安全施工的理念。

(8) 存在的不足

① 由于全电脑三臂凿岩台车小臂线性较直，较人工打钻时钻杆可塑性弱，机械臂贴紧最后一环拱架时外插角仍有20°～30°，所以只能在靠近拱架这边打一环短孔，受短孔影响爆破效果始终不理想，若开挖爆破后预留1～2榀拱架不安装可使机械臂有较大操作空间，但不符合规范要求且存在一定安全风险。

② 全电脑三臂凿岩台车钻杆直径为48mm，药卷直径为32mm，药卷与钻孔不贴合，炸药单耗偏高，对爆破效果有一定的影响。

2.2.6　拱架安装机配置及应用效果分析

(1) 设备选型

国外机械化设计水平随着基础设施的建设得到了逐步提高，对每一个领域的机械产品都进行了研发，针对隧道施工方法和设备的研究也有了较大突破。在软弱围岩的隧道施工中，隧道拱架安装设备被普遍使用。在20世纪90年代，欧洲、日本等发达国家已经掌握了隧道拱架安装设备的设计与制造技术，并随着技术的进步对产品进行了优化。其产品主要分为履带式拱架安装设备和轮胎式拱架安装设备，有的还带有吊篮、铣刨头、喷射混凝土用的机械手等，同时还可以根据具体工序要求将上述机构相互替换。

具有代表性的产品有芬兰 NORMET 公司生产的 UTILIFT2000 四臂钢拱架安装台车和来自日本古河金属株式会社生产的集隧道拱架安装和混凝土喷射于一体的组合设备 MCHI220Z（图 2-20），也有在现有设备的基础上进行改进的简式隧道拱架安装设备。四臂钢拱架安装台车包括两条机械臂和一个吊篮，为了操作方便，操作人员可以在驾驶室操作，也可以用有线遥控器操作，操作方便、灵活，安全可靠。日本古河公司生产的 MCHI220Z 含有两条机械臂和两个吊篮，该设备集隧道拱架安装和混凝土喷射于一体，可以在隧道施工中满足多个工序操作要求。

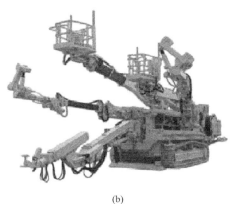

(a)　　　　　　　　　　　　　　　(b)

图 2-20　拱架安装机对比图

(a) NORMET 四臂钢拱架安装台车；(b) 日本组合设备 MCHI220Z

在国内隧道施工机械化水平还不高的前提下，为了尽早实现我国隧道机械化配套施工，2009 年 4 月，中铁隧道集团牵头承担的"隧道施工机械化配套技术及装备研究"项目设立，在课题的推动促进下，科研团队借鉴芬兰 Normet 公司隧道拱架安装设备，国字号单臂吊篮钢拱架安装机于 2011 年 6 月 12 日正式通过专家组验收，实现国内拱架机械化安装从零到有的突破。然而，单臂抓取重量较重的钢（或花）拱架必然导致拱架的挠性变形，且在有限的隧洞空间调整不便，尤其在相对较大或较小的截面施工，动作更是无法展开，五新隧装新研发的拱架安装机具有双臂抓举功能，但隧道施工中的实际应用却并不多见，项目基于五新隧装车载拱架安装机进行性能分析，研究长大隧道拱架快速安装支护方法。

(2) 设备性能分析

1) 车载式拱架安装机简介

① 车载式拱架安装机为轮式行走系统，因立架工序在出渣工序后，掌子面已经机械整平，完全满足轮式机械行走要求，且车身体积较小，可以在掌子面处灵活使用。安装机使用时需要将前后液压伸缩支腿支撑到位，保证工作时车身稳定（图 2-21）。

图 2-21　车载式拱架安装机

1—底盘；2—滑台；3—左右摆臂；4—伸缩臂；
5—工作平台；6—拱架卡夹；7—辅助臂；
8—后伸缩支腿；9—副车架；
10—配重水箱；11—前伸缩支腿

② 车载式拱架安装机有两条机械臂、两个工作平台、两条辅助臂和两个液压卷扬，均为液压驱动。其中机械臂可在滑台上前后直线移动，移动限距3.9m，双臂均为两段液压臂。两条机械臂、两个工作平台均可以左右、上下移动，具体参数见表2-12，作业范围图如图2-22所示。

车载式拱架安装机参数表　　　　　　　　表2-12

项目	参数值
车体尺寸	长×宽×高＝9m×2.5m×3.1m
最小转弯半径	20m
最大行驶速度	80km/h
举升能力	1200kg
最大作业水平宽度	18m
最大作业高度	12m
臂架垂直摆动角度	－20°～＋58°
臂架水平摆动角度	±40°
滑台可移动距离	3.9m

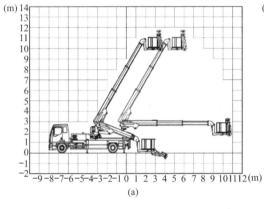 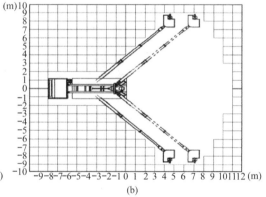

图2-22　拱架安装机作业范围对比图
(a) 拱架安装机垂直作业范围；(b) 拱架安装机水平作业范围

③ 两个作业平台各设有独立的液压操作系统，分别操控对应的机械臂、辅助臂、工作平台，以及拱架卡夹机构。作业平台两侧可根据作业需要展开，增加作业空间（图2-23）。

④ 拱架卡夹机构可俯仰操作，俯仰角度为－30°～＋90°，卡夹装置通过液压系统展开或闭合，方便人工将拱架放置到卡夹上，并配合卷扬系统提升拱架，过程中可保证拱架不会滑移或大幅摆动（图2-24）。

⑤ 车载式拱架安装机自带有两台220V电焊机，安装拱架时可直接使用，掌子面不必再安装专门的配电箱，方便使用，也减少了工作面的电缆线（图2-25）。

2) 车载式拱架安装机特点

① 车载式安装机体积大小与隧道机械湿喷车相差不大，灵活性高，作业时不需要另外接线缆，其自带设备即可满足工作需求。

② 满足隧道施工机械化要求，减少了掌子面的施工人员，大大降低了安全风险。

③ 两种操作臂分别设有独立的操作台，操作也较为简单方便，一方面解决了单臂安装机无法克服拱架挠度而造成的拱架变形，另一方面方便焊接作业。

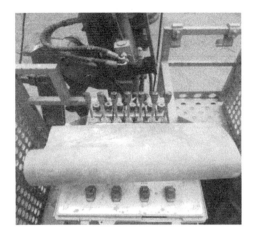
图 2-23　作业平台上的操作台

图 2-24　拱架卡夹系统和卷扬系统

图 2-25　车载式拱架安装机上的电焊机

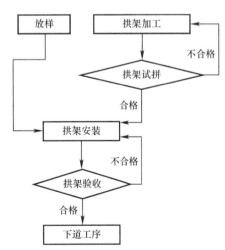
图 2-26　拱架安装施工流程图

④ 作业平台的液压系统可以保证其单独左右以及上下移动，且其作业平台可根据工作需求进行加大，极大提高了其灵活性，除可以安装拱架外，还可以进行注浆、二次衬砌外观修补、初支及二次衬砌的质量检测、安装通风管等高空作业，真正实现了一机多用。

3）施工工艺流程及操作要点

根据桐梓隧道实际施工情况，拱架安装施工流程图如图 2-26 所示。

① 施工前准备。

拱架出厂前应先对其进行试拼检验，满足规范要求后方可拉到工作面。拱架安装机就位前应先将工作面和行驶路面整平,便于拱架的拼装以及降低其轮胎受损率。路面整平后拱架安装机离掌子面4m左右位置就位,就位后利用安装机工作平台将拱架内弧轮廓在掌子面标识出来。工程中工人将两侧拱脚人工整平,并在相应位置放置拱脚混凝土垫块,便于拱架的安装。

② 拱架安装。

以桐梓隧道上台阶拱架安装为例。安装时先将拱架分两部分在地面拼装,左侧两个A单元和B单元为一部分,右侧一个A单元和B单元为另一部分,确保连接板处螺栓连接牢靠。拼装完后利用抓举装置以及人工配合将拱架放置到拱架卡夹上,然后把拼装好的两部分拱架提升至拱顶对应的大概位置,然后将两部分拱架用螺栓拼装在一起,并保证连接板处螺栓连接牢靠。抓举拱架过程中需注意右侧抓举点位置,要确保拱架抓举起来后方便人工安装螺栓(图2-27、图2-28)。

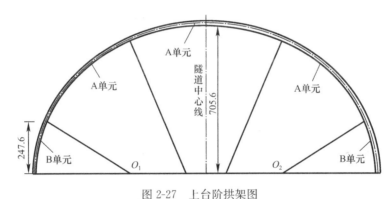

图 2-27 上台阶拱架图

 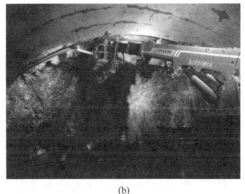

(a) (b)

图 2-28 车载式拱架安装机作业
(a) 普通人工爆破效果;(b) 全电脑凿岩台车爆破效果

上述过程完成后,两个操作平台同时操作,对拱架位置进行精调,直至满足规范要求,然后利用连接筋对拱架进行临时连接固定(图2-29)。

将拱架卡夹取下,利用作业平台进行连接筋和网片安装施工,以及同时进行锁脚锚杆的施工。作业平台上有网片和连接筋的存放处,只需将网片、连接筋存放在相应位置即可,便于操作人员拿取(图2-30)。

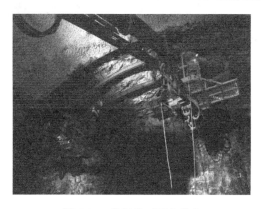

图 2-29 拱架临时固定作业

图 2-30 网片、连接筋放置于作业平台上

(3) 设备应用效果分析

1) 人员配置对比

桐梓隧道工程立架工序如果只靠人工的话，因断面大，考虑安全以及工人劳动强度，至少需要 10 人作业，而利用拱架安装机作业时仅需要配置 5 人。具体配置的人员情况见表 2-13。

人员配置表　　　　表 2-13

工种	人员数量	作业分工
专业操作人员	2人	进行作业平台操作进行拱架的提升、调整以及电焊作业
立架班组	2人	拼装拱架
班组长	1人	指挥进行拱架的提升、调整、驾驶安装机
合计	5人	—

2) 工效对比分析

桐梓隧道 4 号斜井工区采用拱架安装机进行拱架安装作业。根据每个循环的真实记录来看，循环进尺在 3m 时，立架工序时间普遍在 2.5～3h，与本项目主洞工区施工真实记录来看，主洞工区立架工序时长普遍在 3.5～4h，即车载拱架安装机相比人工立架每循环节省时长 0.5～1h。

3) 经济效果

① 人工成本。

采用车载式拱架安装机配置的人员为 5 人，而桐梓隧道支护班组需要 10 人，进洞施工人员除杂工外平均为 7500 元/月，按计划施工工期 15 个月来算，人工成本节约 5×0.75×15＝56.25 万元。

② 安全费用。

使用车载式拱架安装机比全部使用人工施工人员数量减少，没有大型作业台架使作业空间增大，操作方便，安全风险降低，节约下的安全费用不可估量。

(4) 小结

1) 车载式安装机灵活性高，两个机械臂可以分别操控，作业时不需要另外接线缆，除可以安装拱架外，还可以进行其他的高空作业，可以一机多用。

2) 车载式安装机满足隧道施工机械化要求，掌子面的施工人员数量减少到 5 人，但是需要工人尤其是两个平台操作人员了解安装机性能，熟练操作安装机，协同作业，不违章操作，保养好机械，满足产业化工人要求，施工人员熟练操作后数量可减少至 4 人。

3) 现在公路隧道一般为双洞开挖，如果合理安排两个掌子面工序，一台车载式安装机即可满足施工需求，可以大幅降低施工成本以及安全风险。

4) 因拱架加持装置原因，需要开挖面局部超挖，否则拱架无法安装到位，所以需要确定拱架抓举位置，开挖面对应位置爆破施工时超挖 20cm 左右，或者是对加持装置加以研究改善，确保拱架能安装到位。

5) 由于桐梓隧道为三车道大跨隧道，普通段开挖跨度达 17m 多，而加宽段跨度更是达到 18.6m，采用双臂车载拱架安装机安装拱架容易导致拱架出现变形，影响拱架安装质量，所以建议再加一条机械臂，使用两条机械臂进行拱架托举，另一条机械臂进行拱架、钢筋网片焊接，缩短立架工序时间。

6) 使用车载式拱架安装机进行超前小导管施工、锚杆安装，由于作业平台有限，相比人工 4~5 个人在台架上同时施工，施工速度较慢，且操作不方便，故拱架安装机在超前小导管、锚杆施工适应性方面存在一定缺陷，需要进一步改进。车辆的停放制动能力是根据具体线路的坡度设计，不会存在问题。车辆运营中减速主要是依靠电力制动，在速度降低后再施加摩擦制动。

2.2.7 车载湿喷机械手配置及应用效果分析

(1) 设备选型

在 20 世纪 60 年代，我国的隧道洞身初期支护开始采用混凝土喷射技术，利用混凝土喷射机进行干喷或者潮喷作业。与之前的隧道洞身支护作业相比，喷射混凝土作业具有施工速度快，操作方便，所需作业人员少，成本较低的特点，已经成为我国隧道洞身初期支护的主要方式之一。

但是，干喷或潮喷作业的质量稳定性控制的难度较大、作业中粉尘颗粒污染严重。随着国家对隧道洞身初期支护质量要求的提高，人们环保意识的逐步加强，在 2013 年 9 月交通运输部《关于进一步加强隧道工程质量和安全监管工作的若干意见》文件中已明确规定严禁采用干喷作业，今后湿喷法将会在很长的时间内占据主导地位。

近年来，随着隧道建设发展，在引进和吸收国外技术的基础上，湿喷技术开始在国内隧道洞身初期支护中得到应用，湿喷机和湿喷技术的研究也逐渐受到重视。

目前市场中联 CIFA、铁建重工、中铁装备、湖南五新等单位均开始发力智能化湿喷机械手的研究，项目经过考察研究，基于湖南五新湿喷机操作稳定、湿喷效果好的优点，最终选用湖南五新隧装 CHP25E 湿喷机进行隧道湿喷快速施工技术（图 2-31）。

(2) 施工工艺流程

1) 喷射混凝土材料要求：

① 喷射混凝土的石子粒径不宜大于 16mm，骨料级配宜采用连续级配。细骨料应采用坚硬耐久的中砂和粗砂，细度模数宜大于 2.5。

② 速凝剂：在隧道的施工中，通常规定混凝土的初凝时间为 5min，终凝时间为 10min，8h 后抗压强度不小于 5MPa。

图 2-31 湖南五新隧装湿喷机 CHP25E

2）施工前准备工作：

对水泥、砂、石、速凝剂、水等的质量进行检验。砂、石含水量应符合要求。为控制砂、石含水量，设置防雨棚，干燥的砂子适当洒水。喷射机、混凝土搅拌机、运输车等均检修完好，进行试运转。管道及接头要保持良好，风管不漏风，水管不漏水，沿风、水管路每隔 50m 装一阀门接头，以便当喷射机移动时，可迅速连接风、水管而使风、水软管不致过长。

检查开挖面，欠挖部分补挖，清除浮石、浮碴，岩石壁面用高压水清洗，对有地下水的部位钻孔集中，盲管引排处理。

3）喷射混凝土的拌合、运输：

喷射混凝土在拌合站进行拌合，拌合时间在 90s 左右，拌合应严格控制骨料质量，拌合均匀，运输过程采用 $10m^3$ 罐车进行运输，保证罐车数量充足，供料及时。

4）喷射混凝土施工工艺：

工艺流程及工作原理如图 2-32、图 2-33 所示。

① 水胶比：喷射混凝土时混凝土坍落度控制在 8～10cm 为宜。风压在 400～500kPa，过高过低都将影响喷混凝土施工效果和回弹量，水压比风压高 50～100kPa。

② 喷射角：喷混凝土时喷射角尽量垂直受喷面或略有 5°～10° 的倾斜，喷嘴距受喷面保持 0.6～1.2m，喷射时先喷边墙，后喷拱顶，由下至上，以螺旋状沿横向往复移动，喷射作业以适当厚度分层进行，后一层喷射在前一层混凝土终凝后进行。终凝后喷水养护，7d 内保持湿润，以防干裂，影响质量。为避免喷射混凝土回弹伤人，严格遵守喷射混凝土施工操作安全事项，绝对不可将喷头对着人。

5）施工质量控制：

① 保证喷射混凝土厚度，一次喷射厚度不应小于骨料粒径的两倍，通常喷墙厚 5～10cm，喷拱顶厚 4～6cm。

② 喷射作业应分区分段进行，每一小段作业宽度以 1.5～2.0m 为宜，其喷射顺序为：先墙后拱，自下而上；边墙应自墙基开始，拱部应自拱基线开始。

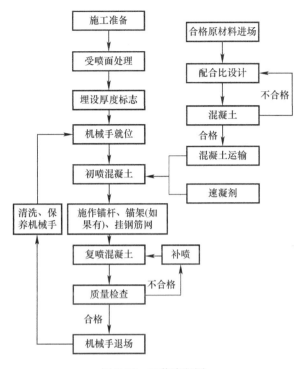

图 2-32 工艺流程图

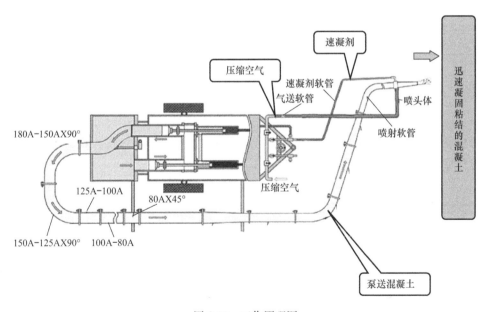

图 2-33 工作原理图

③ 喷射机的工作气压应控制在 0.1～0.15MPa；水压应比风压大 0.05～0.1MPa。

④ 有钢筋网时，可在岩面喷射一层混凝土后再进行钢筋网的铺设，并在锚杆安设后进行。

⑤ 喷射混凝土终凝 2h 后，应每隔 4～8h 喷水养护一次，养护时间不少于 7d。如果相对湿度大于 85%，可采用自然养护。

⑥ 喷射时，使喷射角度保持90°最佳（图2-34）。

⑦ 喷射时，喷射速度控制在17m/s最佳（图2-35）。

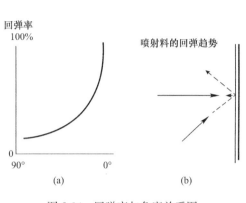

图2-34 回弹率与角度关系图　　图2-35 回弹率与喷射速度关系图

（3）应用效果分析

对湿喷机与干喷机在隧道喷射混凝土施工进行对比分析如下：

1）安全系数。

以单工作面作业人员机械配置进行对比分析，见表2-14。

人员配置表　　　　　　　　　　　表2-14

序号	配置数量（台）	每台配置人数（人）	总人数（人）
湿喷机	1	2	2
干喷机	4	2	8

由表2-14分析可知，采用湿喷机械手后掌子面工作人员数量由8人减少至2人，大大提高了安全系数，同时湿喷施工时操作人员通过无线或有线遥控器操作机械手工作，远离工作面在支护成形段落工作，人员安全得到了保证。

2）施工质量。

① 采用湿喷机进行湿喷作业，1d混凝土强度即可达23.1MPa，相比干喷作业早期强度大大提高（表2-15）。

施工质量对比表　　　　　　　　　　表2-15

序号	6h（MPa）	12h（MPa）	1d强度（MPa）	7d强度（MPa）	28d强度（MPa）
湿喷机	6.5	15.6	23.1	28.4	34.6
干喷机	7.6	10.8	15.4	22.3	30.6

② 泵送出口压力达到6MPa，结构密实，质量好。

3）粉尘浓度。

通过湿喷作业和干喷作业粉尘浓度数据分析得出（表2-16），采用湿喷工艺平均粉尘浓度降低97%以上，呼吸粉尘浓度降低31%以上，工人工作环境明显改善。

湿喷作业和干喷作业粉尘浓度对比表　　　　　表2-16

粉尘浓度 (mg/m³)		喷浆手附近	喷射作业区	喷射机附近	搅拌上料区	多工序混合区	平均粉尘浓度
全尘浓度	干喷工艺	124.18	102.63	116.8	97.18	75.13	103.18
	湿喷工艺	9.4	6.85	4.05	7	1.55	5.77
	降低率（%）	114.78	95.78	112.75	90.18	73.58	97.41
呼尘浓度	干喷工艺	38.88	31.9	35.68	31.43	26.25	32.83
	湿喷工艺	2.4	1.65	1.7	2.15	0.7	1.72
	降低率（%）	36.48	30.25	33.98	29.28	25.55	31.11

4）节约用电。

① 单个循环喷浆设备用电量对比见表2-17。

喷浆设备用电对比表　　　　　表2-17

施工工艺	计算过程	用电量
干喷	5.5kW×4台×4h+132kW×3台×4h	1672kW·h
湿喷	50kW×4h+132kW×4h	728kW·h

② 单个循环通风设备用电量见表2-18。

通风设备用电对比表　　　　　表2-18

施工工艺	计算过程	用电量
干喷	220kW×4h	880kW·h
湿喷	110kW×4h	440kW·h

③ 单个循环用电量见表2-19。

单个循环用电对比表　　　　　表2-19

施工工艺	干喷	湿喷	节约
用电量	1672+880=2552kW·h	728+440=1168kW·h	1384kW·h
电费	单价0.8元/(kW·h)	单价0.8元/(kW·h)	1107.2元

以每循环3m计算，全隧2987个循环可节约电费1107.2×2987=330.7万元。

5）工费对比。

单洞作业，湿喷作业相对干喷作业每月节约人工工资3.8万元，以合同工期41个月计算，双洞可节约工费3.8×41×2=311.6万元，工费对比见表2-20。

单洞作业与双洞作业工费对比表　　　　　表2-20

工艺	工种	人数（人）	工资（元/月）	费用（元）
干喷	喷浆手	4	8000	32000
	辅助工	4	6000	24000
	小计	8	—	56000
湿喷（单台）	喷浆手	1	12000	12000
	杂工	1	6000	6000
	小计	2	—	18000

6) 混凝土成本对比。

采用湿喷机进行隧道湿喷作业，相比干喷每立方米成本增加83.3元，两者对比见表2-21。

混凝土成本对比表　　　　　　　　　　　　　　　　　表2-21

施工工艺	对比	水泥	粉煤灰	5～10mm碎石	机制砂	水	减水剂	速凝剂	材料单价	加工费	临建分摊费	综合单价
干喷	数量（m³）	465	—	787	853	60	—	20	—	—	—	—
	单价（元）	249	188	50	59	2	3350	1150	—	—	—	—
	总价（元）	115.8	—	39.4	50.3	0.1	—	23	228.6	59	29.4	316.9
湿喷	数量（m³）	440	30	667	1000	209	5.64	28.4	—	—	—	—
	单价（元）	265.5	188	50	59	2	4300	2550	—	—	—	—
	总价（元）	116.8	5.6	33.4	59	0.4	24.3	72.4	311.9	59	29.4	400.3
差额		1	5.6	−6	8.7	0.3	24.3	49.4	83.3	0	0	83.3

7) 回弹量对比。

通过对湿喷和干喷作业回弹量进行统计分析，干喷施工回弹量在20%～30%，湿喷回弹量在8%～14%之间，对比见表2-22。

回弹量对比表　　　　　　　　　　　　　　　　　表2-22

项目	干喷工艺	湿喷工艺
边墙回弹量	20%	8%
拱顶回弹量	30%	14%

设计全隧C25喷射混凝土8.4万 m³，考虑干喷回弹量按照25%、湿喷回弹量按照10%计算，取干喷超耗125%，湿喷超耗110%计算，则全隧采用湿喷相比干喷混凝土费用多 $8.4\times2.1\times400.3-8.4\times2.25\times316.9=1071.9$ 万元。

8) 机械费用对比。

采用湿喷机单洞施工相比干喷每月增加投入0.75万元，见表2-23，以合同工期41个月进行计算，双洞采用湿喷机较干喷增加投入 $30.75\times2=61.5$ 万元。

机械费用对比表　　　　　　　　　　　　　　　　　表2-23

项目	机械费用	折旧费用
湿喷（国产）	1台·130万元/台	1.08万元/（月·台）（按10年）
干喷	4台·2万元/台	0.33万元/（月·台）（按2年）
增加投入	0.75万元	

9) 综合经济效益对比。

经济效益对比见表2-24。

经济效益对比表　　　　　　　　　　　　　　　　　表2-24

施工工艺	电费（万元）	工费（万元）	混凝土成本（万元）	机械折旧费用（万元）	合计（万元）
干喷	609.8	459.2	5989.4	27.06	7085.46
湿喷	279.1	147.6	7061.3	88.56	7576.56
节（+）亏（−）	330.7	311.6	−1071.9	−61.5	−491.1

桐梓隧道工程采用湿喷机相比干喷多投入491.1万元，但在质量、安全、文明施工等

各方面优势非常突出,湿喷是强制性工艺标准,也是企业发展的必然,应加大管理力度,优化施工工艺,才能进一步降低成本。

2.2.8 自行式液压仰拱栈桥配置及应用效果

(1) 设备选型

传统全幅仰拱模板施工多采用组合小块钢模匹配简易单跨钢便梁式仰拱栈桥工艺。简易栈桥由两片组合使用,单片宽1.2m,以4~6根16m长的I45a工字钢并行拼焊作为纵向钢便梁,上面辅以直径20mm的螺纹钢作为工字钢间的连接件和车辆防滑面。此种简易栈桥结构简单,加工灵活,造价比较低,但是需要以挖掘机或装载机拖动就位,就位时间长且难度大,长期使用造成其扰度过大影响仰拱的施工,施工效率低。组合小钢模需采用大量螺栓通过人工拼装、拆卸,采用大量钢管加固,不能整体提升,不能整体移动,费工费力,大大影响了仰拱的施工效率。

自行式栈桥带有行走装置,不需要装载机等外部动力,安全性好,实用性强,自动化程度高,其与传统栈桥对比见表2-25。

自行式栈桥与传统栈桥对比分析表 表2-25

项目	自行式栈桥	传统栈桥
安全性	框架整体结构,不会侧翻	单片散开结构,容易侧翻倾覆
一次施工长度	24m	12m
行走操作方式	液压控制,整体自动行走	需挖掘机来回吊装移动、摆位
施工特点	小型流水作业面,掌子面可以同时出碴	仰拱开挖施工时,隧道通道需中断,影响掌子面出碴
优势	可配整体式仰拱模板快速移动和定位,减少劳动力,降低劳动强度	体积小,拆装灵活快捷
效益	同岩层施工12m仰拱,速度提高20%~25%,节省劳动力30%。拆装方便,强度高,可以重复使用	单套一次性投入资金少,强度小,使用时间短,重复使用率低

目前国内在液压仰拱栈桥领域应用比较成熟的有湖南五新、四川成都科利特等公司产品,项目基于四川成都科利特公司生产的带弧形模板自行式液压仰拱栈桥(型号ZDYGTC-12X2)开展仰拱快速施工方法的研究。

(2) 设备性能分析

1) 设备参数。

项目购买的自行式液压仰拱栈桥(长)31.6m×(宽)4.45m×(高)3.7m;有效工作长度24m,承载能力50t,过车宽度3.5m,走行速度6m/min,整机功率20kW。液压栈桥为液压马达驱动,实心胶轮行走,液压和电气控制实现自动行走移动,具有自动前进、后退及左右横向移动,前后左右4个支点单独液压控制高低。液压栈桥主要由前桥、后桥、主桥桥身、自动行走装置、升降机构、液压自动平衡系统和电气控制系统等部件组成。

2) 模板部分。

模板部分主要由全弧仰拱模板、中心水沟模架、液压移模小车、液压脱模板系统、防上浮机构及溜槽组成。全弧仰拱模板曲面模板由上弧模板（边墙部分）和下弧模板（隧底部分）铰接而成，下弧模板为3块板通过螺栓连接，一个设计12m宽的隧道弧形仰拱面由这5块曲面模板控制成形。曲面模板上面有弧形梁，弧形梁采用钢板焊接成工字钢形状，把曲面模板牢牢地连成整体。中心水沟模架采用6mm钢板和槽钢组成，采用U形结构，中间为500mm×500mm的矩形纵梁，脱模时收缩上口的油缸使得模板与混凝土面脱离（图2-36）。

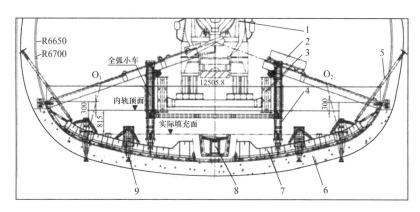

图2-36 自行式全弧仰拱模板匹配液压栈桥工装示意
1—水泥罐车；2—溜槽；3—液压栈桥；4—液压移模小车；5—防上浮机构；6—仰拱层混凝土；
7—全弧仰拱模板；8—中心水沟模架；9—液压脱模系统

（3）施工工序与步骤

1）栈桥移动就位。

将栈桥小车与全弧仰拱模板横梁分离，控制栈桥小车前移一定距离，升降腿向下伸出顶住地面，栈桥行走轮推动栈桥系统前移一定距离，再次控制栈桥小车前移一定距离，如此重复多次，直至栈桥就位完成，所述一定距离不大于栈桥系统最大长度的1/2。

2）仰拱开挖及钢筋绑扎。

待栈桥就位完成后，利用栈桥系统进行常规仰拱开挖，形成仰拱开挖面，在仰拱开挖面上进行常规仰拱钢筋绑扎，形成仰拱钢筋绑扎面。

3）仰拱脱模。

待上一道仰拱混凝土凝固后，控制全弧仰拱模板系统前端的升降支撑脚和后端的仰拱行走机构伸出顶住地面，使得全弧仰拱模板组上升脱模。

4）移模就位。

控制栈桥小车运行到栈桥系统尾端，与仰拱模横梁连接固定，控制升降支撑脚缩回，通过栈桥小车的拖动和仰拱行走机构的推动，将仰拱模架系统移动到仰拱钢筋绑扎面上，完成仰拱模板定位；控制升降支撑脚的支撑高度来调节仰拱模板的左右高差；控制栈桥系统前端横移机构的横移来调节仰拱模板的横向位置。

5）定模浇筑。

全弧仰拱模板定位后，下部利用下台阶和仰拱初期支护时预留的加固钢筋，用钢筋进行斜拉加固，上下交错布置并同时进行防排水和中心沟架板的安装，进行仰拱混凝土浇筑。

6)施工完毕后对仰拱模板上的混凝土及杂物进行清理,然后松开所有伸缩丝杆拉筋,保证模架呈自然状态,并对其进行校正。

7)重复以上步骤1)~6)项。

(4)使用效果分析

1)一次安装完成后可实现相同断面的整条隧道仰拱作业施工,省去了模板的拼装及拆除,中心水沟模板一次成型,提高了工作效率,相比传统的简易栈桥施工仰拱支模需要5~6h,自行式液压仰拱栈桥仅需1.5~2h即可完成;采用全自动机械控制移动和定位,大大减少了工人的劳动强度,节约了劳动成本,提高了施工效率和施工质量。

2)全弧仰拱模板的脱模采用机械或液压方式脱模,大大减少了工人的劳动强度,提高了施工效率。

3)全弧仰拱模板系统可自由与液压栈桥系统分离,可以保证在仰拱开挖、扎钢筋等工序时,全弧仰拱模板不对其他工序施工造成干扰,控制灵活方便。

4)通过横移机构可对全弧仰拱模板的左右位置进行调节,通过栈桥小车可对全弧仰拱模板的前后位置进行调节,通过仰拱模架系统上的升降支撑脚和升降油缸可对仰拱模板的水平高度进行调节,使得仰拱模板定位更加精确快速,满足高标准的施工要求。

5)通过仰拱模架系统上的升降支撑脚和升降油缸可实现全弧仰拱模板的自动快速脱模,大大提高施工效率,降低工人劳动强度(图2-37、图2-38)。

图2-37 自行式液压仰拱栈桥

图2-38 中心水沟模板一次性支模

2.2.9 防水板铺挂、钢筋安装一体机

(1)设备介绍

传统的防水板铺设、钢筋安装均采用自制简易工作平台,人工完成防水板运输及铺设的施工方法机械自动化程度均较低,安全风险极大。本项目基于防水板铺挂一体机进行防水板、土工布快速安装工艺研究,该机主要由动力系统、液压传动系统、防水卷材上料系统、作业门架系统、行走系统组成,台车长度6m,可满足6m以下防水板、土工布材料的铺挂。

(2)施工工艺及方法

施工时仅需2~3名工人将防水卷材抬到上料系统中,由台车通过液压系统将滚轴沿着台车边缘滑动,将防水材料沿着初喷面铺开,再由人工进行防水材料的固定(图2-39)。

图 2-39 防水板铺挂一体机

(3) 施工工效分析

优点：

① 台车为轮胎自行式，不需要铺设轨道，更方便施工。

② 台车满足长度为 6m 及 6m 以下所有规格的防水布及土工布半自动铺设，人员数量可由 3 人减少至 2 人，提升施工效率。

③ 台车设有防水板及土工布提升机构，节省人工劳动力。

④ 实现防水板铺设与钢筋绑扎平行作业。

缺点：

① 该台车上料系统刚性过大，在轨道上滑动时容易出现卡顿，行走不顺畅，影响施工效率，需进一步解决上料系统与轨道结合滑动的问题。

② 该台车上料系统没有微调压紧装置，防水板与初支面之间的距离较为固定，防水材料需人工调整才能处在合适位置。

2.2.10 自动分层浇筑二衬台车

(1) 设备选型

多年来，国内沿用的衬砌设备基本都是自主设计安装的简易衬砌设备，并用在不同的隧道建设施工中。例如，工字钢衬砌拱架，由于易拆装的特点，在我国的传统隧道施工中一直占据着重要的位置。但这种工艺施工缝和凸台等施工中极易产生的问题一直是传统衬砌施工方式的诟病，得不到有效的改善，而且施工工序也复杂。考虑到我国的工程隧道施工工程由短到长的变化、施工净空间由小到大的转变，特别是现代工程的施工质量和外观要求越来越高，所以现在广泛采取钢模板台车对隧道进行模注施工。传统的普通标准型衬砌台车受力结构复杂，支撑杆件众多，收立模不方便，净空小，影响车辆通行，且整体重量很大，移动起来较为笨重，并且传统衬砌边墙滑槽浇筑技术混凝土不是带压入仓，混凝土易离析；只能对台车的第一、二层工作窗口浇筑，容易产生人字坡冷缝等质量问题；至少需要 3～4 人拆换管，浪费人工且施工效率低（图 2-40、图 2-41）。

项目部通过对市场上二衬台车的考察研究，基于五新隧装自动浇筑二衬台车具有自动分层浇筑功能,并从经济性、工作效率、劳动力投入进行了对比,最终选用了五新隧装自动浇筑二衬台车,并在实际使用过程中进行运用对比分析,探讨二次衬砌快速施工工法。

图 2-40 普通标准型衬砌台车

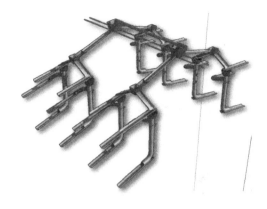

图 2-41 传统衬砌边墙滑槽浇筑技术

(2)设备性能分析

1)自动浇筑台车的基本结构。

自动浇筑台车由模板系统、门架系统、梯子平台总成、行走机构等组成,台车作业长度与普通台车相同(图 2-42、图 2-43)。

图 2-42 自动浇筑台车基本结构

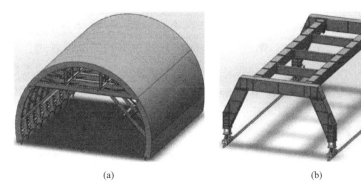

图 2-43 模板系统与门架系统
(a)模板系统;(b)门架系统

① 轨道小车和对接泵管的设置。

在台车最上层平台设置轨道小车，小车可以沿隧道方向前后移动，便于与预留的输送泵管连接，且小车上的对接口处设置橡胶皮碗，依靠油缸压力使之与预留泵管口可靠连接，浇筑过程中不会出现漏浆或喷射出混凝土的现象，省去传统工艺中工人利用管卡连接泵管的冗杂过程，明显提高换管效率，最大限度降低混凝土因换管时间造成的影响。此外，轨道小车上设有清洗口，可以在清洗口与预留泵管连接的条件下将高压风通过管路送到清洗口，将管中混凝土吹到浇筑窗口，及时将预留泵管清洗干净，一是避免混凝土的浪费；二是避免传统工艺中清洗管路的水对混凝土的影响，以及清洗过程中对台车的污损；三是大大降低工人清洗管路的时间和人力（图 2-44）。

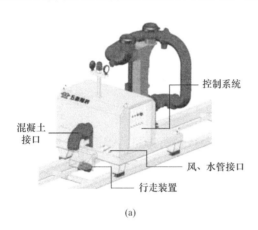 

图 2-44　轨道小车与预留泵管
(a) 轨道小车；(b) 预留泵管

② 拱顶注浆兼溢浆排气孔的设置。

台车拱顶预留三处注浆兼溢浆排气孔。台车模板定位加固时在预留的孔洞处设置 $\phi42$ 钢管，将钢管顶死二衬防水层，在钢管一头（防水层侧）预留 2~3cm 的缺口。当隧道有坡度时，浇筑拱顶混凝土从低处往高处浇筑。这样设置，一是避免拱顶混凝土浇筑时因气压的原因造成拱顶浇筑不满的现象；二是工人可以根据从缺口处流出混凝土浆液判断拱顶混凝土是否浇筑满；三是实现二衬带模注浆。

③ 固定溜槽的设置。

台车上布置固定溜槽，保证混凝土可以到达各个浇筑窗口。其中分别利用两套泵管直接将混凝土送至第三层（最上层）、第二层（中间层）浇筑窗口，然后在第二层浇筑窗口设置固定串筒，串筒底部设置可旋转溜槽，实现将混凝土送至第一层（最下层）浇筑窗口。浇筑过程中需要人工操作轨道小车，连接不同位置的泵管。而旋转溜槽的设置可以方便工人将溜槽转向，及时关闭窗口，减少混凝土浇筑时间（图 2-45）。

④ 浇筑窗口的设置。

台车上左右两侧分别梅花形布置三排浇筑窗口，一是便于工人观察左右侧混凝土实现混凝土的对称浇筑，避免浇筑过程中混凝土的偏压对台车的影响；二是实现混凝土的分层浇筑，大大降低传统工艺中一孔浇筑到底出现"人"字坡冷缝的概率（图 2-46）。

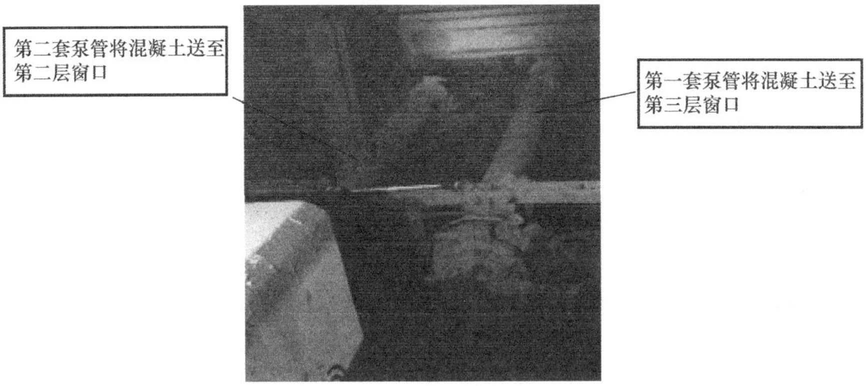

第 2 章 特长大跨隧道快速施工安全控制关键技术

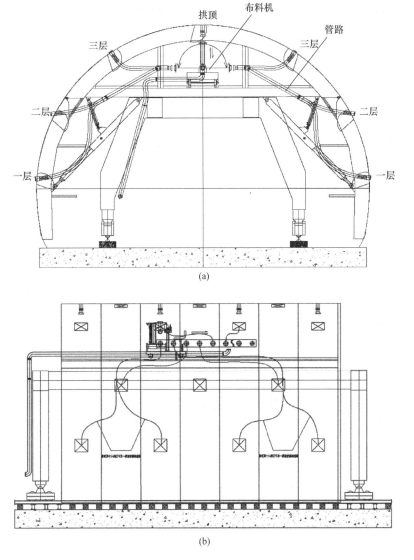

图 2-45 预留泵管布置图

图 2-46 台车上窗口及溜槽设置示意图

2）自动浇筑台车特点：

① 模板总成为主受力件，结构强度高，门架为 4 支腿门框结构，模板与门架无连接，结构非常简洁，顶部、两侧和底部空间超大，改善了作业环境，提高了通风截面积，便于工程车辆行驶。

② 支撑杆件比传统台车减少一半，操作简单，劳动强度低，减少收立模时间。

③ 设置可调节式折叠支撑，便于立模和脱模。

④ 可实现足够大的脱模空间，便于模板表面维护。

⑤ 结构简单，零部件种类和数量大大减少，便于现场安装、拆卸和管理。

⑥ 梯子平台人性化设计，方便现场施工和同行，促进安全和文明施工。

⑦ 与混凝土分层布料机配套使用，实现混凝土自动化分层逐窗入模浇筑。

传统台车与自动浇筑台车对比见表 2-26。

传统台车与自动浇筑台车的对比分析　　　　表 2-26

项目	传统台车	自动浇筑台车
主受力件	受力结构复杂，支撑杆件众多，门架立柱和门架大梁为主受力体	模板系统作为主受力承载件，强度高稳定性好，浇筑过程中不易发生变形和跑模
支撑杆件数量	支撑杆件多，收立模不方便	支撑杆件减少一半，操作简单，劳动强度低，大大减少收立模时间
混凝土入仓方式	混凝土不是带压入仓，混凝土易离析、不容易入仓	封闭式输送，带压输送，混凝土浪费小。克服传统溜槽入仓方式不能正常入仓的问题
作业环境	净空小，影响车辆通行	台车顶部、两侧和底部空间超大，改善作业环境，提高通风截面积，便于工程车辆通行
工作方式	一孔灌到底，产生"人"字坡冷缝等质量问题	管路分层布置实现分层浇筑，克服一孔灌到底浇筑方式产生的质量问题，管子从进料口到出料口无中间操作环节。移动式布料机可以实现全程自动布料

（3）施工工艺及流程

二衬台车模板定位加固→混凝土浇筑准备工作→浇筑混凝土→施工场地文明施工→脱模移动台车、养生→下一模二衬施工。施工工艺流程如图 2-47 所示。

1）台车模板定位加固。

模板定位加固前应先检查初期支护断面尺寸、钢筋、预埋件等，且模板需均匀涂刷脱模剂，验收合格后再对二衬台车模板进行定位加固。测量班需对台车中心位置、高程、边墙模板位置等进行放样，以及核对台车端头是否在同一断面。模板加固完后需及时对台车丝杆、斜撑、千斤顶等加固构件进行牢固程度检查验收，以免混凝土浇筑过程中对台车造成影响。

2）混凝土浇筑前准备工作。

混凝土浇筑前准备工作包括有前场输送泵的调试，过程中用到的高压风、高压水是否到位，附着式振捣器是否可以正常使用，如果有问题需及时处理。后场关注拌合站地材是否充足，试验员负责使用配合比的输入。开盘浇筑时，对首盘混凝土进行坍落度试验，一般二衬混凝土在有结构钢筋时坍落度为 220 ± 20mm，无结构钢筋时为 200 ± 20mm。

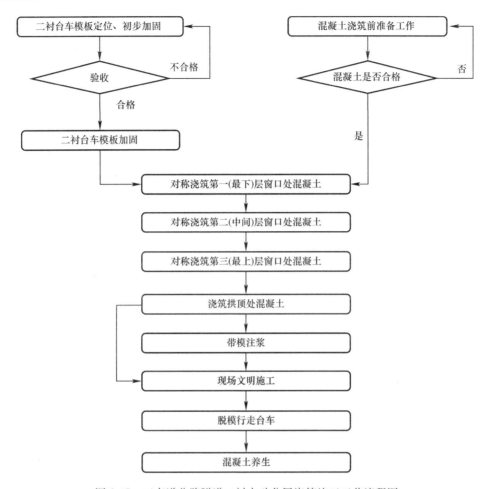

图 2-47　三车道公路隧道二衬自动分层浇筑施工工艺流程图

3）浇筑混凝土。

二衬混凝土浇筑按从低到高、左右对称浇筑。若隧道有坡度，浇筑拱顶时从低位置向高位置依次浇筑，以免造成混凝土对拱顶预留泵送管口的堵塞，影响后续浇筑。

① 对称浇筑第一（最下）层窗口处混凝土：

a. 遥控控制小车上对接口与第一层左侧或右侧窗口位置对应的泵管对接，浇筑混凝土，浇筑约 60cm 高。

b. 遥控小车前进或后退，控制小车上对接口与第一层另一处同侧窗口位置对应的泵管对接，浇筑混凝土，浇筑约 60cm 高。

c. 遥控控制小车上对接口与第一层右侧或左侧窗口位置对应的泵管对接，浇筑混凝土，浇筑约 60cm 高。同时开启之前浇筑过混凝土侧的附着式振捣器，当混凝土表面无明显塌陷、有水泥浆出现、不再冒气泡时，应结束该部位振捣。

d. 遥控小车前进或后退，控制小车上对接口与第一层另一处同侧窗口位置对应的泵管对接，浇筑混凝土，浇筑约 60cm 高。

e. 遥控控制小车位置和对接口到首先浇筑的混凝土侧，重复 a、b、c、d 项步骤，直至浇筑到第一层窗口处，关闭第一层浇筑窗口（图 2-48）。

② 对称浇筑第二（中间）层窗口处混凝土（图 2-49）。

a. 关闭到第一层窗口处的混凝土通道，使混凝土可以直接进入第二层窗口。

b. 重复第一层窗口处混凝土浇筑步骤，直至混凝土浇筑到第二层窗口处，关闭第二层浇筑窗口。

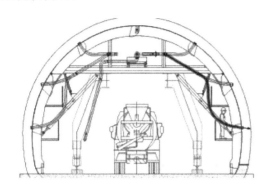

图 2-48　浇筑第一层窗口处混凝土示意图　　图 2-49　浇筑第二层窗口处混凝土示意图

③ 对称浇筑第三（最上）层窗口处混凝土（图 2-50）。

遥控控制小车上对接口与第三层左侧或右侧窗口位置对应的泵管对接，剩余操作与浇筑第一层或第二层浇筑窗口处混凝土操作相同。浇筑至第三层浇筑窗口时，关闭窗口。

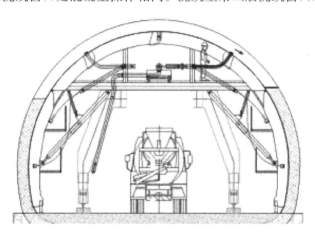

图 2-50　浇筑第三层窗口处混凝土示意图

④ 浇筑拱顶位置混凝土：

a. 遥控控制小车上对接口与拱顶低位置预留泵管对接，开始浇筑混凝土。

b. 浇筑过程中，需观察浇筑口附近的溢浆孔，出现溢浆现象时，封堵第一个浇筑口，遥控控制小车上对接口至相邻的浇筑口，继续浇筑。

c. 重复 a、b 项操作直至拱顶混凝土浇筑完成（图 2-51）。

⑤ 带模注浆：

a. 通过二衬台车上拱顶位置预先设置的注浆孔进行注浆。注浆时机为拱顶混凝土浇筑完成 2h 后，注浆前连接好注浆机。注浆时机不得过晚，否则注入砂浆不能很好地与浇筑混凝土结合，影响二衬混凝土受力结构。

b. 带模注浆应采用微膨胀性且流动性好的水泥砂浆。注浆过程中严格控制注浆压力，注浆压力应超过 1.0MPa。

c. 当在一个孔注浆时,其余孔兼作溢浆排气孔,当相邻孔溢浆时,更换到此溢浆孔继续注浆。注浆过程中不得跳孔注浆,避免造成注浆管堵塞、拱顶注浆效果差等现象。注浆完一个孔后,更换到前一个注浆孔继续注浆,直到注浆压力超过 1.5MPa 停止注浆。

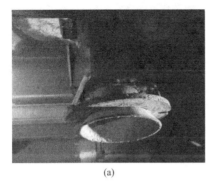 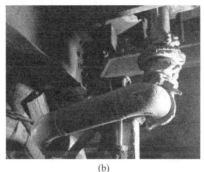

图 2-51 拱顶预留混凝土浇筑口
(a) 拱顶预留浇筑口;(b) 浇筑拱顶混凝土

d. 注浆效果检查可以通过雷达扫描等无损检测方法,对于不满足要求的地段必须进行二次注浆(图 2-52)。

 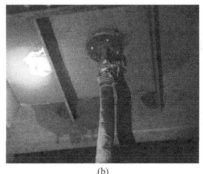

图 2-52 台车预留注浆孔
(a) 台车拱顶预留注浆孔;(b) 带模注浆

⑥ 脱模行走台车:

a. 混凝土拆模时的强度应符合设计要求。当设计未提出要求时,侧模应在混凝土强度达到 8MPa 以上,且其表面及棱角不因拆模而受损时,方可拆除。

b. 拆除模板时,应检查所有的加固构件是否已经拆除或松力,以免强行拆模造成台车变形。

⑦ 混凝土养生:

a. 混凝土浇筑后,12h 内利用养护台车对混凝土进行洒水喷淋养护。操作时,不得使混凝土受到污染和损伤,养护用水与拌制用水相同。

b. 混凝土养护时间不宜少于 14d,洒水次数应以混凝土表面保持湿润状态为基准。

c. 当工地昼夜气温连续 3d 低于 5℃或最低气温低于 −3℃时,采取冬期施工措施;当工地昼夜平均气温高于 30℃时,应采取夏期施工措施(图 2-53)。

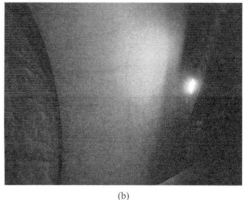

(a)　　　　　　　　　　　　　　　　(b)

图 2-53　衬砌施工效果

(a) 二衬面施工效果图（远景）；(b) 二衬面施工效果图（近景）

(4) 设备应用效果分析

1) 混凝土节约。

采用自动浇筑二衬台车施工相比传统台车中高压水洗管导致管内混凝土不可再使用，施工过程中可以将大部分输送泵管内的混凝土利用，节约了一定的混凝土。据统计，每循环可节约混凝土 $1.25m^3$，全隧节约混凝土 $936m^3$。

2) 人员数量对比。

传统二衬台车施工时，每模二衬混凝土浇筑需要 8 人左右，而采用自动浇筑二衬台车施工仅需要 5 人。

3) 浇筑时间对比。

传统二衬台车浇筑时间在 12h 以上，而采用自动浇筑二衬台车施工浇筑时间在 10h 以内，按隧道二衬 3d 一模算，每环二衬可节省 2h，全隧单幅可节约工期 31d。

4) 经济效益对比分析。

通过对比，每板二衬（12m）在人工和混凝土方面可综合节约成本 1151.4 元。预计全隧可节约直接费用 86 万余元，具体分析见表 2-27。

隧道传统台车施工与自动浇筑台车施工经济效益分析对比表　　表 2-27

序号	工法对比项目		单位	传统工法	自动浇筑工法	备注
1	每环二衬施工长度		m	12	12	
2	人工费	输送泵处	人	2	2	每名人工按 250 元计算
		轨道小车处	人	—	1（负责操作小车）	
		台车其余部位	人	6（过程中振捣及观察混凝土浇筑情况、观察端头模板混凝土情况、接换泵管、清洗泵管）	2（过程中振捣及观察混凝土浇筑情况，观察端头模板混凝土情况）	
		小计	人	8		
		工作时间	h	12		
		成本	元	2000.0		

续表

序号	工法对比项目	单位	传统工法	自动浇筑工法	备注
3	节约材料费	m³	0	1.25	节约混凝土(C30)
		元	0	−401.4（主要是泵管中的混凝土节约）	
4	每环综合节约成本	元	0	−1151.4	

2.2.11 电缆沟槽台车

(1) 设备介绍

项目设计电缆沟长度17926m（单侧），电缆沟槽尺寸为65cm×60cm，壁厚15cm，传统的沟槽施工工艺主要采用人工进行模板定位定型施工，存在施工缝多、工序烦琐、模板易损坏、质量控制难等弊端，本项目基于隧道机械化施工要求，引进四川成都科利特公司电缆沟槽台车进行电缆沟槽快速施工研究，该台车长度12m，由电缆槽模板、排水暗沟模板、桁架及内侧面模板三大部分组成，如图2-54～图2-56所示。

(2) 施工工艺流程

隧道内水沟电缆槽施工，在隧道衬砌至800～1000m后跟进或隧道衬砌完成后进行。施工工序如下（图2-57）：仰拱二衬、仰拱填充混凝土表面清理→工作面移交→进行测量放线→基面处理（混凝土表面凿毛，纵向、横向排水盲管疏通等）→基面检查验收→钢筋绑扎及埋件安装（纵向、横向排水盲管引接，综合接地钢筋、接地端子安装等）→模板安装→仓面验收→沟身混凝土浇筑→混凝土养护→拆除模板→沟盖板安装→验收检验→结束。

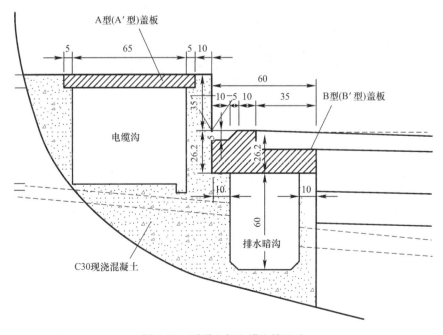

图 2-54 隧道左侧电缆沟槽尺寸

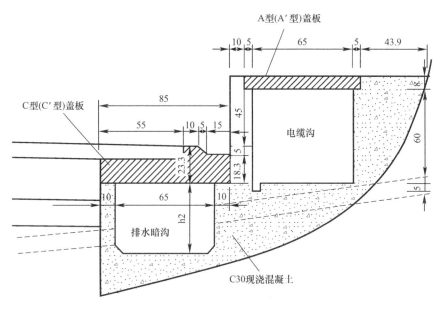

图 2-55 隧道右侧电缆沟槽尺寸

图 2-56 水沟电缆槽模板台车

(3)施工效果分析

1)施工外观质量对比分析。

采用电缆沟槽台车相比人工定型塑钢模板施工，电缆沟接缝少，线型美观，外观质量较好，且隧道两侧电缆沟、排水暗沟整体浇筑，避免了人工定型塑钢模板来回拆装，大大减少了人工劳动，提升施工质量的同时，也使现场文明施工环境得到了明显改善（图 2-58）。

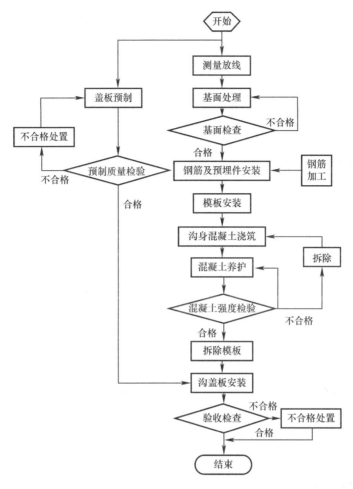

图 2-57 隧道内水沟电缆槽施工工艺及质量控制流程图

图 2-58 排水暗沟与电缆槽施工（一）
(a) 人工塑钢模板分步浇筑；(b) 人工塑钢模板浇筑整体效果

(c) (d)

图 2-58 排水暗沟与电缆槽施工（二）
(c) 排水暗沟、电缆沟槽整体浇筑；(d) 电缆沟槽台车浇筑效果

2) 经济效益分析。

桐梓隧道项目左洞采用定型塑料模板施工，需施工人员 6 人，每人工资 6000 元/月，平均每天施工电缆沟单侧长度 30m，双侧长度 15m，按照连续施工计算，施工工期 4500/15/30＝10 个月，单洞施工人工费用为 6×0.6×10＝36 万元。

桐梓隧道项目右洞采用电缆沟槽台车施工，需施工人员 4 人，每人工资 6000 元/月，平均每天施工电缆沟双侧长度 12m，则按照连续施工计算，施工工期 4500/12/30＝12.5 个月，单洞施工人工费用为 4×0.6×12.5＝30 万元。

由以上计算得出，采用电缆沟槽台车相比采用人工定型塑料模板施工人工费用仅减少 6 万元，但其购置费用高达 40 万元，其施工效率较人工慢 2.5 个月，经济效益并不明显。

3) 存在的不足。

① 电缆沟槽台车虽然在施工外观质量较人工施工有较大提升，但在经济效益方面并不明显。

② 电缆沟槽台车由于是刚性模板结构，对二衬、仰拱施工面平整度要求较严格，遇到仰拱、二衬欠挖部位适应性较差，模板定位困难，且在隧道曲线段由于无法调整弧形并不适用。

③ 电缆沟槽台车模板较隐蔽，模板打磨存在一定困难。

2.2.12 小结

目前国家公路隧道施工机械化已逐渐成为一种趋势，项目基于桐梓隧道 C6XP-2 型多功能地质钻、全电脑三臂凿岩台车、车载湿喷机、车载拱架安装机、自行式液压仰拱栈桥、防水板铺挂一体机、自动分层浇筑二衬台车、电缆沟槽台车等进行了快速施工技术研究，以上机械设备各有优点，但都存在一次性投入过大，在实际施工使用过程中均存在一定的不足。如全电脑三臂凿岩台车钻孔孔径过大，炸药单耗偏高，钻臂受拱架影响，周边眼角度不易控制，需采用长短眼结合的方式钻孔，爆破效果不理想；车载拱架安装机由于是双臂作业，在大断面隧道中容易出现拱架变形，安装不方便，施工超前小导管、锚杆效率偏低等缺点；防水板铺挂一体机存在上料系统易卡顿，难调整等缺点；12m 电缆沟槽台车存在对仰拱、二衬施工面平整度较高，不能适用于曲线段施工，施工效率较人工施工效率低等缺点。基于对上述机械设备的研究，提出复杂地质条件下长大隧道机械化施工配置见表 2-28。

单洞作业施工机械配置一览表　　　　　表2-28

作业内容	施工机械配置	人员/机械数量	备注
超前钻探	C6XP-2型多功能钻机	3人	
	阿特拉斯·科普柯全电脑三臂凿岩台车	4人	
开挖作业	阿特拉斯·科普柯全电脑三臂凿岩台车	上台阶打钻：4人；上台阶装药：9人；下台阶打钻、装药：3人	该人员配置仅适用上下台阶，传统人工钻爆，上台阶打孔、装药需要14人
支护作业	车载拱架安装机	5人	传统人工台架安装需要10人，由于双臂拱架安装机在大断面隧道施工效果不理想，不推荐使用
	湖南五新湿喷机	2人	
出碴作业	挖机	2台	
	装载机	2台	
	出碴车	5辆	
仰拱作业	自行式液压仰拱栈桥	钢筋工：12人（与二衬钢筋工共用）	
二衬作业	防水板、土工布铺挂一体机	2人	基于该型号台车在隧道内使用不成熟，不推荐使用，传统人工施工需3人
	自动分层浇筑二衬台车	钢筋工：12人（与仰拱钢筋工共用）	
水沟电缆槽施工	电缆沟槽台车	4人	基于该型号台车在隧道内使用效果不佳，不推荐使用，传统人工施工需6人

2.3 特长大跨公路隧道Ⅳ级围岩微台阶施工技术

长大坡道上轨道结构的稳定性问题主要表现在连续制动力和温度力的共同作用下，轨道结构的纵向爬行量、横向及垂向位移量是否超限，以及轨道结构是否会发生整体失稳等。当轨道位于长大连续坡道时，列车连续制动使其前方钢轨产生纵向压力，列车尾部钢轨产生拉力，列车制动引起钢轨的不均匀爬行，这些将影响无缝线路的强度和稳定性，在长大坡道的凹形变坡点、小半径及大跨高墩桥梁地段，可能由于线路爬行而增加轴向力，降低轨道稳定性。

该段线路采用整体道床，超过三分之一的线路铺设了低刚度的减振扣件、钢弹簧浮置板（梯形轨道）等，三座桥梁处于28‰坡道上。对于整体道床，特别是对于减振型轨道，在连续长大坡道上，由于列车荷载和温度力的联合作用，大量连续的压弯变形不仅影响列车运行的平稳性，而且累积压弯变形超限，同样威胁行车安全。若轨道结构发生过大的变形（特别是减振型轨道地段、不同轨道结构的过渡段、不同轨下基础的过渡段、小半径地段、变坡点处、特殊桥地段），将诱发轨道结构失稳，存在巨大的安全隐患。初步设计专家审查意见也明确提出，要检算并加强长大连续坡道地段减振型轨道的横纵向限位措施，重点关注小半径和大坡道重叠地段减振地段。

2.3.1 桐梓隧道台阶法设计及其计算分析

（1）概述

本设计进行贵阳1号线基础资料的收集及分析，充分考虑到本线路的特点：

1）连续下坡线路长度达到12km，线路大部分的坡度为28‰；
2）最小曲线半径为350m；
3）线下基础类型包括隧道、桥梁及路基；
4）轨道结构形式包含普通钢筋混凝土短轨枕式整体道床、减振扣件、钢弹簧浮置板（梯形轨道），部分减振地段处于小半径地段，减振轨道铺设长度长；
5）正线采用区间无缝线路，扣件采用DZⅢ-2型扣件；
6）采用B型车，6辆编组，设计最大行车速度80km/h。

在此基础上进行理论研究，弄清连续长大坡道上普通轨道、减振型轨道轮轨相互作用的传递机理，建立能准确反映实际情况的计算理论及计算模型，提出普通整体道床轨道、减振型轨道系统在长大连续坡道上的轨排（道床板）变形控制限值；针对典型、特殊工点地段进行分析检算，提出结构的优化设计方案和工程建议，使轨道结构能够提供足够的强度和稳定性，提高轨道结构的运营安全性，减少后期的养护维修。设计方法如下：

1）收集、总结、分析国内外长大连续坡道上轨道工程的最新研究资料及其应用情况。调查贵阳轨道交通1号线行车、车辆、线路、土建结构、气温等基础资料。

2）根据轨道铺设地段不同情况，通过理论分析弄清连续长大坡道上各种轨道轮轨相互作用的传递机理和分析模型，并进行模型试验保证模型的准确性，确定相关参数。

3）建立符合实际情况的隧道地段、桥梁地段及路基地段的各种轨道结构的耦合动力分析模型及计算方法，并确定动力学计算的相关参数。

4）研究连续长大坡道对轨道各部件及整体性的影响，特别对受力、变形薄弱地段进行重点研究，开展普通地段、路桥隧过渡段处、各类减振轨道过渡段处、特殊桥地段、小半径地段及凹形变坡点地段的稳定性研究。综合列车的运行品质、轮轨动应力状态、轨道结构振动水平、变形大小及部件刚度匹配等，分析轨道受力和变形规律，确保轨道在连续长大坡道上的稳定性。

5）根据计算结果优化减振轨道类型的选择及轨道铺设地段的分布，优化轨道过渡段设计方案，以适应连续长大坡道的要求。

城市轨道交通是在城市中修建的快速、大运量、长距离用电力牵引的交通系统。轨道结构是城市轨道交通的重要组成部分，包括路基面或结构面以上的线路部分，由钢轨、扣件、轨枕、道床等组成。轨道结构应具有足够的强度、稳定性、耐久性、绝缘性和适量弹性，轨道结构设计应根据车辆运行条件确定轨道结构的承载能力，并应符合质量均衡、弹性连续、结构强度、合理匹配的原则。城市轨道交通采用无缝线路最大的特点就是在温度作用下，钢轨内部产生巨大的温度力，由于温度力的影响，钢轨发生纵向和横向的变形。这些变形同时也受到列车动力荷载和人工作业的影响。无缝线路设计应根据当地气象及地下线温度资料确定设计锁定轨温，并应对轨道结构强度、稳定性等进行计算。

轨道的横向稳定性问题主要研究轨道胀轨跑道的发生规律，稳定性计算主要有"统一无缝线路稳定性计算公式"与铁道科学院提出的变形波长与初始弯曲波长不相等的计算公式。目前城市轨道交通主要采用无砟轨道结构，其具有高平顺、高稳定、少维修的特点，克服了有砟轨道结构稳定性差的问题。

长大连续坡度稳定性研究主要考虑铺设减振轨道结构的长大连续坡道上，连续长大坡道对轨道各部件及整体性的影响，特别对受力、变形薄弱地段进行重点研究，开展普通地段、小半径地段及凹形变坡点地段的稳定性研究。

目前，城市轨道交通减振型轨道结构主要有：弹性轨枕、浮置板、浮置式梯子型和弹性支承块轨道，且随着城市生活水平的不断提高，人们的环保意识不断增强，对噪声的控制要求也越来越高，减振型轨道在城市轨道交通中运用越来越多。当这些轨道结构位于长大坡道上，特别是小半径曲线处、凹凸变坡点等位置，由于线路平纵断面发生变化，轨道结构的受力也发生变化。讨论这些位置处的减振轨道结构无缝线路在不同参数条件下的轨道结构部件的力和纵横向位移的变化规律，研究不同工点情况下变形稳定性。

(2) 计算模型选择

桐梓隧道（出口端）Ⅳ级围岩占比高达67%，比传统的三台阶施工工法上台阶长度较长，上中台阶不能同步进行钻爆出渣作业，施工效率较慢，为此，项目开展Ⅳ级围岩微台阶施工技术研究。以桐梓隧道出口段YK44+531~YK44+640段S-Ⅳa衬砌段为研究对象，通过建立模型模拟三台阶与微台阶开挖工法下围岩变形的不同特征及衬砌结构的工作状态，分析施工过程对围岩及支护的影响。

采用GTS NX软件数值分析，模型下边界均取离隧道中心5倍跨度，纵向取100m长度，横向长度取200m，其中微台阶施工计算模型上台阶长度取5m，长台阶施工计算模型上台阶取15m。计算模型如图2-59~图2-61所示。

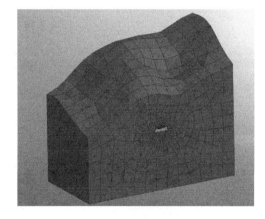

图2-59 模型整体示意图

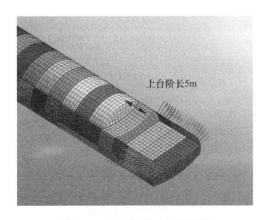

图2-60 微台阶施工计算模型

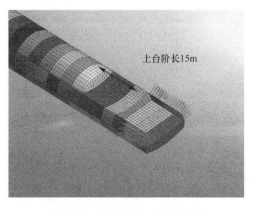

图2-61 长台阶施工计算模型

(3) 计算结果分析

开挖完成后，提取围岩与初支竖向位移、水平位移云图，最终隧道初期支护拱顶沉降实测值如图 2-62~图 2-69 所示。计算结果显示，长台阶法施工隧道初期支护水平位移最大为 0.21cm，拱顶沉降最大为 1.10cm（未超过设计预留变形量 12cm 的三分之一 4cm），施工隧道拱顶沉降在开挖上台阶、中台阶、下台阶时突变较小。微台阶法施工隧道初期支护水平位移最大为 0.24cm，拱顶沉降最大为 1.10cm（未超过设计预留变形量 12cm 的三分之一 4cm），施工隧道拱顶沉降在开挖上台阶、中台阶、下台阶时突变较小，较设计长台阶法施工变化不大，满足施工控制要求，微台阶法是可行的。

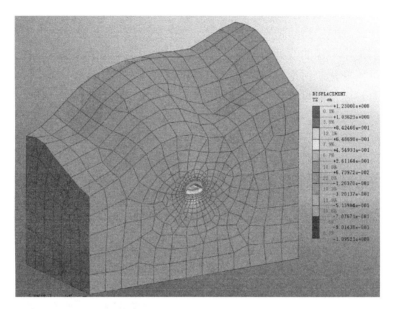

图 2-62　三台阶法施工完成洞周围岩竖向位移（cm）

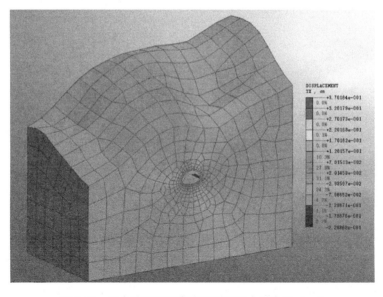

图 2-63　三台阶法施工完成洞周围岩水平位移（cm）

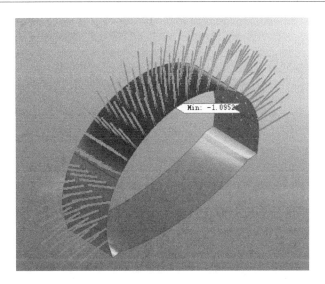

图 2-64 三台阶法施工完成初支竖向位移（cm）

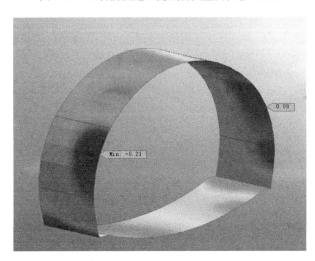

图 2-65 三台阶法施工完成初支横向位移（cm）

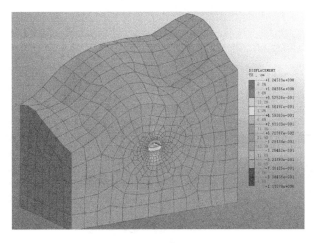

图 2-66 微台阶法施工完成洞周围岩竖向位移（cm）

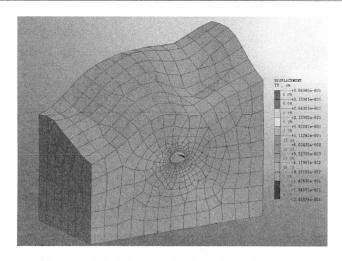

图 2-67　微台阶法施工完成洞周围岩水平位移（cm）

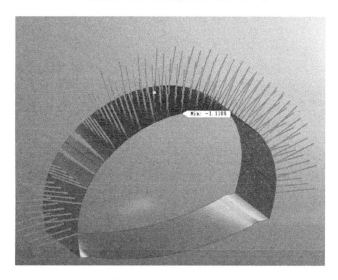

图 2-68　微台阶法施工完成初支竖向位移（cm）

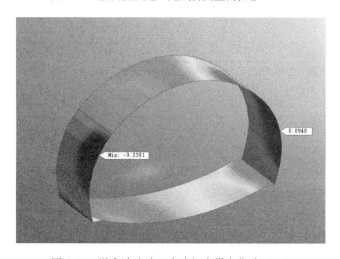

图 2-69　微台阶法施工完成初支横向位移（cm）

2.3.2 施工工艺流程及操作要点

（1）施工工艺流程（见图 2-70）

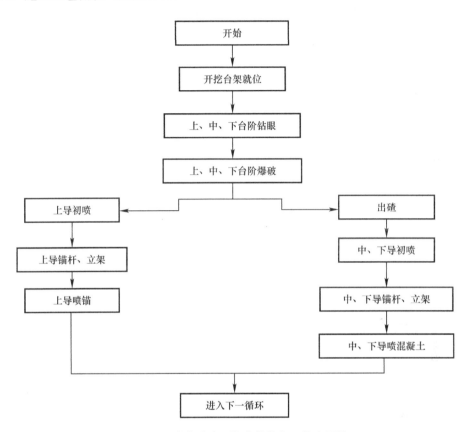

图 2-70 微台阶法开挖支护作业工艺流程图

（2）爆破设计

Ⅳ级围岩三台阶爆破，采用楔形掏槽，周边眼采用不耦合装药，装药结构见周边眼采用装药结构图和辅助眼装药结构图。上台阶爆破参数见表 2-29，炮眼布置如图 2-71 所示；中台阶爆破参数见表 2-30，炮眼布置如图 2-72 所示；下台阶爆破参数见表 2-31，炮眼布置如图 2-73 所示。

上台阶爆破参数表　　　表 2-29

起爆顺序	炮孔名称	炮孔数量	炮孔深度(m)	间距(cm)	雷管段别	单孔装药量(kg)	总药量(kg)	备注
1	掏槽孔	6	2.2	80	1	1.5	9	
2	辅助孔	12	2.1	70	3	1.4	16.8	
3	周边孔	24	2.1	50	7	0.3	7.2	
4	底孔	9	2.4	80	9	1.4	12.6	
合计		51					45.6	

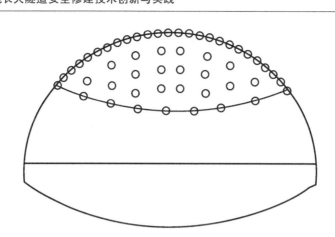

图 2-71　上台阶炮眼布置图

中台阶爆破参数表　　　　　　　　　　　　表 2-30

起爆顺序	炮孔名称	炮孔数量	炮孔深度（m）	间距（cm）	雷管段别	单孔装药量（kg）	总药量（kg）	备注
1	掏槽孔	4	2.2	110	1	1.5	6	
2	辅助孔	24	2.1	80	3/5	1.4	33.6	
3	周边孔	15	2.1	50	7/9	0.3	4.5	
4	底孔	13	2.4	110	13	1.4	18.2	
合计		56					62.3	

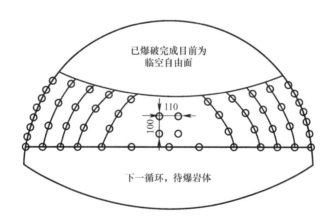

图 2-72　中台阶炮眼布置图（单位：cm）

下台阶爆破参数表　　　　　　　　　　　　表 2-31

起爆顺序	炮孔名称	炮孔数量	炮孔深度（m）	间距（cm）	雷管段别	单孔装药量（kg）	总药量（kg）	备注
1	掏槽孔	6	2.2	110	1	1.5	9	
2	辅助孔	15	2.1	80	3/5	1.4	21	
3	周边孔	23	2.1	50	7/9	0.3	6.9	
4	底孔	10	2.4	110	13	1.4	14	
合计		33					49.9	

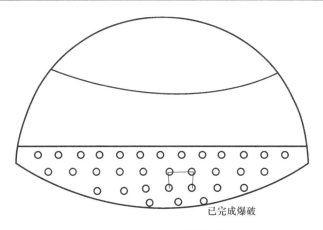

图 2-73　下台阶炮眼布置图

爆破施工说明：

1）Ⅳ级围岩每循环开挖进尺不得大于2m。

2）爆破作业工序：上、中、下台阶同时钻眼装药爆破。

3）上台阶两侧拱角均加密至35cm，中、下台阶平行斜向布置上抬炮眼进行爆破（图 2-74～图 2-76）。

图 2-74　三台阶开挖上中下台阶同时钻炮眼

图 2-75　挖机上台阶快速扒渣作业

图 2-76　上台阶扒渣、排险完成

(3) 超前支护

1) 项目Ⅳ级围岩主要支护参数见表 2-32。

Ⅳ级围岩主要支护参数表 表 2-32

支护参数	衬砌类型	S-Ⅳa	S-Ⅳb
超前支护	小导管	$\phi42\times4$	$\phi42\times4$
		$L=4.0m$	$L=4.0m$
	间距（cm）	240×40	240×40

2) 小导管施工工艺及质量控制流程如图 2-77 所示。

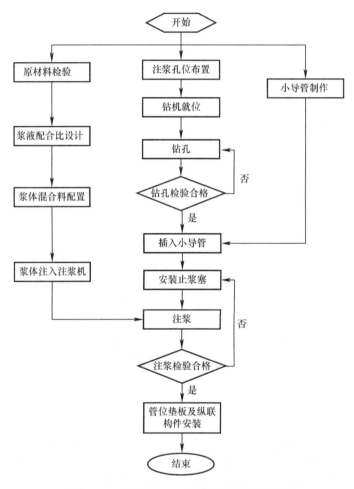

图 2-77 小导管施工工艺及质量控制流程图

3) 施工步骤

a. 按施工图要求，在开挖面上准确画出本循环需要设置的小导管孔位。

b. 钻孔。采用气腿式凿岩机进行钻孔，用人工或凿岩机将小导管顶入，钢管尾端外露足够长度，超前小导管外插角严格按施工图要求施作，尾部与钢架焊接在一起。超前小导管与线路中线方向大致平行。孔眼长大于小导管长。

c. 钢管加工及施工。前端加工成锥形,尾部焊接 ϕ6mm 钢筋箍加劲,管壁四周钻 4 排 ϕ6mm 注浆孔。

d. 钢管插入及孔口密封处理。

e. 钢管由专用顶头顶进,顶进钻孔长度≥90%管长。钢管尾端除焊上挡圈外,再用胶泥麻筋缠箍成楔形,以便钢管顶进孔内后其外壁与岩壁间隙堵塞严密。钢管尾端外露足够长度,并与钢支撑焊接在一起。钢管顶进时,注意保护管口不受损变形,以便与注浆管路连接。注浆前导管孔口先检查是否达到密封标准,以防漏浆。

f. 注浆。

采用高压注浆泵压注浆,注浆压力为 0.5~1.0MPa,水胶比 1∶1,水泥强度等级要求为 42.5。当每孔注浆终压达到 1.0MPa 且注浆量达到设计量的 95%以上时,可结束注浆。注浆结束后,将管口封堵,以防浆液倒流管外。

(4) 初期支护

项目Ⅳ级围岩初期支护参数见表 2-33。

Ⅳ级围岩初期支护参数表　　　　表 2-33

支护参数		衬砌类型	S-Ⅳa	S-Ⅳb
初期支护	C25 喷射混凝土		24cm	22cm
	ϕ8 钢筋网 (cm)		20×20	20×20
	系统锚杆	长度 (m)	ϕ20 药卷锚杆 L=3.5	ϕ20 药卷锚杆 L=3.5
		间距 (cm)	100×120	100×120
	锁脚锚杆长度 (m)		ϕ20 药卷锚杆 L=3.5	ϕ20 药卷锚杆 L=3.5
	钢架型号及间距 (cm)		I18 80	I16 80

1) 拱架安装。

掌子面开挖后,马上进行初喷施工,封闭掌子面,防止掌子面围岩掉块及围岩裂隙进一步发展,而后进行拱架安装,拱架安装过程利用铅锤和量尺进行拱架垂直度和间距控制,拱架连接钢板螺栓拧紧,不得出现缝隙,拱架底部采用 C25 以上混凝土垫块/钢板进行支垫,确保结构受力(图 2-78)。

2) 锁脚锚杆安装。

现场施工锁脚锚杆(管)数量及长度严格按照设计图纸施作,现场围岩较差时动态调整锁脚锚杆(管)数量、长度,锁脚锚杆施工质量控制要点如下:

图 2-78 上中台阶流水施工

① 采用规格 $\phi22$ 的 U 形/L 形钢筋与锚杆（管）焊接固定，要求钢筋与锚杆（管）搭接 $10d$ 单面满焊，且与钢拱架双面满焊。

② 锁脚锚杆（管）角度以斜向下 20°～40°为宜。

③ 锁脚锚杆（管）施工完成检查验收合格后方可进行下一道工序施工。

3）锚杆打设与安装。

锚杆数量、质量按照设计图纸及规范要求进行施工，垫片紧贴岩面，确保锚固剂填塞密实。

4）钢筋网片及拱架连接钢筋安装。

钢筋网片型号、搭接和焊接满足设计图纸和规范要求，连接钢筋环向间距不得超过 ±5cm，连接钢筋与拱架焊接必须饱满，焊接长度、焊缝高度满足搭接要求（图 2-79）。

图 2-79 三台阶开挖上中台阶同时立架

5）复喷施工。

初支复喷采用湿喷机械手，操作手选用操作熟练，有经验的人员，确保喷射混凝土密实、平整，操作手根据现场情况调整风压和喷射角度及喷射距离（图 2-80、图 2-81）。

图 2-80 湿喷工艺

图 2-81　上台阶湿喷机械手作业

6）验收程序。

掌子面开挖完成、初支结构安装后，先由班组自检，再由主管技术员、质检员进行检验，合格后报监理工程师进行验收，填写验收记录表，方可进行下一道施工工序。

（5）操作要点

1）各台阶施工：上台阶长度为 3～6m，高度为 3m，中台阶长度为 15m，台阶高度 2.6m，微台阶法开挖里面纵面图如图 2-82、图 2-83 所示。

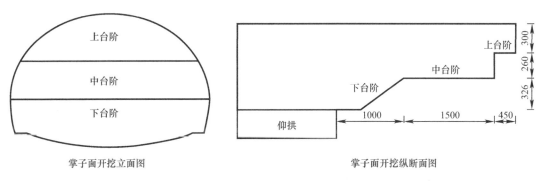

图 2-82　三台阶微台阶法开挖纵面图

2）三台阶开挖，掌子面作为一个作业面，中下台阶左右、右左两条对角线各作为一个作业面，一共三个作业面。将一天按 6h 划分为上午、下午、前半夜、后半夜四个时段，将三个作业面各道工序科学组织、合理配置资源，形成平行、流水作业，以掌子面为基准抓住大循环，施工组织既有序又安全。

该工法要求仰拱开挖每循环 3m，每循环出碴时间约 3h；及时绑扎钢筋和仰拱混凝土施工，确保仰拱以最快的速度封闭成环（图 2-84）。

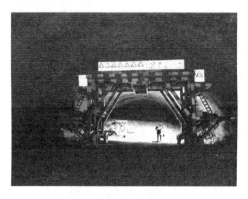

图 2-83 现场三台阶全景

图 2-84 中台阶两台装载机并排出碴

2.3.3 主要机具设备运用

隧道微短台阶法开挖、支护主要设备见表 2-34。

隧道单口作业面设备配置表　　　表 2-34

序号	机械名称及型号	数量	备注
1	挖掘机	2	1 台备用
2	装载机（侧卸）	2	
3	混凝土罐车（12m³）	2	
4	混凝土湿喷机（TK500）	4	1 台备用
5	自卸车（19t 以上）	7	2 台备用
6	风钻 YT28	20	8 台备用
7	空压机（22m³）	4	

2.3.4 现场监控量测数据分析

YK44+620 断面沉降收敛检测数据见表 2-35。

YK44+620 断面沉降收敛检测数据　　　表 2-35

监控项目	拱顶下沉测点 G1		拱顶下沉测点 G2		拱顶下沉测点 G3		周边位移 AB 测线		周边位移 CD 测线	
时间	单次变化 (mm)	累计变化 (mm)	单次变化 (mm)	累计变化 (mm)	单次变化 (mm)	累计变化 (mm)	单次变化 (mm)	累计变化 (mm)	单次变化 (mm)	累计变化 (mm)
2019.4.1	0.0	0.0	0.0	0.0	0.0	0.0	0.0	0.0	0.0	0.0
2019.4.2	3.5	3.5	2.9	2.9	1.8	1.8	1.8	1.8	1.1	1.1
2019.4.3	2.7	6.2	2.1	5.0	2.4	4.2	1.6	3.4	0.9	2.0
2019.4.4	2.5	8.7	2.6	7.6	2.6	6.8	1.8	5.2	1.7	3.7
2019.4.5	1.1	9.8	0.4	8.0	1.5	8.3	2.1	7.3	1.6	5.3
2019.4.6	0.5	10.3	1.2	9.2	0.5	8.8	0.4	7.7	0.6	5.9
2019.4.7	1.2	11.5	0.5	9.7	1.8	10.6	0.5	8.2	1.7	7.6
2019.4.8	0.7	12.2	1.3	11.0	1.3	11.9	1.5	9.7	0.4	8.0
2019.4.9	0	12.2	0.5	11.5	1.4	13.3	1.6	11.3	1.7	9.7
2019.4.10	0.3	12.5	1.1	12.6	0.3	13.6	1.7	13.0	1.3	11.0

续表

监控项目	拱顶下沉测点 G1		拱顶下沉测点 G2		拱顶下沉测点 G3		周边位移 AB 测线		周边位移 CD 测线	
时间	单次变化 (mm)	累计变化 (mm)	单次变化 (mm)	累计变化 (mm)	单次变化 (mm)	累计变化 (mm)	单次变化 (mm)	累计变化 (mm)	单次变化 (mm)	累计变化 (mm)
2019.4.11	0.5	13.0	0.8	13.4	0.5	14.1	−0.5	12.5	0.4	11.4
2019.4.12	1.3	14.3	0.8	14.2	1.4	15.5	1.2	13.7	0.2	11.7
2019.4.13	1.1	15.4	1.4	15.6	0.6	16.1	0.5	14.2	0.4	12.1
2019.4.14	0.8	16.2	0.5	16.1	1.3	17.4	1.7	15.9	1.1	13.2
2019.4.15	1.3	17.5	1.2	17.3	1.4	18.8	0.0	15.9	0.4	13.6
2019.4.16	0.4	17.9	0.5	17.8	0.5	19.3	0.3	16.2	1.0	14.6
2019.4.17	0.2	18.1	0.4	18.2	1.0	20.3	0.4	16.6	0.3	14.9
2019.4.18	1.9	20.0	1.1	19.3	−0.4	19.9	1.1	17.7	0.4	15.3

通过 YK44+620 断面拱顶和周面收敛进行监测，监控数据显示，开挖后初始最大沉降量为 3.5mm，而后逐渐减少，最后趋于稳定，每天监测单次变化未超过 5mm，累计变化未超过 40mm，符合隧道监测沉降收敛要求，由此可见采用微台阶法进行施工，拱顶下沉、周边位移满足设计规范要求，方案可行。

2.3.5 技术经济效益分析

（1）工期效益

通过采用微台阶法开挖，缩小各工序衔接时间差，加快施工进度，减少窝工。采用微台阶后，实现以上台阶为主，中下台阶流水化作业，综合进尺每月由原来的 65m 增加到 85m，每月施工进度提升了 20m，隧道单洞Ⅳ级围岩 3010m，可节约工期约 9 个月。

（2）经济效益

1）循环工费节约。

传统长台阶施工工法与微台阶工法对比见表 2-36。

传统台阶开挖与微台阶对比　　　　　表 2-36

开挖工法	每月循环数	每循环时间 (h)	每月综合进尺 (m)	人员投入	机械设备投入
长台阶开挖	35	20.5	65~70	开挖：9人上台阶，4人中台阶，下台阶 6人	1台挖机，2台装载机，5辆出碴车
微台阶开挖	40	18	75~85	开挖：8人上台阶，4人中台阶，下台阶 4人	1台挖机，2台装载机，5辆出碴车

由表 2-36 统计可看出，微台阶人员投入较传统台阶开挖人员减少 1 人，立架减少 2 人，总共减少 3 人，单洞每月共节约人工费 24000 元，以隧道单洞Ⅳ级围岩 3010m，进尺 85m/月计算，单洞可节约人工费用 85 万元，全隧可节约人工费用 170 万元。

2）进度工费节约。

与传统台阶法比，微台阶每月施工进度提升了 20m，单洞Ⅳ级围岩 3010m，可节约工期约 9 个月，按综合单洞每月人工成本 60 万元/月算，全隧可节约费用 540×2=1080 万元，经济效益显著。

2.4 山地城市轨道交通长大连续坡道节能技术运用

2.4.1 长距离反坡抽排水方案设计

(1) 3号斜井工区涌水量计算

1) 3号斜井涌水量计算。

桐梓隧道出口端3号斜井最大涌水量合计$28976m^3/d=1207.3m^3/h$。3号斜井洞身和联络通道合计长1698m,则3号斜井每延米渗水量约$0.71m^3/(h·m)$。10min内3号斜井全长水量为$201.22m^3$。

2) 3号斜井工区正洞段涌水量。

根据设计图纸,半理论半经验公式计算隧道分段涌水量见表2-37。

隧道涌水量预测表(半理论半经验公式法)　　表2-37

序号	里程段落	岩性	预测涌水量$Q(m^3/d)$	备注
1	YK40+546~YK40+885	泥岩夹泥灰岩	2153	出口端施工段合计$29630m^3/d$
2	YK40+885~YK41+080	灰岩	3612	
3	YK41+080~YK41+185	泥岩夹泥灰岩	667	
4	YK41+185~YK41+425	灰岩	4446	
5	YK41+425~YK41+545	灰岩、断层破碎带	14092	
6	YK41+545~YK41+625	灰岩	891	
7	YK41+625~YK41+730	泥岩夹泥灰岩	564	
8	YK41+730~YK41+895	灰岩、泥质灰岩夹泥岩	1317	
9	YK41+895~YK42+030	泥岩夹泥灰岩	1888	

桐梓隧道出口端3号斜井工区正洞段最大涌水量合计$29630m^3/d=1235m^3/h$。10min内3号斜井全长水量为$205.76m^3$。

(2) 反坡排水总体方案

桐梓隧道出口端3号斜井及正洞反坡排水总体方案可分为4阶段:

1) 3号斜井洞身施工段(距洞口较近)。

3号斜井掌子面附近(仰拱端头)设临时集水井或移动水仓,将掌子面、仰拱段及施工用水抽至临时集水井或移动水仓内,再由临时集水井或移动泵站抽出洞外(适用于掌子面距离洞口较近范围)。

2) 3号斜井洞身施工段(距洞口较远)。

3号斜井掌子面附近(仰拱端头)设临时集水井或移动水仓,将掌子面、仰拱段及施工用水抽至临时集水井或移动水仓内,再由临时集水井或移动水仓抽排至3号斜井专设的固定大型集水井内,在专设固定大型集水井内设置泵房,再接力抽排至上一级排水泵站内,通过多级接力抽排,经洞口沉淀池沉淀达标后排出。

3) 通过3号斜井往进口端正洞施工(距斜井底部较近)。

3号斜井底部设置大型集水坑。

正洞往进口端掌子面附近（仰拱端头）设临时集水井或移动水仓，将掌子面、仰拱段及施工用水抽至3号斜井底部大型集水坑内，再由3号斜井底部大型集水坑抽至3号斜井中部设置的集水井，再由3号斜井中部设置的集水井接力分级抽出洞外（适用于正洞往进口端掌子面距离3号斜井底部较近范围）。

4) 通过3号斜井往进口端正洞施工（距斜井底部较远）。

3号斜井底部设置大型集水坑。

正洞往进口端掌子面附近（仰拱端头）设临时集水井或移动水仓，将掌子面、仰拱段渗水及施工污水抽至临时集水井或移动水仓内，再由临时集水井或移动水仓抽排至设置于车行横洞内固定大型集水井内，在车行横洞内集水井设置泵房，再接力抽排至上一级排水泵站内，通过多接力级抽排，抽排至3号斜井底部大型集水坑内，再由3号斜井底部大型集水坑抽至3号斜井中部设置的集水井，再由3号斜井中部设置的集水井分级接力抽出洞外（适用于正洞往进口端掌子面距离3号斜井底部较远范围）。

车行横洞固定式排水泵站水仓容量按10min涌水量设计，并考虑施工和清淤方便综合确定。临时集水坑根据汇水段汇水量大小确定。工作水泵按使用1台，备用1台，检修1台配备，针对隧道涌水量大时要适当增加工作水泵；同时为防止突水，设置利用高压风管（$\phi200$）作为一套应急排水系统。

(3) 3号斜井及正洞移动水仓设置

1) 正洞移动水仓容积。

如设置移动水仓，则移动水仓仅用于洞口至第一车行横洞集水井段和上一车行横洞集水井形成而下一车行横洞集水井未形成的段落。经过对不同段落涌水量计算比较，车行横洞YK41+046～YK41+646长600m区段，隧道涌水量最大为144.7 m^3/10min，水仓容积以10min渗水量的120%考虑计算。则144.7×1.2=173.64m^3/10min，因此，水仓建议尺寸为：4(个)×4m(长)×4m(宽)×2.5m(高)=160m^3。为方便水仓移动，水仓按4个同容积加工制作（轮式铁皮水仓），水仓容量可满足YK41+046～YK41+646长600m区段掌子面、仰拱段、成型地段隧道渗水水量，也可满足YK40+546～YK41+046段、YK41+646～YK42+030段临时储水水量要求。也可在仰拱施工端头设置临时集水坑，汇集掌子面及仰拱施工段隧道渗水及施工用水。

2) 3号斜井移动水仓容积。

3号斜井分4段设置固定集水井，单段长度约411.25m，在下一固定集水井未开挖前，采用移动水仓收集隧道渗水。按10min考虑移动水仓容积。

3号斜井10min水量约50.1m^3/10min，按20%富余量考虑，则容积需60m^3，因此，移动水仓尺寸可为：2(个)×4m(长)×4m(宽)×2.5m(高)=80m^3，可满足排出3号斜井洞身开挖时渗水。

(4) 3号斜井及正洞固定集水井设置

泵站按大、中、小综合设置。根据岩溶水发育情况和水泵技术性能指标，大型泵站设置两座，分一、二两级；根据市场调查的水泵排水量与扬程之间的关系和隧道坡度确定，一级泵站设在YK42+030位置，二级泵站设于K0+747.5位置；中型泵站根据开挖段涌水量设置，设置于YK41+646位置；小型泵站根据渗水量及抽水距离设置，随着掘进的延伸。

3号斜井及正洞固定集水井设置参数见表2-38。

3号斜井集水井设置参数表　　　　　表2-38

序号	泵站设置里程	集水长度（m）	10min集水量（m³）	容积（m³/h）	集水井尺寸（长×宽×深）(m)	备注
1	K1+158.75	411.25	50.1	63	7×4.5×2	斜井
2	K0+747.5	411.25	50.1	63	7×4.5×2	斜井，二级泵站
3	K0+336.25	411.25	50.1	63	7×4.5×2	斜井
4	K0+000（含联络通道75m）或YK42+030	正洞及斜井	359	425	17×10×2.5	正洞，一级泵站
5	YK41+046	600	144.7	340	17×10×2	车行横洞
6	YK41+646	384	25.4	340	17×10×2	车洞，中型泵站
7	ZK42+030	正洞	308.9	374	17×8.8×2.5	左线正洞

说明：3号斜井井底设置大型集水井，收集隧道右线正洞反坡、顺坡渗水及部分斜井渗水；左线交叉口段设置大型集水井，收集左线正洞反坡、顺坡渗水。集水井容积均考虑10min集水120%富余量。

3号斜井及正洞固定集水井设置如图2-85～图2-87所示。

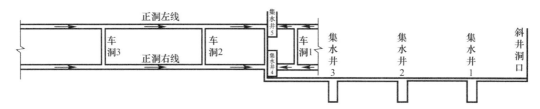

图2-85　3号斜井及正洞固定集水井设置平面图

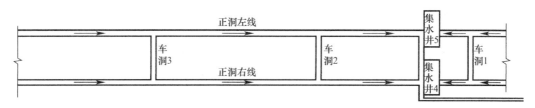

图2-86　经3号斜井正洞固定集水井设置平面图

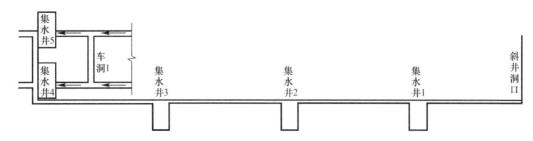

图2-87　3号斜井固定集水井设置平面图

(5) 抽水设备配置

1) 抽水设备选型原则。

隧道排水主要为隧道渗水，同时需考虑到施工用水。水质除地下水的本身成分外，还有岩石、石屑、泥浆等，同时还有喷射混凝土的回弹物、掺杂物。因此，除考虑到需排出的水量外,还应考虑到排水的成分组成。

洞内水量是逐段递增,在各级泵站的水泵选型上,应按照排水能力递增原则自下而上递增选配。本出口端施工,考虑到设置车行横洞消防水池集水井,已分段将隧道渗水汇集于车行横洞消防集水井内,再逐级抽排,因此,靠近出口端车行横洞消防集水井设置水泵最多,排水水量最大,而靠近贯通面车行横洞消防水池集水井水量较小,排水量也较小。出口端整体排水能力从洞内往洞外逐级递增。

各级泵站排水能力应充分配备,并有一定的储备能力。隧道施工后通过对洞内水的成分组成分析,其主要水质除地下水的本身成分外,主要还有岩石、石屑、泥浆等成分,泥浆泵考虑选用山西天波制泵公司生产的高效耐磨渣浆泵,扬程50m,流量120m³/h,功率37kW。隧道内泵站间水量递增较大,考虑到在管理、操作维修上的方便,泵站间高差相近,选用型号相同水泵,只是在设备数量上相应增加。工作面移动水泵,采用移动轻便的水泵,实际操作根据水量大小在数量上予以增减。

2)排水设备配置。

车行横洞集水井容积为:2m×10m×17m=340m³,移动水仓统一按4m(长)×4m(宽)×2.5m(高)=40m³制作。通过配置不同型号抽水设备可将水抽出洞外。

根据逐级需抽排水量大小,抽水机配置见表2-39。

泵站排水量统计表 表2-39

序号	段落	距离(m)	最大涌水量(m³/d)	最大小时涌水量(m³/h)	水流方向	泵站排水量(m³/d)	泵站配置类型
1	K1+570~K1+158.75	411.25	7244	301.8	反坡	7244	斜井+正洞
2	K0+747.5~K1+158.75	411.25	7244	301.8	反坡	7244	斜井+正洞
3	K0+336.25~K0+747.5	411.25	7244	301.8	反坡	7244	斜井+正洞
4	K0+336.25~K0+000	411.25	7244	301.8	反坡	7244	交叉口大型集水井
5	YK42+030~YK42+530	500	14840	618.3	顺坡	14840	汇集交叉口大型集水井
6	YK41+646~YK42+030	384	3656.2	152.34	反坡	3656.2	移动水仓/2车行消防池
7	ZK41+046~ZK41+646	600	20838.6	868.3	反坡	20838.6	移动水仓/1车行消防池
8	ZK40+546~ZK41+046	500	5135.2	214	反坡	5135.2	移动水仓

说明:本表为经3号斜井往进口端正洞、往出口端正洞、3号斜井在贯通前一刻泵站需排水量计划。泵站排水量 $Q(m^3/d)$ 为每一车行横洞最小与最大排水量。最小排水量为下一车行横洞未形成前,最大排水量为至贯通前,逐级水量累加涌水量。斜线上方数据为区段水量,斜线下方数据为隧道贯通前最大需排水量。

泵站设置见表2-40。

泵站设置表 表2-40

序号	泵站设置位置	水流方向	泵站排水量 $Q(m^3/d)$	最大小时涌水量 $Q(m^3/h)$	泵站配置类型
1	K1+158.75	反坡	7244	302	小型泵站
2	K0+747.5	反坡	103428	4310	固定泵站1为中转站(左+右)
3	K0+336.25	反坡	7244	302	小型泵站
4	YK42+030	反坡	51714	2155	右洞:交叉口固定泵站2
5	YK41+646	反坡	3656	152	右洞:车行洞

续表

序号	泵站设置位置	水流方向	泵站排水量 $Q(m^3/d)$	最大小时涌水量 $Q(m^3/h)$	泵站配置类型
6	YK41+046	反坡	25974	1082	右洞：车行洞
7	YK42+030	反坡	44470	1853	左洞：交叉口固定泵站3
8	ZK41+646	反坡	3656	152	左洞：车行洞
9	ZK41+046	反坡	25974	1082	左洞：车行洞

3号斜井及正洞抽水设备配置根据各泵站水量大小配置，具体见表2-41。

出口端抽水设备配置表　　　　表2-41

序号	泵站	单机功率（kW）	额定流量（m³/h）/扬程（m）	数量（台）	抽水能力（m³/h）	备注
1	K1+158.75	75	300m³/h，50m	2用2备	1200	斜井
2	K0+747.5	200	500m³/h，90m	5用5备	5000	斜井
3	K0+336.25	75	300m³/h，90m	1用1备	600	斜井
4	YK42+030	200	500m³/h，90m	3用3备	2500	右洞交叉
5	YK41+646	18.5	150m³/h，20m	1用1备	150	右洞
6	YK41+046	200+75	500m³/h，40m+300m³/h，40m	2用2备	1600	右洞
7	YK42+030	200	500m³/h，90m	2用2备	2000	左洞交叉
8	ZK41+646	18.5	150m³/h，20m	1用1备	150	左洞
9	ZK41+046	200+75	500m³/h，40m+300m³/h，40m	2用2备	1600	左洞

为应对可能出现突水、涌水等突发事故。为此，在现有排水系统上增设了1套设备和管路作为应急措施。管路利用高压进水管路，即在每个泵站于高压水管上开口，与安装在泵站处的水泵接通，正常情况下把闸阀关闭。一旦遇到突水、涌水现象，即把进水闸阀关闭，截断高压供水，打开排水阀进行应急抽排，在特殊情况下，洞内高压风管也可以改造利用作为排水管道。

各级泵站排水能力应充分配备，并考虑一定的储备能力。隧道施工后通过对洞内水的成分组成分析，其主要水质除地下水的本身成分外，主要还有岩石、石屑、泥浆等成分，水泵考虑选用高效耐磨的泥浆泵。水泵型号为扬程90m、流量500m³/h、功率200kW，扬程60m、流量300m³/h、功率75kW以及扬程26m、流量150m³/h、功率18.5kW和扬程25m、流量50m³/h、功率7.5kW等几种水泵或泥浆泵。由于隧道内泵站间水量递增较大，高差相近，为方便操作维修，因此，选用相同型号的水泵，但是相应增加设备的数量。在工作面采用移动轻便的水泵，水泵实际数量根据水量大小予以增减。

车行横洞消防集水井与掌子面临时集水坑位置及抽排水示意图如图2-88、图2-89所示。

实际施工时如遇到涌水量较大时可根据具体情况增加水泵，泵站之间采用φ200mm排水管输送，前方施工掌子面积水采用临时集水坑来收集积水，小集水泵用φ80mm消防软管将积水收集并输送至最近车行横洞消防集水泵站内。对两个固定式排水泵站之间积水采用洞内两侧设排水沟加横沟自然汇集至高程较低的集水泵站内，由最后一级排水泵站传递至洞外污水处理池。

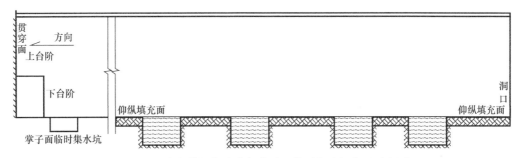

图 2-88 车行横洞集水井与掌子面临时集水坑位置示意图

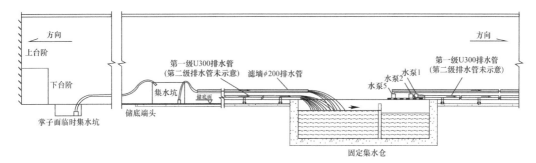

图 2-89 车行横洞集水井与掌子面临时集水坑抽排水示意图

(6) 抽排水管道设计

1) 管径要求。

根据《给水排水工程快速设计手册》第 2.3 节管径计算：

$$d = \sqrt{\frac{4Q}{\pi v}} \tag{2-1}$$

式中：d——管径 (m)；

Q——流量 (m^3/s)；

v——流速 (m/s)。

最高和最低允许流速：

① 为防止发生水锤现象，最大流速不超过 2.5～3.0m/s。

② 当输送浑水时，为避免管内淤积，最小流速应大于 0.6m/s。

2) 管径计算。

根据查阅管道压力损失表，DN300 管道每小时输送 600m^3/h，流速为 2.36m/s，设计选择 DN300 管道，铺设两趟。两趟管路输水能力为 28810m^3/d，基本满足斜井输水量，如果后续水量增大，需再增加一趟 DN200 管路。管径配置见表 2-42。

3 号斜井抽水管道配置表　　　表 2-42

序号	功率 (kW)	额定流量 (m^3/h)	出水口管径 (mm)	备注
1	15	87×2 并联	150	掌子面可用软管
2	75	300×2 并联	300	
3	200	500×3 并联	300	
4	15	87×3 并联	200	

3号斜井及正洞管道布设如图2-90所示。

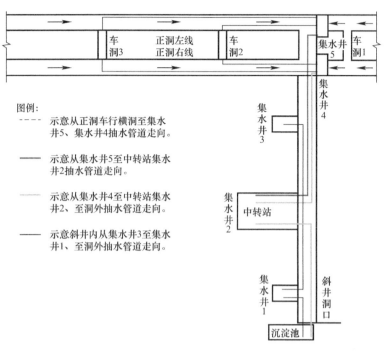

图2-90 3号斜井及正洞排水管道设置示意图

斜井段排水管路采用两趟φ300mm焊管排水管路，后续水量增大可增加一趟或改高压风管作临时排水管，为便于管路检修和保护抽水设备，每趟排水管每隔400m安装1个铸钢闸阀，每台抽水机的管路前安装1个球阀、1个止回阀及避免管道振动的伸缩节。具体材料见表2-43，各式泵站水箱如图2-91～图2-96所示。

排水管路材料使用统计表　　　　表2-43

序号	名称	规格	单位	备注
1	排水管	φ300mm	m	1300×3
2	法兰盘	φ300mm	个	
3	垫圈	φ300mm	个	
4	铸钢闸阀	φ300mm	个	
5	止回阀	φ300mm	个	
6	伸缩节		个	
7	防水锤吸纳器		套	防止静压损坏管道
8	排水管	φ200mm	m	
9	法兰盘	φ200mm	个	
10	垫圈	φ200mm	个	出口反击破使用
11	铸钢闸阀	φ200mm	个	
12	止回阀	φ200mm	个	
13	伸缩节	φ200mm	个	

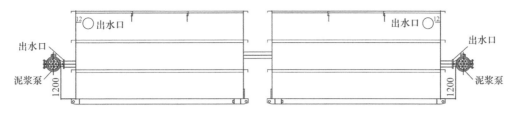

图 2-91 连通式移动水箱

图 2-92 固定式抽水泵站（水箱连通式）

图 2-93 固定式抽水泵站（卧式）

图 2-94 移动水箱 1

图 2-95 移动水箱 2

2.4.2 智能化远程操控平台技术研究

（1）智能化远程操控平台简介

反坡排水智能化远程操控平台采用智能网联技术，将现场总线、无线传感技术、WiFi 技术等有机地结合在一起，构建一套具备自适应排水、故障自诊断等功能的自动化排水系统。该系统能够实时监测涌水状态、排水泵、潜水泵工作状态，通过分布式车域网络对施工地段的整体涌水情况加以判断和分析，并利用

图 2-96 斜井两趟 $\phi300mm$ 排水钢管

大数据分析计算出在车域网范围内每一台排水泵、潜水泵需要的工况,并加以控制和调节,出现问题可以通过网络发送到控制终端报警,工作人员可以通过控制终端监控设备的运行状态而无需现场实时观测。

(2) 管网压力监控系统

根据施工图纸,加装传感器,安放在各个管网节点上的传感器,如压力传感器、流量传感器,反馈到云平台的控制中心,可获得当前所有管网排水状况,并把各个控制系统引入系统平台(图 2-97)。

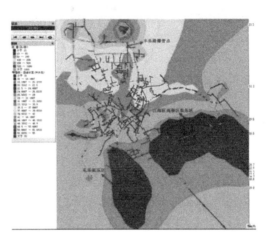

图 2-97 管网压力检测系统

隧道管网铺设,对于斜井、正洞开挖隧道内管网大小管径不同,在相间每 200m 管网长度加装压差传感器并引入云系统平台。管网走向也相对更为复杂,往往巡检工作繁重,还会发生爆管事件,隧道内突然爆管,对周围设备设施危害较大,不仅影响了排水设备的正常工作,也对周围设施和人员造成一定的损失。云平台会及时地对爆管事件进行影响分析及解决方案分析展示,立即显示当前爆管位置、管道口径、爆管后的出水流量,迅速处理,及时通知维修人员(自动传送短信发送),及时解决。云平台系统也实时监控预防爆管,对即将发生的管网差压现象也会及时报警,解决以往人工巡查工作量大,避免了人力巡检带来的工作强度,及时有效地避免了爆管危害。

(3) 抽水水泵自动化控制

1) 建立设备台账。

利用 BIM 云技术模拟施工的现场,建立 4D 模拟过程,根据不同的施工现象,对整体设备选用投入到施工进行合理的分配调动,降低隧道工程建设中出现的各种风险,提高施工效率,保证在工期内完成建设工作。

对隧道排水中各个区域隧道施工长度、坡度进行数据分析计算,准确选出适合扬程流量的水泵及相匹配的控制柜,如不能满足,会提前提醒此工程隧道开挖节点未来时间段内产品库无法满足时,从而可提前进入采购更高扬程、更大流量的水泵,把握各个节点,同时也可对管网口径的大小与相应排水的流量进行匹配,系统可根据当前铺设的管网长度、口径、弯度进行模拟计算,计算出管力损耗和最大允许的排水量,从而对设备选型使用更加合理的规划。

2）建立系统平台。

采用 GPRS 公网平台，无需建设网络，无需搭建服务器，只需专业工程师编程，安装好设备，进入平台调试后协议对应配置就可以，建设成本低，只需建立基础构架。

① 基础架构：包括硬件基础实施层、虚拟化层、资源池化层、资源调度与管理自动化层。

② 硬件基础实施层：包括主机、存储、网络及其他硬件在内的硬件设备，它们是实现云服务的最基础资源。

③ 冗余设计：系统设计时有预留接口，可随时增加减硬（软）件设备，系统只要做少量的改动即可，可以在很短的时间内完成，也可以根据政策和法规的改变随时增加新的内容。

3）在云平台建立大涌水量处理设施。

可在远程操作平台，实行控制排水设备启停，在平台监测到某一点出现大流量涌水时，出水流量大于平台设定值，云平台立即远程自动开启水泵，同时发送信号给负责排水人员，根据水量变化增加开启或关闭水泵台数，实时传输集水坑水面变化状态，可显示最高液位报警，如果当前发生涌水点出现较大涌水时，对涌水点当前安装设备已无法满足涌水流量时，云平台会提前计算比对最大涌水流量，如不能满足，系统会自动在产品库里寻找出最适合当前工况下的水泵设备，即可通知负责排水人员进行调用。如果库存无法满足，系统也可以在已安装未使用的水泵设备显示位置，也可以根据适用情况拆卸调用，最大程度地减少突水对隧道施工的影响，避免出现大涌水时带来的涌水危害，及时高效地合理调度安排排放涌水（图 2-98）。

排涝调度
- 通过液位监测，根据不同液位生成不同的调度方案进行排水。

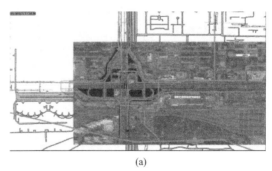

(a)

- 通过液位监测，根据不同液位生成不同的调度方案进行排水

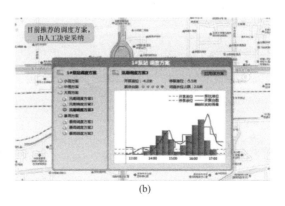

(b)

图 2-98 云平台处理图

2.4.3 施工现场应用效果分析

项目按照方案进行反坡排水移动水箱、固定泵站、排水管路的设置,并采用云系统智能化远程操作平台,远程实现抽排水设备自动化启停,提高泵站及管网系统的智能化、稳定性及安全性,实现无人看守自动抽水,可节约用电及人工成本,并对水泵电机有效保护,减少维修成本,实现隧道抽水快捷智能化,减少大量的经济成本,符合目前"节能减排"的趋势及节约环保的理念。之前隧道3号斜井工区经历超大涌水3次,涌水量最大达1.5万 m^3/d,项目智能化反坡排水系统均能满足抽排水要求,未发生因抽水能力不足而窝工的现象,经济效益显著。

2.5 小结

(1) 对特长大跨公路隧道机械设备配套技术进行了研究,对C6XP-2型多功能地质钻、全电脑三臂凿岩台车、车载湿喷机械手、车载拱架安装机、自行式液压仰拱栈桥、自动分层逐窗浇筑二衬台车、防水板铺挂一体机、电缆沟槽台车进行了机械选型分析,并与传统机械或人工作业施工进行了技术、经济、社会效益比较,提出了长大隧道机械化施工最优人员、机械配置,为同类大跨隧道施工提供经验参考。

(2) 对大跨隧道Ⅳ级围岩微台阶施工技术进行了研究,通过用GTS NX软件数值分析,验证了Ⅳ级围岩微台阶施工的可行性,提出了大跨隧道微台阶施工方法。

(3) 基于项目隧道3号斜井工区涌水量预测计算,制订抽(排)水方案,应急预案,通过建立智能化反坡排水远程操作平台,实现反坡排水自动化、智能化控制,为同类大涌水隧道施工提供经验参考。

第3章 富水岩溶隧道地下水防排及回收利用技术

桐梓隧道频繁穿越复杂地层和岩溶富水地段,隧道具有涌水量大、地下水影响范围广的特点。同时,由于项目工期紧,隧道采用进出口双向施工,从出口端(遵义方向)向中心里程开挖为下坡施工,隧道开挖后涌水及施工期地下水顺坡通过排水系统汇集到掌子面。如何顺利将地下水排出是控制施工进度的关键,在这种背景下,存在反坡排水问题。结合本课题组前人研究成果,桐梓隧道理论上Ⅲ级围岩地下水限量排放标准为 $1.85\text{m}^3/(\text{m} \cdot \text{d})$,Ⅴ级围岩地下水限量排放标准为 $4.71\text{m}^3/(\text{m} \cdot \text{d})$,在"以堵为主、限量排放"的原则下,隧道地下水排放量仍有 $19425 \sim 49455\text{m}^3/\text{d}$。可见,桐梓隧道面临地下水排放引起一系列地下水环境问题和长距离反坡排水施工难题,且地下水利用潜力巨大。

3.1 拟解决关键问题及重难点分析

3.1.1 拟解决的关键问题

隧道开挖后形成一条新的汇水通道,打破原有地下水平衡和补、径、排条件,进而引起水文生态环境效应。主要有以下几个方面:(1)改变水资源分布格局和水文过程,主要表现在疏干地表水和地下水、改变地下水渗流场、加速水循环过程、加速水文地球化学作用和改变水质;(2)诱发地质灾害,主要表现在隧道发生突涌水和地表塌陷;(3)影响地表土壤和植被生长,严重的甚至破坏隧区生态环境。可见,研究隧道工程建设与地下水环境的处理关系和运营期地下水利用具有重要意义。

国内针对隧道地下水环境系统性研究还较少。尽管不少研究预测了隧道涌水量和分析了满足生态需水条件下地下水压力对衬砌结构安全性影响,但对施工过程中反坡排水技术和地下水如何利用等实际问题没有足够的重视。

3.1.2 重难点分析

(1)依托桐梓隧道正洞和4号斜井反坡施工段排水难题,探索隧道防排水新技术,根据规范和水压力提出了水泵选用依据和要求,利用水力计算数值软件EPANET模拟两种反坡排水方案,实现不同水泵组合抽水分析。

(2)讨论地下水的利用途径,重点分析桐梓隧道地下水作为隧道消防水源的水量和水质要求,通过EPANET软件对消防供水方式进行了水力计算,模拟火灾工况,桐梓隧道采取"分区供水"的方式可以降低管网系统水压力,且增大消防水的储水量,以提高火灾救援能力。

3.2 隧道涌水量预测及环境效应评价体系

3.2.1 隧道涌水量预测方法

根据地层岩性及其组合特征、地下水水理性质和赋存条件,将区内地下水类型分为碳酸盐岩溶水、基岩裂隙水和第四系松散层孔隙水。碳酸盐岩溶水按含水介质可分为碳酸盐岩裂隙-溶洞水和不纯碳酸盐岩溶洞-裂隙水，碳酸盐岩裂隙-溶洞水含水组主要为灰岩、白云岩，水量丰富，泉水及地下河流量一般在 5~30L/s，最大流量达 200L/s。纯碳酸盐岩溶洞-裂隙水含水组为灰岩、泥质灰岩夹泥岩，含水层与隔水层相间分布，水量较为丰富，泉水流量一般为 5~10L/s。基岩裂隙水面积较广，岩性为泥岩、粉砂岩夹灰岩及煤层，其中灰岩厚度薄，整体是主要的基岩裂隙水含水层，泉水流量一般为 0.1~1.0L/s。第四系松散孔隙水主要赋存于山间洼地、宽缓斜坡下部沟谷边缘的第四系冲积层中，富水性差，水量贫乏，对隧道影响较小。

大气降水是区内地下水的主要补给来源，补给方式为降水形成的片流、地表径流通过裂隙、溶隙、溶槽、落水漏斗下渗补给。因此地下水与地表水和降水量有较强关联，地下水的动态类型为渗入-径流型。地下水的丰水期、平水期、枯水期与雨期的划分相对应。地下水的丰水期在 6~8 月，平水期在 9~11 月，12 月以后降雨显著减少，地下水进入枯水期，至次年 3 月或 4 月达到最低值。地下水埋深为 50~100m，局部地段大于 200m，隧道基本都位于地下水位以下。隧区属亚热带季风气候区，年均气温 14.7℃，极端最高 36.6℃，极端最低 −6.9℃，多年平均降水量 1037.3mm，年最大降水量 1374mm，最大日降水量 137.3mm，年平均蒸发量 1119.5mm。

(1) 地下水涌水量

经对隧址区水文地质条件的调查，结合区域水文地质资料综合分析，现采用大气降水入渗法、地下水径流模数法、半理论半经验公式法对桐梓隧道涌水量进行预测。

1) 大气降水入渗法预测涌水量见式（3-1）：

$$Q_s \approx 2.74\alpha WA \tag{3-1}$$

式中：Q_s——隧道正常涌水量（m³/d）；

α——降水入渗系数；

W——年平均降水量；

A——隧道通过含水体地段的集水面积（km²）。

2) 地下水径流模数法预测涌水量见式（3-2）和式（3-3）：

$$Q_s \approx 236.7 M_{枯} A \tag{3-2}$$

$$Q_{max} \approx \lambda Q_s \tag{3-3}$$

式中：Q_s——隧道正常涌水量（m³/d）；

Q_{max}——隧道最大涌水量（m³/d）；

$M_{枯}$——枯季径流模数（m³/s·km²）；

A——隧道通过含水体地段的集水面积（km²）；

λ——模化系数，多年最大降雨量/多年平均降雨量，λ 的统计标准值约等于 1.50。

3) 半理论半经验公式法预测涌水量见式（3-4）和式（3-5）：

$$K = \frac{Q}{\pi(H^2 - h^2)}\left(\ln\frac{R_0}{r} + \frac{\bar{h} - l}{l}\ln\frac{1.12\bar{h}}{\pi r}\right) \tag{3-4}$$

$$R_0 = 2S_w\sqrt{HK} \tag{3-5}$$

式中：K——渗透系数（m/d）；

R_0——影响半径（m）；

Q——涌水量（m³/d）；

H——自然情况下含水层厚度（m）；

$\bar{h}$——潜水含水层在自然条件下和抽水试验时的平均厚度（m）；

h——潜水含水层在抽水试验时的厚度（m）；

l——过滤器的长度（m）；

r——抽水有效半径（m）；

S_w——水位降深值（m）。

根据以上计算方法，采用大气降雨入渗法计算得到隧道最大涌水量为94592m³/d；地下水径流模数法计算得到隧道最大涌水量为187069m³/d；半理论半经验公式法预测的隧道最大涌水量为192281m³/d。同时，采用半理论半经验公式法预测得到1号斜井的隧道最大涌水量为5858m³/d，2号斜井的隧道最大涌水量为5130m³/d，3号斜井的隧道最大涌水量为28592m³/d，4号斜井的隧道最大涌水量为27294m³/d。

（2）隧道防排水原则与要求

行业标准《公路隧道设计规范　第一册　土建工程》（JTG 3370.1—2018）第10.1节规定，高速公路隧道防排水应满足下列要求：

1）拱部、边墙、设备箱洞不渗水，路面无湿渍。

2）有冻害地段的隧道衬砌背后不积水、排水沟不冻结。

3）车行横通道、人行横通道等服务通道拱部不滴水，边墙不淌水。

隧道防排水设计应遵循"防""排""截""堵"相结合，因地制宜，综合治理的原则，妥善处理地表水和地下水，保持洞内外防排水系统完整畅通，保证结构和设备的正常使用及行车安全。

"防"是指隧道衬砌结构具有一定的防水能力，包括防水混凝土、衬砌外围防水层和注浆堵水，当隧道地表有湖库沼泽和沟谷积水时应疏导填平，防止地表水下渗，混凝土自身抗渗等级不得低于P6，施工缝、变形缝均要设置橡胶止水带堵水。如果有地下水具有侵蚀性，应采用抗侵蚀性混凝土。"排"是指衬砌后不积水，减少渗水压力和渗水量。隧道内纵向应设置排水沟，横向设置排水坡，衬砌外设置环向盲沟、纵向盲沟和隧道底部的盲沟，在地下水发育的含水层，应利用辅助坑道、泄水洞、围岩排水钻孔排水。"截"主要是针对地表水，采用导坑、井点降水等方法消除积水，防止地表水下渗，通过裂隙通道和岩溶管道进入隧道，在处理地表水时要因地制宜，合理规划。"堵"是指通过注浆、喷锚、防水材料抹面等方法堵水。分为喷射混凝土和模筑混凝土衬砌堵水、铺设防水层和压浆填充衬砌与围岩之间的裂缝和空隙来达到防水目的。

（3）桐梓隧道反坡施工段排水原则与要求

桐梓隧道正洞坡面形式为单面坡，正洞采用进出口两面施工，因此在出口遵义端洞口YK45+015（大里程）往进口重庆端YK39+772.5（小里程）为反坡施工，开挖后施工用水、掌子面地下涌水和已完成施工段围岩渗漏水通过排水系统顺着坡面下流，由于水流方向和施工方向相反而汇集在掌子面。因此，需要及时将掌子面积水抽排至隧道外。

在施工过程中，桐梓隧道穿越富水断层出现了较大规模的涌水，尤其在雨期排水不及时将造成掌子面积水。为避免影响施工工期，造成人员伤亡和突涌水事故，十分有必要设置合理的排水方案，快速有序地将地下水抽排至洞外，保证施工安全进行（图3-1）。

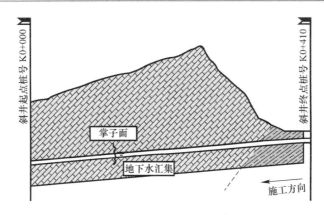

图 3-1 反坡施工排水方案

为了提高桐梓隧道反坡排水系统管道水力计算精度，确定排水管道流速和节点水压力分布及水头损失，模拟不同类型水泵组合和排水方式，基于 EPANET 软件建立桐梓隧道反坡排水模型。通过控制管道流速和末端水压力，实现对整个排水系统的设备选型和动态模拟，并与常规计算方法对比，以期为隧道反坡排水设备选型和水力计算提供参考。

基于已有隧道反坡排水施工技术经验，结合桐梓隧道工程实际，确定排水设计原则。隧道排水主要为围岩渗水、掌子面开挖的地下涌水和施工用水，水质成分不仅含有泥沙、岩屑还有喷射混凝土的回弹物，因此设备选型除了满足抽排的水量外还需考虑排水成分中的杂质。其次，桐梓隧道工期紧，24h 不间断作业，泵站配备的抽水设备应使用寿命长，集水井（泵站）抽排能力应按最大涌水量设计，还应配有备用设备，逐级接力排水的泵站水泵排水能力要按照自下而上递增的原则选配。排水过程中还应重视生态环境保护，坚持"限量排放，堵排结合"的原则，且抽排水管路设备应一次布局到位。

3.2.2 隧道反坡排水方案设计及数值分析

（1）桐梓隧道排水体系

隧道排水对象主要分为围岩渗漏地下水和维护隧道正常运营使用水，桐梓隧道为山岭隧道，衬砌背后容易聚集地下水，特别是在大涌水地段，如果不及时排出，将会对支护结构形成较大压力。桐梓隧道排水系统布置如图 3-2 所示。

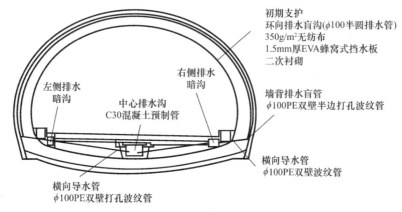

图 3-2 隧道排水系统布置

排水系统主要包括：

1) 在隧道路面两侧布置梯形纵向开口式边沟，用于引排运营清洗污水、消防用水以及路面积水。

2) 由环向排水盲沟、墙背排水盲管、横向导水管、暗沟及中心排水沟组成的排水系统主要用于集中引排地下水。环向排水盲沟采用ϕ100PE半圆排水管，一般情况沿初期支护表面纵向均匀铺设，Ⅲ级围岩平均10m设置一道，Ⅳ、Ⅴ级围岩平均8m设置一道，Ⅵ级围岩平均6m设置一道，局部水量加大时可酌情增加，施工过程中要严格把控管材质量。隧道开挖后有股状渗水部位沿岩面铺设1~3根ϕ100半圆水管进行引排，为使半圆水管与岩面密贴，隧道开挖先喷2~5cm厚混凝土再铺设半圆排水管，使半圆排水管与初期支护锚接牢固。对股状渗水特别严重的部位，可采用ϕ50PE单壁无孔波纹管直接引排至中央排水沟。行车方向左侧暗埋边沟宽40cm、深60cm，行车方向右侧矩形边沟宽65cm、深45cm，横向导水管采用ϕ100PE双壁波纹管，沿隧道纵向10cm设置一道，以连接电缆槽底部排水沟与路侧排水暗沟，横向导水管采用ϕ100PE双壁波纹管，有仰拱地段不打孔，无仰拱地段半边打孔，打孔要求与纵向排水管相同，沿隧道纵向10m设置一道，并尽量设置于仰拱的环向施工缝处，以排除路面积水。

衬砌两侧墙背排水盲管采用ϕ100PE双壁半边打孔双壁波纹管，沿隧道底部通长设置，其坡度与隧道纵坡一致，各横洞与主洞交叉处应断开并设置堵头。纵、环向排水盲沟以及纵、横向排水盲沟均采用三通连接，环、纵、横向盲沟外均缠绕无纺土工布，以防止水泥或泥土堵塞管道，确保排水畅通。中心排水沟如图3-3所示，采用矩形排水沟，沟身采用C25现浇混凝土，截面尺寸为120cm×85cm，沟身纵向设置1排ϕ50PE波纹管，间距1m，盖板采用C30钢筋混凝土预制盖板。中心排水沟轴线应顺直，纵坡与路面纵坡一致，确保排水畅通，另外在中心排水沟沟身两侧设置3~5cm碎石盲沟，碎石盲沟底部与中心水沟侧沿线铺设无纺土工布，以防止碎石进入中心排水沟。此外，中心排水沟每50m设置沉砂井和检查井一处，沉砂井均采用暗井，沉砂井所在位置路面要做好明显标志，以便需要开启时能迅速查找。

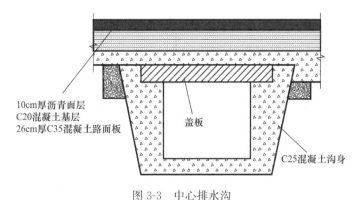

图3-3 中心排水沟

(2) 桐梓隧道反坡施工段排水方案

隧道反坡排水通常采用机械式排水，分为集水坑接力式反坡排水和长距离管道配合小型集水坑收集式反坡排水两种形式。集水坑接力式反坡排水即在隧道施工过程中分段间隔开挖集水坑，在集水坑内设置抽水水泵，把涌水逐级接力抽至上一级集水坑，以此类推排出洞外，集水坑接力式反坡排水方式示意如图3-4所示。长距离管道配合小型集水坑收集式反坡排水指用移动式小型水泵将掌子面的积水抽至集水坑内，边沟将已完成施工段的地下水收集至集水坑，最后通过水泵组将集水坑排至洞外。长距离管道配合小型集水坑收集式反坡排水方式示意如图3-5所示。

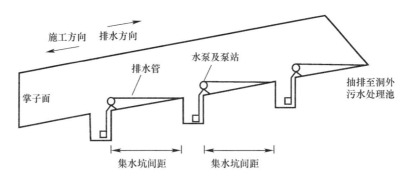

图 3-4　集水坑接力式反坡排水方式示意图

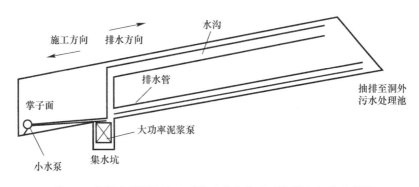

图 3-5　长距离管道配合小型集水坑收集式反坡排水方式示意图

桐梓隧道正洞及4号斜井反坡排水主要分为两个阶段，第一阶段为斜井施工反坡段的反坡排水，第二阶段为斜井进正洞后，隧道出口端反坡段和4号斜井反坡段的反坡排水。基于以上原则和实际工况，第一阶段4号斜井反坡排水为在掌子面附近（仰拱端头）设临时集水坑，将地下水及施工用水一次抽排至洞口的1号集水坑沉淀池，经沉淀后排至洞外。当斜井施工将至斜井井底时，临时集水井抽水至1号集水坑距离最远，排水量最大，因此设计时应取最远距离和最大涌水量。

第二阶段斜井转正洞后的反坡排水为在斜井井底（正洞交汇处桩号YK43+820）设立大型井底水仓，水仓除收集斜井所有渗水外还承担正洞段接力排水，正洞段拟分析集水坑逐级接力与长距离管道配合小型集水坑两种反坡排水方式，所有集水井容量均按10min最大涌水量来设计尺寸，排水量见表3-1，泵站设计示意如图3-6所示，施工揭露地下水引起地表泉水断流如图3-7所示。

集水坑尺寸及排水量　　　　　　表3-1

泵站	排水量（m³/d）	集水坑尺寸（m）
1号临时集水坑	27294	2×5×12.6
井底1号泵站	51250	3×6×20

续表

泵站	排水量（m³/d）	集水坑尺寸（m）
2号泵站	23956	3×5×11
3号泵站	18175	3×5×8.4
4号泵站	16065	3×5×7.5
2-1号泵站	7891	2×4×7
4-1号泵站	16065	3×5×7.5

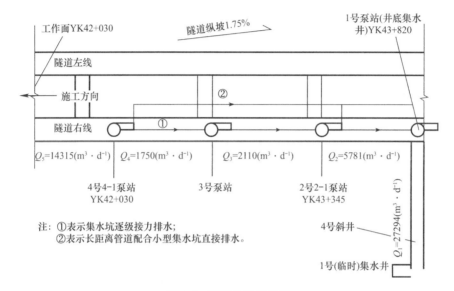

图 3-6　泵站设计示意图

(a)　　　　　　　　　　　　　　　(b)

图 3-7　施工揭露地下水引起地表泉水断流

（3）反坡排水仿真分析

桐梓隧道正洞及4号斜井两个阶段反坡排水段水力模型，根据正洞的排水方式不同分为逐级接力排水模型一和长距离管道配合小型集水坑直接排水至井底水仓模型二。模型一如图 3-8 所示，设有第一阶段斜井临时集水坑排水泵站和第二阶段正洞及斜井 4 级泵站、斜井 1 号集水井、洞外沉淀池。沿程共 67 个节点（包括水池），每个泵站系统节点由小至大依次编号，节点的标高对应所处位置的隧道设计高程。其中为保证集水坑内水均能排至下一级泵站，集水坑的节点标高在原基础上减去集水坑的开挖深度，且上一个泵站系统末端节点标高与下一级泵站集水坑标高一致，保证了节点连续性。管段共设 60 根（包括水泵所在管段），两节点间距即管段长对应隧道区间长度。模型二共设 56 个节点（包括水池），54 根管段（包括水泵所在管段），与模型一不同的是在正洞设置泵站 4-1 号、2-1 号长距离管道排水泵站，高程设置及编号与模型一相同，如图 3-9 所示。

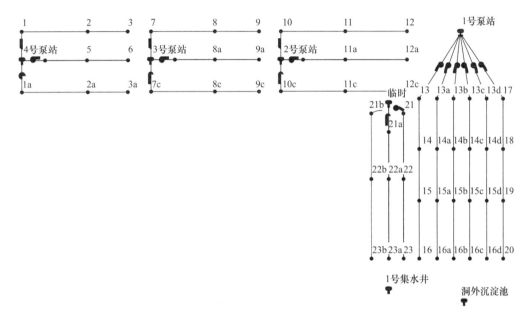

图 3-8　逐级接力排水模型及节点编号

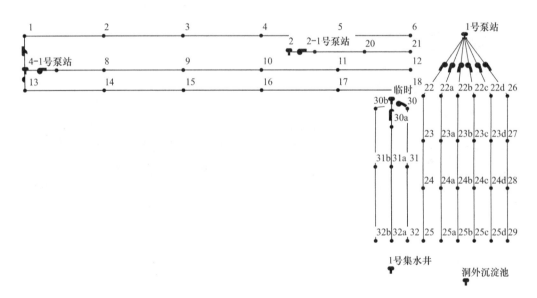

图 3-9　长距离管道配合小型集水坑直接排水至井底水仓模型

EPANET 软件是一个可以执行有压管网水力计算和进行不同类型配水分析的软件，管网分析对象包括节点、管道、水泵、水池等构成的组件，具有管网平差、运行模拟、水质分析等功能，可以实现许多不同类型的配水分析，因其界面友好、清晰直观、功能强大而被广泛应用。使用 EPANET 软件建立管网模型时对管网规模未加限制，通过迭代计算满足节点流量连续方程和管道能量平衡方程，利用 Hazen-Williams，Darcy-Weisbach 或 Chezy-Manning 公式计算摩擦水头损失，用 EPANET 软件计算时水头损失包含了管道沿程水力损失和弯头、附件等处的局部水头损失。本书管道系统水头损失采用国家现行规范推荐的海曾-威廉公式，其优点在于它的粗糙系数是无量纲的，减少了不同类别管材之间的换算偏差。为在 EPANET 中实现反坡排水模拟，在各级泵站系统末端节点的需水量参数行输入隧道排水量，通过控制管道流速及节点水压力和单位水头损失对水泵进行选型及组合，当末端排水节点压力大于 0 时，说明有水排出。管道流速要求没有统一规范，参考现行国家标准《室外排水设计标准》(GB 50014) 中第 5.4.4 条规定，水泵出水管流速宜为 0.8～2.5m/s，由该标准中第 4.2.8 条知，当最小设计流速达到 0.8m/s 时，污水厂压力输泥管道设计流速可满足 90%～97% 的污泥含水率。桐梓隧道围岩渗水及施工用水中的泥沙含量可以认为在此范围之内。节点水压力从管材承压能力和克服高程考虑，管材选用钢管，尽管末端节点水压力大于 0MPa 即可实现排水，但应设置富余量，为避免末端水压力过大且经济合理，将水压控制在 0～0.1MPa，对应所在排水管道的末端节点号。逐级接力排水泵站系统末端节点需水量及水泵型号与组合见表 3-2。

逐级接力排水选用设备参数　　　　　　　　　　　　　　　　表 3-2

排水节点号	排水量 (m³/d)	该段 2 水泵型号	管径 (mm)
3、3a	66.6	150WQ240-20-30	150
6	55.5	150WQ200-20-22	150
9、9a、9b	69.4	150WQ250-22-30	150
12、12a、12b	97.2	200WQ350-15-30	200
16、16a、16b、16c、16d	97.2	200WQ350-40-75	200
20	111.1	200WQ400-40-75	200
23、23a、23b	111.1	200WQ400-35-75	200

由于模型二中两阶段 4 号斜井排水量及排水方式与模型一致，故只列出正洞段长距离管道直接排水系统排水量及水泵参数，见表 3-3。

正洞长距离管道直接排水选用设备参数　　　　　　　　　　　　表 3-3

排水节点号	排水量 (m³/d)	该段 2 水泵型号	管径 (mm)
6	55.5	150WQ200-50-55	150
12	50	150WQ180-50-55	150
18	83.3	200WQ300-40-55	200
21	91.6	200WQ330-20-30	200

根据以上设计原则和参数，选取不同泵站不同型号水泵及管道的计算结果，得正洞逐级接力排水系统管道水压力分布如图 3-10 所示，同一泵站内同一型号的水泵参数和所在

管道系统水压力分布一致。因两阶段斜井排水系统管道压力相同,只绘制正洞长距离管道直接排水系统管道水压力分布,如图3-11所示。

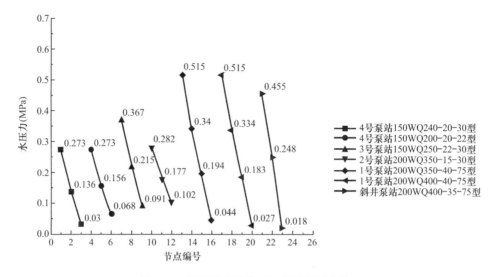

图3-10 逐级接力排水系统管道水压力分布

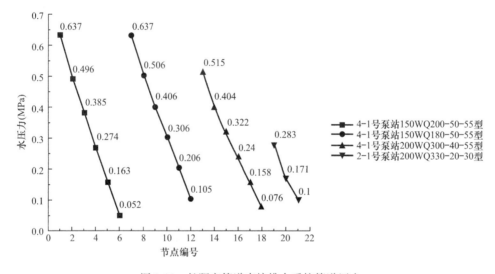

图3-11 长距离管道直接排水系统管道压力

根据排水系统管道节点水压力分布可知,第一阶段4号斜井排水系统临时泵站管道最大水压力为0.455MPa,最小水压力(末端节点水压力)为0.018MPa;第二阶段斜井转正洞模型一逐级接力排水管道最大水压力为0.515MPa,末端节点最大水压力为0.102MPa,末端节点最小水压力为0.027MPa;模型二长距离管道直接排水管道最大水压力为0.637MPa,末端节点最大水压力为0.105MPa,末端节点最小水压力为0.052MPa。

因此,按照以上抽水设备型号计算,代表出水口的末端节点水压力均保持在0~0.1MPa,说明两个排水阶段的压力值可以保证系统管网安全,远低于管材极限承压,且能克服泵站高程差及沿程管网阻力和局部水头损失,可以顺利将水排至上一级泵站。

除了满足压力要求,设备选型和泵站设置是否经济合理对选择水泵和管材型号有重要影响，因此需考虑系统管道流速和水头损失。根据计算结果，得出两个排水阶段各个泵站系统管道的水流参数见表 3-4。

泵站系统水流参数表　　　　　　　表 3-4

泵站	管段最大流速（m/s）	管段最小流速（m/s）	水头损失（m）
4	2.26	1.88	23.1
4-1	1.88	1.59	71.5
3	2.36	2.36	48.5
2	2.36	1.86	21
2-1	1.74	1.74	6.3
斜井临时泵站	2.12	2.12	23.4
1	2.12	1.85	38.3

由表 3-4 可知，整个反坡排水系统管道流速最小为 1.59m/s，最大为 2.36m/s，均在参考规范的设计流速范围之内，而排水管道的经济流速一般在 0.8~2.5m/s，从经济角度分析选设备型也较合理。此外，逐级接力反坡排水的方式总水头损失为 154.3m，长距离管道直接排水方式总水头损失为 139.5m。说明长管道排水水头损失较少，且具有泵站级数少，开挖集水坑容积小的优点，但是所选用的水泵功率较大，布置的管道较长，因此在隧道坡度和现场施工满足要求的条件下，正洞段优先选取长距离管道配合小型集水井的反坡排水方式。

(4) 反坡排水方案选型

按常规计算方法，桐梓隧道 4 号斜井反坡排水的水泵和管径选型如下。

1) 水泵扬程采用式（3-6）计算：
$$H = Z + h_w + h_f \tag{3-6}$$

式中：H——水泵扬程（m）；

　　　Z——水泵出入口高程差；

　　　h_w——沿程水头损失；

　　　h_f——局部水头损失。

2) 为满足排水流量和扬程，在 4 号斜井井底配置流量 300m³/h、扬程 60m、功率 75kW 的水泵 8 台，抽水设备并联工作，抽水能力达 57600m³/d。

3) 参考《给水排水设计手册》钢管和铸铁管水力计算公式，设计选择 DN300 管道，输送能力 600m³/h，流速为 2.28m/s。基于以上参数建立 EPANET 水力模型进行核算。斜井节点压力和管道流速如图 3-12 所示。

根据图 3-12 的斜井节点压力和管道流速分布，对两种计算结果对比分析如下：

(1) 斜井排水系统管网最大水压力为 0.758MPa，末端节点水头压力 0.325MPa，虽然达不到管材极限承压，但是末端水头压力过高，较 EPANET 模型中斜井 16 号节点的末端水压力 0.044MPa 增加 0.281MPa，较斜井 20 号节点的末端水压力 0.027MPa 增加 0.298MPa，可见以往满足流量对水泵选型的方法没有求出管道水压力，无法对不同型号水泵排水进行配水分析。从设计流量看，斜井及正洞反坡段最大涌水量为 51250m³/d，水泵配置抽水能力较最大涌水量增加 11%，设计过于保守。

(2) EPANET 计算求得单位水头损失为 0.056kPa，较舍维列夫公式水力计算表增加

53.5%，原因是传统计算方法忽略了局部水头损失 h_f，EPANET 模型水池节点采用隧道实际高程，而上一级排水系统水头损失求解是否准确不影响下一级实际高程，相比估算扬程更为精确。

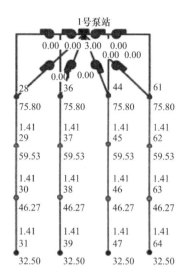

图 3-12　斜井节点压力和管道流速分布

(3) 管道实际流速为 1.41m/s，较查表设计流速 2.28m/s 误差达 38%，实际流速远低于设计流速，而 EPANET 模型考虑了由紊流造成的局部损失，通过赋予管道一个局部损失系数来计算，说明未考虑这部分水头损失对实际流速有一定的影响。

针对桐梓隧道反坡施工排水的特点，应对隧道内突发涌水事故、抽水设备损害、水位突然升高等建立应急系统，在隧道掌子面及隧道内设置应急灯，并保持隧道内信号通畅。隧道施工过程中，根据地质地层情况在暗河、岩溶比较发育的地方开展施工地质调查和地表沉降及围岩变形观测，进行隧道涌水危险源的监控监测，做好数据分析。当掌子面接近勘测资料提供的地质灾害地段时，根据现场观测发现地质突变，隧道施工废水和地下涌水混合排出后不能直接排入农田、河流和渠道，以免污染环境，施工机械的废油废水采取隔油池等有效措施加以处理后循环利用。

3.2.3　桐梓隧道评价结果及分析方法

隧道对环境的影响主要表现为开挖后对地下水和地表水的影响，地下水通过隧道排出会引起区域地下水位下降、地表泉井干涸、地下水污染等环境负效应。因此，正确评价隧道施工对地下水环境影响可为隧道防排水管理提供依据。目前对隧道地下水环境评价方法多样，有矩阵法、层次分析法、模糊综合评价法、主成分分析法以及云模型。这些方法在不同隧道评价中得到了应用，但由于隧道对地下水环境影响的复杂性和评价方法的本身局限性，十分有必要引入新的评价方法。属性数学是由程乾生教授提出的，由单指标属性测度分析、多指标属性测度分析和属性识别三部分组成，旨在解决有序分割问题，讨论定量描述的度量和不同定量描述之间的关系。该方法已用于预测岩爆、隧道突涌水危险性评价等众多领域，属性数学优于其他评估方法的本质在于风险指标的取值是一个区间，评判采用置信度准则,可以避免分类不清的现象。且迄今未见有关隧道建设对地下水环境影响的属性理论研究报道,本章将建立桐梓隧道涌水对环境影响的属性识别体系,将属性理论应用到桐梓隧道对地下水环境影响评价中。

文献中给出了关于评价岩溶隧道涌水对生态环境影响的具体指标,并在铜锣山、歌乐山等岩溶地区隧道对环境影响评价中成功应用,目前已有评价指标也是在该基础上结合评价对象实际工况选取。本书根据桐梓隧道水文地质资料对评价指标进行调整,桐梓隧道穿越煤系地层,导通后煤系地层矿物溶解和地下水交换对原有地下水环境有一定影响,应纳入考虑范围。桐梓隧道为山岭特长隧道,隧址区的一些珍稀植被、动物和水土流失等指标很难统计量化,这些指标主要反映了隧道排水后地下水位下降影响植被根部吸收水分,其本质是确定基于生态需水的不同围岩级别对应地下水限排量指标。此外,隧道建设是一个动态过程,本研究依据规范对建设期一年内的地下水水质进行了监测,获取了pH、水化学等指标。根据以上原则,系统建立了自然地理、地质-水文地质、隧道工程3个准则层指标,以及地表汇水面积、多年平均降雨量、多年平均蒸发量等22个二级指标,对地下水环境负效应的评判结果等级分为很弱(Ⅰ级)、较弱(Ⅱ级)、中等(Ⅲ级)、较强(Ⅳ级)、很强(Ⅴ级)五个等级,指标限值见表3-5。

桐梓隧道地下水环境负效应评价指标及等级划分标准　　表3-5

评价指标			评价等级及标准				
目标层	准则层	指标层	弱(Ⅰ)	较弱(Ⅱ)	中等(Ⅲ)	较强(Ⅳ)	强(Ⅴ)
A 隧道工程对地下水环境影响	B1 自然地理	C11 地表汇水面积(km²)	<10	10~20	20~40	40~80	>80
		C12 多年平均降雨量(mm)	<200	200~400	400~800	800~1600	>1600
		C13 多年平均蒸发量(mm)	<800	800~600	600~400	400~200	>200
		C14 降水入渗系数	<0.05	0.05~0.15	0.15~0.25	0.25~0.35	>0.35
		C15 地表河流规模	<0.1	0.1~0.5	0.5~2	2~10	>10
		C16 隧道与地形地貌关系	其他	单斜面型	山谷侧下方平行型	横贯河流型	山谷正下方平行型
	B2 地质、水文地质	C21 地层岩性	泥岩、页岩	砂岩、细砂岩	风化花岗岩、火成岩	风化变质岩	石灰岩
		C22 煤系地层比例	<1	1~3	3~5	5~10	>10
		C23 褶皱发育状况	无褶皱	平褶皱	不对称褶皱	裂隙发育的褶皱	断层发育的褶皱
		C24 破碎带发育状况	不发育	较差	一般发育	较发育	发育
		C25 可溶性出露面积比率	<30	30~50	50~70	70~90	>90
		C26 岩层富水型	不含水	微含水	中等含水	较含水	富含水

续表

评价指标			评价等级及标准				
目标层	准则层	指标层	弱（Ⅰ）	较弱（Ⅱ）	中等（Ⅲ）	较强（Ⅳ）	强（Ⅴ）
A 隧道工程对地下水环境影响	B2 地质、水文地质	C27 地下水补、径、排条件	补给区	弱补给区	弱径流区	强径流区	排泄区
		C28 地下水埋深	<1	50～30	30～10	10～1	<1
		C29 地下水化学类型	HCO_3	HCO_3+SO_4	SO_4	$Cl+SO_4$	Cl
		C210 地下水pH	<8	8～9	9～10	10～11	>11
	B3 隧道工程	C31 隧道埋深（100m）	<1	1～3	3～5	5～10	>10
		C32 隧道长度（km）	<0.5	0.5～1	1～3	3～10	>10
		C33 开挖断面积（m^2）	<35	35～70	70～140	140～280	>250
		C34 施工方法	TBM法	新奥法	钻爆法分部开挖	钻爆法台阶法	钻爆法全断面
		C35 防堵水技术	复合衬砌+预注浆	复合衬砌+结构外防水	复合衬砌防水	结构自防水	排水防水
		C36 地下水限排量	<0.1	0.1～0.5	0.5～2	2～5	>5

(1) 层次分析法（AHP）

权重反映了指标在评价过程中起到的作用，本书指标权重采用AHP法计算。通过专家对不同指标的重要程度打分，构造Santy的1～9及倒数的标度判断矩阵，取值见表3-6。该方法的优点是可以充分发挥不同领域专家之所长。

判断矩阵中元素 a_{ij} 的标度方法　　　　表3-6

标度	含义
1	表示两个因素相比，具有同等重要性
3	表示两个因素相比，一个因素比另一个因素稍微重要
5	表示两个因素相比，一个因素比另一个因素明显重要
7	表示两个因素相比，一个因素比另一个因素强烈重要
9	表示两个因素相比，一个因素比另一个因素极端重要
2、4、6、8	上述两相邻判断的中值

计算后，得到各指标权重汇总见表3-7。从表3-7中可知，准则层中地质、水文地质因素占比最大，是影响地下水环境最主要的因素，其次为隧道工程因素，三者均占比0.300以上，说明隧道对地下水环境的影响涉及范围广，选取的二级指标应系统全面。自然地理因素下二级指标中权重最大的为地表汇水面积，在岩溶区地表汇水面积与地下水的补给径流密切相关。地质、水文地质因素下二级指标权重最大的为地层岩性，权重最小的

为褶皱发育状况，富水性岩层是隧道涌水的补给通道，富水性和可溶性岩层占比越大，隧道对地下水环境影响越大。隧道工程因素下二级指标权重最大的为隧道埋深，其次为地下水限排量，隧道长度、开挖断面面积和施工方法的权重相差无几。其中二级新增指标煤系地层比例与地下水限排量权重分别为 0.111 和 0.191，说明这二者与桐梓隧道对地下水环境强弱有重要影响。

评价指标权重汇总 表 3-7

指标	权重	指标	权重
B1	0.300	C25	0.096
B2	0.372	C26	0.086
B3	0.328	C27	0.123
C11	0.261	C28	0.082
C12	0.123	C29	0.072
C13	0.137	C210	0.095
C14	0.197	C31	0.217
C15	0.103	C32	0.152
C16	0.179	C33	0.158
C21	0.169	C34	0.150
C22	0.111	C35	0.132
C23	0.060	C36	0.191
C24	0.106		

本书将隧道对地下水环境影响分为五个属性级别：C1（很弱）、C2（较弱）、C3（中等）、C4（较强）、C5（很强）。单指标属性测度值根据等级划分范围表 3-8 及式（3-1）~式（3-5）建立的单指标属性测度 a_{ijk} 函数求解。表 3-8 中 a_{jk} 满足 $a_{j1} < a_{j2} < \cdots < a_{jk}$，或 $a_{j1} > a_{j2} > \cdots > a_{jk}$。假设 $a_{j1} < a_{j2} < \cdots < a_{jk}$ 时，有：

评价指标等级划分 表 3-8

评价指标	C_1	C_2	C_3	...	C_{p-1}	C_p
I_1	$<a_{21}$	$a_{11} \sim a_{12}$	$a_{12} \sim a_{13}$	...	$a_{1p-2} \sim a_{1p-1}$	$>a_{1p-1}$
I_2	$<a_{22}$	$a_{21} \sim a_{22}$	$a_{22} \sim a_{23}$	...	$a_{2p-2} \sim a_{2p-1}$	$>a_{2p-1}$
...	...	...	...	...	...	...
I_m	$<a_{m1}$	$a_{m1} \sim a_{m2}$	$a_{m2} \sim a_{m3}$	...	$a_{mp-2} \sim a_{mp-1}$	$>a_{mp-1}$

$$b_{jk} = (a_{jk-1} + a_{jk})/2 \tag{3-7}$$

$$d_j = \min\{a_{jk} - b_{jk}\} \tag{3-8}$$

$$u_{ij1} = \begin{cases} 1, & x_{ij} \leqslant a_{j1} - d_j \\ \dfrac{(a_{j1} + d_j) - x_{ij}}{2d_j}, & a_{j1} - d_j < x_{ij} < a_{j1} + d_j \\ 0, & x_{ij} \geqslant a_{j1} + d_j \end{cases} \tag{3-9}$$

$$u_{ijk} = \begin{cases} 0, & x_{ij} \leqslant a_{jk-1} - d_j \\ \dfrac{x_{ij} - (a_{jk-2} - d_j)}{2d_j}, & a_{jk-1} - d_j < x_{ij} < a_{jk-1} + d_j \\ 1, & a_{jk-1} + d_j \leqslant x_{ij} \leqslant a_{jk} - d_j \\ \dfrac{(a_{jk} + d_j) - x_{ij}}{2d_j}, & a_{jk} - d_j < x_{ij} < a_{jk} + d_j \\ 0, & x_{ij} \geqslant a_{jk} + d_j \end{cases} \quad (3\text{-}10)$$

$$u_{ijp} = \begin{cases} 1, & x_{ij} \leqslant a_{jp-1} - d_j \\ \dfrac{x_{ij} - (a_{jp-1} - d_j)}{2d_j}, & a_{jp-1} - d_j < x_{ij} < a_{jp-1} + d_j \\ 0, & x_{ij} \geqslant a_{jp-1} + d_j \end{cases} \quad (3\text{-}11)$$

多指标综合属性测度需考虑各指标所占权重比，设第 j 个指标的权重向为 w_j，则指标综合属性测度为式（3-12）：

$$u_{ik} = \sum_{j=1}^{m} w_j u_{ijk} \quad (3\text{-}12)$$

根据上述理论，以自然地理因素为例，计算自然地理因素下各二级指标的单指标属性测度函数，地质、水文地质和隧道工程下二级指标测度值计算与自然地理同理。表 3-5 中 22 个二级指标中，定量描述指标有 13 个，通过单指标属性测度函数确定其对不同评价等级的隶属度，定性描述指标有 9 个，主要通过评分赋值法确定其隶属度。

（2）桐梓隧道指标量化结果及属性识别结果

根据桐梓隧道地勘资料、现场调研情况、水化学实验等，得出桐梓隧道评价指标量化结果，见表 3-9。

桐梓隧道评价指标量化结果　　　　　　　　　　　　表 3-9

目标层	准则层	指标层	量化结果
A 隧道工程对地下水环境影响	B1 自然地理	C11 地表汇水面积（km^2）	77.54
		C12 多年平均降雨量（mm）	1037.3
		C13 多年平均蒸发量（mm）	1119.5
		C14 降水入渗系数	0.02 占 42.8%，0.1 占 36.2%，0.3 占 21%
		C15 地表河流规模	地表有小型溪流，约 $5m^3/s$
		C16 隧道与地形地貌关系	约 15% 为山谷侧下方平行型，85% 为其他型
	B2 地质、水文地质	C21 地层岩性	泥岩约 35%，灰岩等可溶性岩约为 65%
		C22 煤系地层比例	1.8%
		C23 褶皱发育状况	裂隙发育的褶皱
		C24 破碎带发育状况	一般
		C25 可溶性出露面积比率	42%
		C26 岩层富水型	较含水
		C27 地下水补、径、排条件	弱补给区
		C28 地下水埋深	>50
		C29 地下水化学类型	HCO_3-Ca 约 50%，HCO_3-SO_4 约 50%

第 3 章 富水岩溶隧道地下水防排及回收利用技术

续表

目标层	准则层	指标层	量化结果
A 隧道工程地下水环境影响	B3 隧道工程	C210 地下水 pH	平均值 8.11
		C31 隧道埋深（100m）	<1 约 11.9%，1~3 约 21.6%，3~5 约 34.3%，5~10 约 32.2%
		C32 隧道长度（km）	10.5
		C33 开挖断面积（m²）	88.25
		C34 施工方法	9.6% 为分部开挖，90.4% 为台阶法
		C35 防堵水技术	隧道全段采用复合衬砌防水，10% 加预注浆
		C36 地下水限排量	18.8% 限排量为 1.85，81.2% 限排量为 4.71

将桐梓隧道量化结果表 3-9 代入单指标属性测度函数表 3-7 中，得评价指标属性测度矩阵见表 3-10。

评价指标属性测度矩阵 表 3-10

指标		测度矩阵				
	C11	0	0	0	0.746	0
	C12	0	0	0.314	0.686	0
B1	C13	1.0	0	0	0	0
	C14	0.428	0	0.105	0.105	0
	C15	0	0.362	0	0.10	0
	C16	0.85	0	0.150	0	0
	C21	0	0	0.650	0	0
	C22	0	0	0	0	0
	C23	0	1.0	0	1.0	0
	C24	0	0	1.0	0	0
	C25	0	0	0.4	0	0
B2	C26	0	0.60	0	1.0	0
	C27	0	0	0	0	0
	C28	1.0	1.0	0	0	0
	C29	0.5	0.5	0	0	0
	C210	0.39	0.610	0	0	0
	C31	0.119	0.216	0.343	0.322	0
	C32	0	0	1.0	0	0
B3	C33	0	1.0	0	0	0
	C34	0	0	1.0	0.90	0
	C35	0.1	0	0.9	0	0
	C36	0	0	0	0.19	0.81

将表 3-10 标属性测度矩阵与表 3-7 相乘，得桐梓隧道多指标综合属性测度见表 3-11。

多指标综合属性测度计算结果　　　　　表 3-11

指标	Ⅰ	Ⅱ	Ⅲ	Ⅳ	Ⅴ
B1	0.374	0.071	0.086	0.403	0.066
B2	0.214	0.386	0.254	0.146	0
B3	0.039	0.205	0.396	0.360	0
综合	0.205	0.232	0.250	0.293	0.020

桐梓隧道建设对地下水环境的影响综合评价结果如图 3-13 所示。

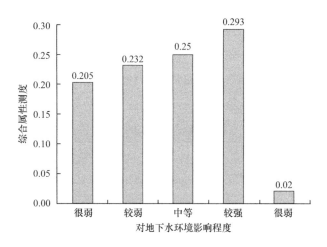

图 3-13　桐梓隧道建设对地下水环境的影响综合评价

置信度准则的取值特点为从"强""弱"两方面比较，认为越"强"越好，则在"强"分配比例上占多，认为越"弱"越好，则在"弱"分配比例上占多。隧道对地下水环境的负效应越"弱"越好，根据置信度准则，当 C 取 0.6 时，C1+C2=0.205+0.232=0.437<0.6，C1+C2+C3=0.205+0.232+0.250=0.687>0.6，故隧道对地下水环境建设影响中等Ⅲ级。但从综合属性测度值可以看出，C1、C2、C3、C4 均在 0.200 以上，相差不大，最大值为 C4。当 C 取 0.7 时，C1+C2+C3+C4=0.205+0.232+0.250+0.293=0.980>0.7，此时隧道对地下水环境建设影响较强Ⅳ级，因隧道还在施工阶段，综合得出桐梓隧道建设对地下水环境的影响为中等或中等偏强。

参考《建设项目地下水环境影响评价规范》(DZ/T 0225—2004) 中第 10 条，隧道建设对地下水环境影响的负效应等级主要表现形式见表 3-12。

隧道地下水环境负效应等级对应表现形式　　　　　表 3-12

评价等级	负效应表现形式
Ⅰ	隧道内无出水或少量渗水，水循环正常
Ⅱ	隧道内少量水滴，局部地下水位下降
Ⅲ	隧道内出现股状涌水，地表水流量减少
Ⅳ	隧道内出现明显滴水，地表水流量减少，出现地表塌陷，泉井干枯
Ⅴ	隧道内出现大量涌水，地下水被大范围疏干，地表水明显减少，地表塌陷

通过现场观测，隧道开挖后洞内掌子面和已完成施工段围岩多处发生涌水、强渗水。

在进口端左洞 ZK34+715 断面处,二衬施作完成后出现较大股涌水,丰水季节时测流量达 4.92L/s,即 425.088m³/d,涌水量较大。出口端右洞 YK43+715 断面附近二衬泄水孔在丰水期、平水期和枯水期均出现小股状涌水。可见,隧道修建改变了原来地下水渗流场,隧道开挖使地表水和地下水交换频繁,尤其雨期降水入渗后,水力梯度大的岩溶发育区,原本填充的裂隙管道疏通,涌水量增大。通过测试水中化学成分,对地下水水质进行评估后发现在不同季节排水水质有不同变化,但是目前未发现地面沉降和岩溶塌陷。因此,根据现场情况,多角度综合反映了桐梓隧道建设对地下水环境的影响等级为中等或中等偏强的结论是合理的。

同时,从结果识别方法看,若所求得各级隶属度都一样或均匀分布,此时采用最大隶属度原则无法识别结果,显然与被评价对象存在客观等级的事实不符,而属性数学理论采用的置信度原则可以很好地解决这一问题。

(3) 隐伏岩溶后处理难度大且潜伏运营期间安全

对应施工期间已经揭露的岩溶,采取相应勘察手段查明后,一般可比较彻底地进行处理,但是由于岩溶及地下水发育的不规律性,查明岩溶及地下水特征具有一定难度。查不明,处理就不彻底,潜伏后期隐患。如某行政中心站—会展中心站区间隧道,试运营期间发现隧道渗漏水、道床上浮及基底潜伏溶洞,后处理带来了一系列问题,一方面施工难度大、增加了投资、影响了后期调试工作;另一方面,潜伏了后期运营及周边环境安全。隧底隐伏岩溶纵断面图如图 3-14 所示。

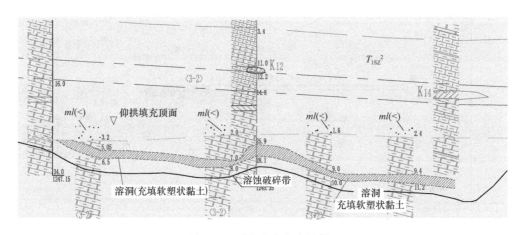

图 3-14　隧底隐伏岩溶纵断面

3.3　桐梓隧道排放地下水化学成分检测技术

地下水化学成分是否超标对水质有重要影响,也是地下水利用、分析地下水对隧道结构腐蚀性的依据。现行国家标准《地下水质量标准》(GB/T 14848—2017)第 5 条指出,地下水质量检测频率,潜水应不少于每年两次,承压水宜每年 1 次。不同地下水化学类型对地表植物有不同影响,如果地下水的盐碱过高会使土壤盐碱化,氯、钠及硫酸盐也会锈蚀混凝土和钢筋。同时,由于不能时刻检测水中化学成分,因此十分有必要研究水中主要离子来源规律,基于此,本研究于 2020 年 7 月(夏季)和 2020 年 10(秋季)两次现场采集水样进行分析，为水质评价、了解隧道防排水结构的腐蚀性及后期地下水利用提供参考。

3.3.1 试验目的及检测方法

通过在不同季节进行的现场调研取样，对隧道洞内渗漏的地下水及隧区地表水进行水化学检测，运用舒卡列夫分类法、Piper 三线图、Gibbs 模型和离子比值等方法，探讨地下水化学类型和主要成因机制，分析水中主要离子可能来源，以及不同季节地下水和地表水中元素及离子变化规律。本试验主要目的有：（1）确定隧道开挖后渗漏地下水水化学成分浓度；（2）确定影响地下水化学成分的相关因素；（3）得到水化学相关参数，判别进入隧道的地表水和地下水对防排水结构的腐蚀性；（4）为后续章节水质研究和水环境评价中指标量化提供参考。

根据隧道实际施工进展和研究目的，课题组于 2020 年 7 月（夏季）和 2020 年 10 月（秋季）采集水样共 18 组，其中地表水 5 组，地下水 13 组。从隧道进口端至出口端依次对水样编号，1~7 号水样为夏季水样，8~18 号水样为秋季水样。取样点为隧道内大涌水断面出水孔、隧道内中心排水沟、边沟以及 3 号斜井左右两侧的小溪流和隧道出口端一处溪水，采样点分布示意如图 3-15 所示，采样点断面桩号及时间见表 3-13。

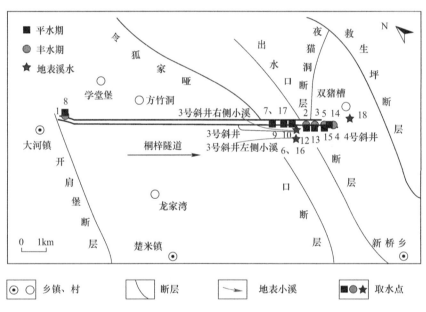

图 3-15 采样点分布示意图

采水点断面桩号及时间　　　　　　　　表 3-13

检测编号	纵断面桩号	水样类别	采样时间
1	ZK34+715	地下水	2020.7.15
2	YK43+650	地下水	2020.7.15
3	YK43+715	地下水	2020.7.15
4	中心排水沟（YK43+936）	地下水	2020.7.15
5	4 号斜井底部边沟	地下水	2020.7.15

续表

检测编号	纵断面桩号	水样类别	采样时间
6	3号斜井口左侧冲沟	地下水	2020.7.15
7	3号斜井口右侧冲沟	地下水	2020.7.15
8	ZK34+715	地下水	2020.10.28
9	YK43+140	地下水	2020.10.28
10	ZK43+287	地下水	2020.10.28
11	YK43+380	地下水	2020.10.28
12	YK43+650	地下水	2020.10.28
13	YK43+715	地下水	2020.10.28
14	中心排水沟（YK43+820）	地下水	2020.10.28
15	4号斜井底部边沟	地下水	2020.10.28
16	3号斜井口左侧冲沟	地下水	2020.10.28
17	3号斜井口右侧冲沟	地下水	2020.10.28
18	8标出口搅拌厂旁边天然冲沟	地下水	2020.10.28

采样前使用原水润洗水瓶三遍以上，在水中拧紧瓶盖，防止进入空气，现场采样如图 3-16 所示。

(a)

 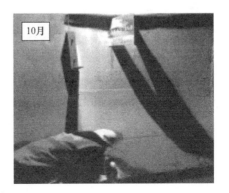

(b)

图 3-16　现场采样及流量对比（一）
(a) YK34+715 取样段面涌水对比；(b) YK43+650 取样段面涌水对比

图 3-16 现场采样及流量对比(二)

(c) YK43+715 取样段面涌水对比;(d) 3 号斜井左侧溪水取样点流量对比;
(e) 3 号斜井右侧溪水取样点流量对比;(f) 4 号斜井边沟及右洞中心排水沟

所有样品采集后当天送至实验室，经 0.22m 和 0.45m 纤维滤膜过滤，装入离心管，密封冷藏，防止水质变质。其中用于测试阳离子的水样滴加硝酸至 pH<2，稀释 5~15 倍。pH、溶解性固体总量（TDS）浓度和电导率（EC）采用便携式多参数水质分析仪（YSI-600 V2）测定，阴离子 F^-、Cl^-、SO_4^{2-}、NO_3^- 采用离子色谱仪（ICS-1100）测定，HCO_3^- 采用酸碱滴定法滴定，阳离子 K^+、Ca^{2+}、Na^+、Mg^{2+} 采用火焰原子吸收分光光度法（TAS-990F）测定。NH_4^+ 采用钠氏试剂分光光度法（752N）测定。元素 Fe、Al、Mn、As、Se 采用电感耦合等离子体质谱法（ICP-MS）测定。测试时设置多组平行样和空白样，试验主要过程如图 3-17 所示。

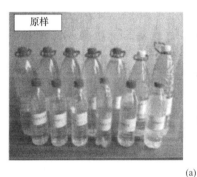
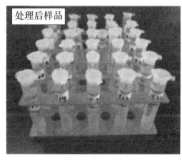

(a)

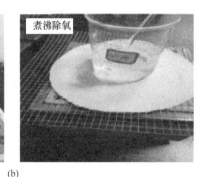

(b)

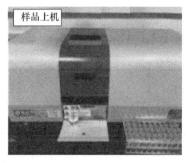

(c)

图 3-17　试验过程
(a) 水样处理；(b) 显色剂配置；(c) 滴定和上机测试

对 7 月和 10 月地下水样各指标测试结果统计见表 3-14，利用 SPSS 软件得到各指标的最大值、最小值、均值、标准偏差以及变异性系数，基本理化参数 pH、TDS、EC 的变化趋势如图 3-18 所示。

pH 是表示水中化学平衡的一项重要的基本参数，自然水体中的 pH 很少低于 5.5，最高值一般为 7，碳酸盐岩区域地表水的 pH 一般在 7.5~8 之间。统计结果表明，研究区整体水样呈弱碱性，夏季 pH 最大值为 8.270，最小值为 8.060，pH 均值为 8.117。秋季 pH 最大值为 8.340，最小值为 8.290，pH 均值为 8.315。如图 3-18 所示，夏季不同水样点 pH 差异较大，秋季 pH 变化相对平稳，可能受降雨量及酸性降雨有关。溶解性固体总量（TDS）是指在一定体积的水中溶解的可移动的带电离子总量，包括矿物质、盐及金属。一般来说 TDS 表示水中阳离子和阴离子的总和。研究区夏季 TDS 最大值为 315.000mg·L^{-1}，最小值为 102.000mg·L^{-1}，均值为 177.143mg·L^{-1}。秋季 TDS 最大值为 264.000mg·L^{-1}，最小值为 69.000mg·L^{-1}，均值为 138.000mg·L^{-1}，为低矿化度水。TDS 峰值出现在 3 号水样，说明该处隧道排水经水岩作用时间较长，水中无机盐和溶解物最多。电导率 EC 提供了水中离子浓度的指示，是衡量水溶液携带电流的能力，夏季 EC 最大值为 633.000mS·cm^{-1}，最小值为 205.000mS·cm^{-1}，均值为 356.286mS·cm^{-1}，秋季 EC 最大值为 525.000mS·cm^{-1}，最小值为 138.000mS·cm^{-1}，均值为 275.545mS·cm^{-1}，变化趋势与 TDS 基本一致，变异系数相差无几，总体表现为夏季大于秋季。

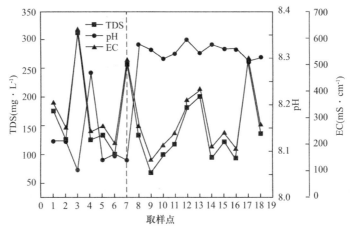

图 3-18 TDS、pH 及 EC 的季节变化趋势

一般水体中 TDS 及离子浓度由于丰水期降雨稀释作用导致夏季出现最低值，冬季最高，春秋居中。但从表 3-14 可以看出，夏季离子浓度没有明显低于秋季，只有 HCO_3^-、SO_4^{2-}、Ca^{2+} 夏季浓度小于秋季，NO_3^-、K^+、Mg^{2+}、NH_4^+ 夏季浓度均值大于秋季，Cl^-、F^- 变化不大，说明地下水中 Cl^-、F^- 相对稳定，基本不受季节变化影响。金属元素 Fe 夏季大于秋季，Al 秋季大于夏季，微量元素 Se 因其含量过低没有变化，Cu、Mn、As、Zn 等元素含量忽略不计或没有检出。可见，隧道洞内渗漏的地下水离子浓度不完全受降雨稀释影响而降低，浓度变化与水岩作用和人为活动也有关系。

地下水化学参数统计（mg·L^{-1}） 表 3-14

类别	7月（夏季）					10月（秋季）				
	平均值	最小值	最大值	标准偏差	变异系数 CV	平均值	最小值	最大值	标准偏差	变异系数 CV
pH	8.17	8.060	8.27	0.66	0.800	8.315	8.290	8.34	0.014	0.20
TDS	177.143	102.00	315	73.628	41.60	138.00	69.00	264.0	54.698	39.60

续表

类别	7月（夏季）					10月（秋季）				
	平均值	最小值	最大值	标准偏差	变异系数 CV	平均值	最小值	最大值	标准偏差	变异系数 CV
EC (mS·cm^{-1})	356.286	205.0	633	148.015	41.50	275.545	138.00	525.0	108.726	39.5
HCO_3^-	78.11	3.434	122.122	37.848	48.50	97.55	62.062	134.134	20.823	21.3
Cl^-	1.271	0.404	2.533	0.704	55.40	1.262	0.494	3.154	0.727	57.60
SO_4^{2-}	53.826	1.229	203.086	73.309	136.20	60.505	9.777	219.941	65.164	107.77
NO_3^-	7.337	2.001	27.795	8.547	116.50	6.481	0.881	41.253	11.116	71.50
F^-	0.306	0.217	0.447	0.071	23.30	0.307	0.136	0.742	0.152	49.70
K^+	9.872	2.609	29.720	8.995	91.10	2.954	0.550	9.025	2.521	85.30
Ca^{2+}	31.831	0.00	61.100	19.297	60.60	52.485	7.220	110.880	27.813	53.00
Na^+	11.396	3.155	30.480	8.717	76.50	11.985	2.510	34.70	8.839	73.70
Mg^{2+}	58.997	6.78	142.600	50.996	86.40	7.476	1.300	20.50	6.336	84.80
NH_4^+	0.347	0.075	0.973	0.292	84.10	0.07	0.00	0.329	0.102	152.6
Fe	0.349	0.017	0.691	0.218	62.50	0.250	0.071	0.448	0.117	47.0
Al	0.972	0.229	0.229	0.070	96.50	0.115	0.020	0.568	0.153	135.05

3.3.2 隧道排放及地下水化学特征与主要离子来源分析

(1) 地下水化学类型

我国常用的水化学分类方法是舒卡列夫分类法。根据舒卡列夫分类法，按照水中的矿化度和阴阳离子的毫克当量大于25%来组合划分，一共有49种类型的水。按矿化度，又可分为4组，A组矿化度小于1.5g/L，B组矿化度在1.5～10g/L，C组矿化度在10～40g/L，D组矿化度大于40g/L。根据以上方法，研究区7月的地下水化学类型有三种，主要为HCO_3^-·Ca·Mg型水和HCO_3^-·SO_4^{2-}·Mg型水，10月地下水化学类型有五种，主要为HCO_3^-·SO_4^{2-}·Ca·Na型水和HCO_3^-·SO_4^{2-}·Ca型水。同一水样点在不同季节地下水类型都发生了改变，主要表现为随季节由HCO_3^-·SO_4^{2-}·Mg型水向HCO_3^-·SO_4^{2-}·Ca·Mg型水和HCO_3^-·SO_4^{2-}·Ca型水转变，HCO_3^-·Ca·Mg型水向HCO_3^-·SO_4^{2-}·Ca型水和HCO_3^-·Ca型水转变，阳离子中Ca^{2+}的优势明显增加，Mg^{2+}的优势显著降低，说明季节对地下水中主要优势离子有影响。由于所有水样矿化度均小于1.5g/L，因此按矿化度分类所有水样均为A类。Piper三线图是由Piper在1944年提出，该图以三组主要阳离子（Ca^{2+}、Mg^{2+}、Na^++K^+）和主要阴离子（Cl^-、SO_4^{2-}、HCO_3^-）的百分毫克当量直观表示地下水中常规离子的相对含量和水化学特征。研究区Piper三线图如图3-19所示，从图中可知，7月阴离子HCO_3^-毫克当量百分数在20%～97.4%，Cl^-毫克当量百分数在0.4%～19%，SO_4^{2-}毫克当量百分数在1.7%～69.3%，阴离子分布均靠近HCO_3^-线一侧，阴离子毫克当量百分数均值排序为HCO_3^->SO_4^{2-}>Cl^-。7月阳离子整体趋于中见偏Mg^{2+}端元，Mg^{2+}毫克当量百分数在21.3%～78.5%，Ca^{2+}毫克当量百分数在0%～42%，Na^++K^+毫克当量百分数在1.8%～78.7%，阳离子毫克当量百分数均值排序为Mg^{2+}>Ca^{2+}>Na^++K^+，但各离子浓度当量占比较接近，在图中分布比较集中。10月阴离子HCO_3^-毫克当量百分数在28.1%～88.1%，Cl^-毫克当量百分数在0.6%～4.2%，SO_4^{2-}毫克当量百分数在 10.9%～71.3%，阴离子分布均靠近 HCO_3^- 线一侧，阴离子毫克当量百分数均值排序为 $HCO_3^- > SO_4^{2-} > Cl^-$。10 月阳离子整体趋于中见偏 Ca^{2+} 端元，分布于 $Na^+ + K^+$ 端元水样点增多，Ca^{2+} 毫克当量百分数在 15.1%～90.3%，Mg^{2+} 毫克当量百分数在 4.3%～22.6%，$Na^+ + K^+$ 毫克当量百分数在 4.4%～73.1%，阳离子毫克当量百分数均值排序为 $Ca^{2+} > Na^+ + K^+ > Mg^{2+}$。可见，阴离子中 HCO_3^- 始终是优势离子，阳离子优势离子随季节由 Mg^{2+} 向 Ca^{2+} 转变，$Na^+ + K^+$ 的优势比增加。3 号和 7 号阳离子随季节变化最大，且在图中分布基本一致，说明两组水样来源可能具有一致性。夏季水样整体在菱形图中分布较分散，无明显规律，说明夏季水化学成分含量波动较大，而秋季水样在图中分布较集中，水化学成分较稳定。

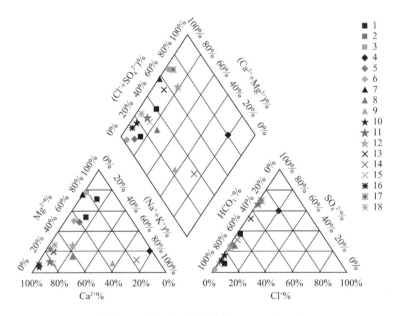

图 3-19 桐梓隧道地下水 Piper 三线图

(2) 地下水化学特征

Gibbs 分析了大量的雨水、河流、湖泊水化学数据，阐述了控制世界水化学的主要三大自然机制为大气降水、岩石风化和蒸发结晶。图 3-20 中纵坐标为 TDS 浓度对数值，横坐标为 $Na^+/(Na^+ + Ca^{2+})$ 和 $Cl^-/(Cl^- + HCO_3^-)$。当研究区样品中 TDS 最高时，$Na^+/(Na^+ + Ca^{2+})$ 或 $Cl^-/(Cl^- + HCO_3^-)$ 的摩尔浓度比值也最高且接近于 1.0 时，表明控制研究区主要成分机制为蒸发结晶；当研究区样品中 TDS 居中时，$Na^+/(Na^+ + Ca^{2+})$ 或 $Cl^-/(Cl^- + HCO_3^-)$ 的摩尔浓度比值小于 0.5 时，表明控制研究区主要成分机制为岩石风化；当研究区样品中 TDS 最低时，但 $Na^+/(Na^+ + Ca^{2+})$ 或 $Cl^-/(Cl^- + HCO_3^-)$ 的摩尔浓度比值也较高且接近于 1.0 时，表明控制研究区主要成分机制为大气降水。将桐梓隧道地下水和地表水水样投入 Gibbs 模型中，如图 3-20 所示，7 月和 10 月水样中的主要离子来源为岩石风化作用，7 月 $Na^+/(Na^+ + Ca^{2+})$ 值在 0.049～1 之间，$Cl^-/(Cl^- + HCO_3^-)$ 值在 0.047～0.356 之间，10 月 $Na^+/(Na^+ + Ca^{2+})$ 值在 0.046～0.828 之间，$Cl^-/(Cl^- + HCO_3^-)$ 值在 0.064～0.015 之间，且样本点在 TDS-$Cl^-/(Cl^- + HCO_3^-)$ 图中分布比较集中，与隧道所在乌江及赤水河水系流域离子组成控制作用一致，说明区内的碳酸盐岩和硅酸盐岩风化是地下水离子的主要来源。蒸发结晶和大气降水对研究区水中的离子贡献不大。

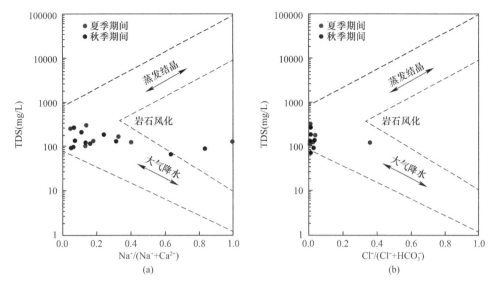

图 3-20 桐梓隧道地下水 Gibbs 图

从 Gibbs 模型知，岩石风化是离子的主要来源，为进一步讨论不同类型岩石溶滤对水中离子的影响，可以通过 $Ca^{2+}/Na^+ - HCO_3^-/Na^+$ 和 $Ca^{2+}/Na^+ - Mg^{2+}/Na^+$ 的关系判断不同岩石风化作用对水中溶质的比重。从图 3-20 中可以看出，7 月水样中 Ca^{2+}/Na^+ 量比在 0~19.336 之间，Mg^{2+}/Na^+ 量比在 0.222~40.818 之间，HCO_3^-/Na^+ 在 0.113~38.707 之间，受碳酸盐岩和硅酸盐岩共同作用影响，靠近碳酸盐岩风化溶解控制端。10 月水样中 Ca^{2+}/Na^+ 量比在 0.208~20.438 之间，Mg^{2+}/Na^+ 量比在 0.083~0.315 之间，HCO_3^-/Na^+ 在 1.904~39.880 之间，受碳酸盐岩和硅酸盐岩共同作用影响，但随季节由碳酸盐岩控制为主向硅酸盐岩转变，且 10 月有两组水样完全落在硅酸盐岩风化控制区，蒸发盐岩的影响可以忽略。

(3) 地下水化学主要成分来源

岩溶区地下水和地表水中的 Ca^{2+}、Mg^{2+}、HCO_3^- 主要来自碳酸盐岩溶解和沉淀，碳酸盐岩主要矿物为方解石（$CaCO_3$）和白云石（$CaMg(CO_3)_2$）。隧道排水过程中发生水岩作用，地下水流动与交换使方解石和白云石溶解沉淀。地下水中普遍存在的三种碳酸盐岩溶解模式，即方解石全等溶解，反应式为式（3-13）、白云石非全等溶解，反应式为式（3-14）及两者共同溶解，反应式为式（3-15）。

$$CaCO_3 + CO_2 + H_2O \Longrightarrow Ca^{2+} + 2HCO_3^- \tag{3-13}$$

$$CaMg(CO_3)_2 + 2CO_2 + 2H_2O \Longrightarrow Mg^{2+} + Ca^{2+} + 4HCO_3^- \tag{3-14}$$

$$CaCO_3 + CaMg(CO_3)_2 + 3CO_2 + 3H_2O \Longrightarrow Mg^{2+} + 2Ca^{2+} + 6HCO_3^- \tag{3-15}$$

研究区 Ca^{2+}、Mg^{2+}、HCO_3^- 间比值关系如图 3-21 所示，根据式（3-13）~式（3-15），仅有方解石溶解时，由于方解石中无 Mg 元素，Ca^{2+}/HCO_3^- 摩尔浓度比约为 1/2，水中 Mg^{2+} 含量很少。仅有白云石溶解时，Ca^{2+}/HCO_3^- 摩尔浓度比约为 1/4，Mg^{2+}/HCO_3^- 摩尔浓度比约为 1/4。当方解石和白云石共同溶解时，Ca^{2+}/HCO_3^- 摩尔浓度比约为 1/3，

Mg^{2+}/HCO_3^- 摩尔浓度比约为 1/6。由图 3-21 知,7 月与 10 月的地下水和地表水均受白云石和方解石共同溶解作用。由图 3-21(a) 可知,7 月水样中 Ca^{2+}/HCO_3^- 摩尔浓度比介于 1∶3～1∶1 之间,但图 3-21(b) 显示 7 月水中 Mg^{2+}/HCO_3^- 值很高,远远大于参与溶解的白云石中 Mg^{2+}/HCO_3^- 值,不在上述化学反应计量式之内。尤其是 7 月在 3 号斜井右侧溪流地表水样(3 号)和隧道内 YK43+715 涌水水样(7 号)采集得样本比值超出范围,但 HCO_3^- 与 Ca^{2+} 并未随 Mg^{2+} 急剧增加而增加,而是在上述化学反应计量式之内,说明 7 月地下水和地表溪水以碳酸盐岩中方解石溶解为主,但 Mg^{2+} 在雨季除了碳酸盐岩溶解之外有其他来源,使得该两点水样中离子来源较复杂,且 3 号水样与 7 号水样来源一致。10 月 Ca^{2+}/HCO_3^- 比值基本位于 1∶1 线附近,有两组 Ca^{2+}/HCO_3^- 比值落在 1∶3 右侧下方,结合 Mg^{2+}/HCO_3^- 比值分布在 1∶4 线和 1∶6 线周围,说明 10 月地下水和地表溪水以碳酸盐岩中的白云石溶解为主。

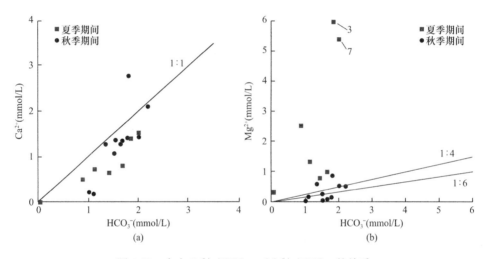

图 3-21 水中 Ca^{2+}/HCO_3^-、Mg^{2+}/HCO_3^- 的关系

隧道施工的废水和硫化物的氧化等可能产生存在外源酸参与水岩作用。据统计,SO_4^{2-} 和 NO_3^- 在 7 月水样中分别占阴离子毫克当量百分比的 31.5% 和 9.1%,在 10 月水样中分别占阴离子毫克当量百分比的 33.4% 和 4%,说明研究区地下水中外源酸当量(硫酸和硝酸)过高,需考虑外源酸对研究区碳酸盐岩的影响。由前述,若只有碳酸溶解碳酸盐岩,则 $Ca^{2+}+Mg^{2+}$ 和 HCO_3^- 两者之间的当量比 $[Ca^{2+}+Mg^{2+}]/[HCO_3^-]$ 应为 1∶1。如图 3-22 所示,7 月和 10 月水样中 $[Ca^{2+}+Mg^{2+}]/[HCO_3^-]$ 值明显位于 1∶1 线之上,表明相对于 HCO_3^- 有多余的 Ca^{2+} 和 Mg^{2+} 需要其他的阴离子来平衡。根据相关性分析,7 月水样中 $[Ca^{2+}+Mg^{2+}]$ 与 $[HCO_3^-]$ 相关性中等($R^2=0.522$),10 月水样中 $[Ca^{2+}+Mg^{2+}]$ 与 $[HCO_3^-]$ 相关性也中等($R^2=0.569$),说明 $Ca^{2+}+Mg^{2+}$ 并非全部来自 CO_2 的溶蚀作用。如考虑 SO_4^{2-} 和 NO_3^- 的影响,如图 3-22 所示,可见 10 月水样点基本被修正到 1∶1 线附近,包括 3 号斜井右侧溪流地表水样(13 号)和隧道内 YK43+715 涌水水样(17 号)水样。此时,7 月水样中 $[Ca^{2+}+Mg^{2+}]$ 与 $[HCO_3^-+SO_4^{2-}+NO_3^-]$ 呈显著相关($R^2=0.932$),10 月水样中 $[Ca^{2+}+Mg^{2+}]$ 与 $[HCO_3^-+SO_4^{2-}+NO_3^-]$ 也呈显著相关($R^2=0.856$),表明外源酸参与了碳酸盐岩溶解过程,且 Ca^{2+}、Mg^{2+} 或与石膏及其他矿

物溶解有关。但 7 月水样中 3 号与 7 号水样在考虑外源酸的影响仍然远离 1∶1 线，在 2∶1 线之上，与同一批采集得其他水样不同。说明 3 号、7 号水样具有同一水文地球化学特征，它们水中 Ca^{2+}、Mg^{2+} 除了碳酸或外源酸溶蚀碳酸盐岩而来，更主要的来源为石膏溶解或人为活动影响存在外源输入。

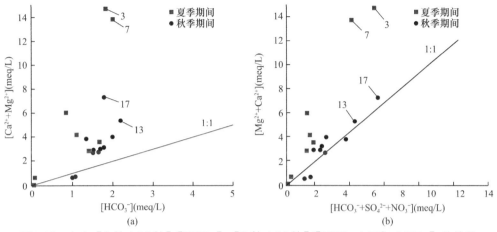

图 3-22　水中 $[Ca^{2+}+Mg^{2+}]/[HCO_3^-]$、$[Ca^{2+}+Mg^{2+}]/[HCO_3^-+SO_4^{2-}+NO_3^-]$ 的关系

地下水中 SO_4^{2-} 主要来源于石膏（$CaSO_4 \cdot 2H_2O$）的溶解、硫化物的氧化、工业活动及大气降水。若水中的 SO_4^{2-} 全部来自石膏的溶解，则 Ca^{2+} 与 SO_4^{2-} 的摩尔浓度比为 1∶1，碳酸盐岩来源的 Ca^{2+} 为 $Ca^{2+}-SO_4^{2-}$。从图 3-23 中 Ca^{2+} 与 SO_4^{2-} 的质量比关系可以看出，7 月和 10 月水样中的 Ca^{2+}/SO_4^{2-} 值分布在 1∶1 线附近或在 1∶1 线左上侧，且 7 月和 10 月水样中 Ca^{2+} 和 SO_4^{2-} 具有较好的相关性，表明石膏是 Ca^{2+} 和 SO_4^{2-} 来源之一，但水样点位于 1∶1 线左上侧表示有多余的 Ca^{2+}，即 Ca^{2+} 的来源除了石膏还来自碳酸盐岩溶解。7 月的 Mg^{2+}/SO_4^{2-} 值位于 1∶1 线左上侧，呈现陡增趋势，且 3 号和 7 号水样 Mg^{2+}/SO_4^{2-} 值远远大于其他水样点，但 Ca^{2+} 和 HCO_3^- 浓度基本不变或因夏季雨水充沛稀释使浓度降低，表明该两处发生了去白云化作用，产生了方解石沉淀。10 月的 Mg^{2+}/SO_4^{2-} 值位于 1∶1 线右下侧，增势较平缓。Mg^{2+} 和 SO_4^{2-} 质量浓度关系具有明显的季节性差异。

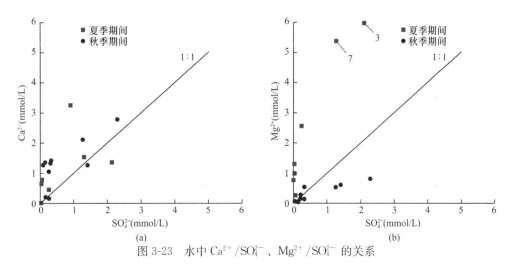

图 3-23　水中 Ca^{2+}/SO_4^{2-}、Mg^{2+}/SO_4^{2-} 的关系

由上述分析，硅酸盐岩风化是控制水中离子来源的另一重要因素。如果研究区的 Na^+ 和 K^+ 来源于盐岩溶解，则 Na^+/Cl^- 和 K^+/Cl^- 的摩尔比应该为 1:1。从图 3-24 可知，7 月和 10 月所有样本的 Na^+/Cl^- 值远偏离 1:1 线，Na^+/Cl^- 最大值为 7 月 4 号水样和 10 月 14 号水样，显著高于其他水样点 Na^+/Cl^- 比，4 号和 14 号水样为隧道右线正洞中心排水沟的地下水，采样时出口端洞口至采样点的二衬已经完成施工，中心排水沟汇集了盲管、边沟等多处地下水源。K^+/Cl^- 值在 1:1 线附近或部分高于 1:1，7 月 4 号水样 K^+/Cl^- 值为样本最大值。通过相关性分析，7 月水样中 Na^+ 与 Cl^- 中度相关（$R^2=0.688$），K^+ 和 Cl^- 中度相关（$R^2=0.536$）。10 月水样中 Na^+ 与 Cl^- 低度相关（$R^2=0.352$），K^+ 和 Cl^- 不相关（$R^2=0.292$）。结合前述，7 月水样中的 Na^++K^+ 来自盐岩和硅酸盐岩溶解，10 月水样中的 Na^++K^+ 受盐岩溶解影响减少，硅酸盐岩风化成为离子主要来源。

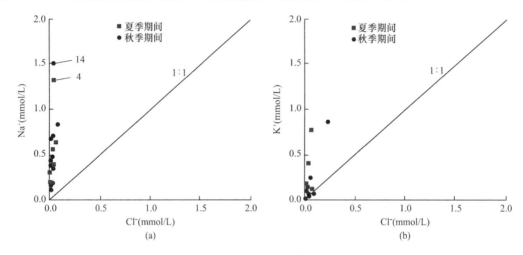

图 3-24　水中 Na^{2+}/Cl_4^{2-}、K^{2+}/Cl_4^{2-} 的关系

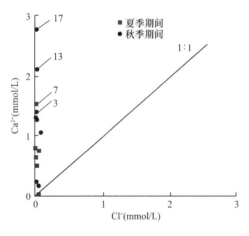

图 3-25　水中 Ca^{2+}/Cl^- 的关系

Ca^{2+}/Cl^- 比的大小可以表示研究区水动力条件的好坏。如图 3-25 所示，在 10 月 17 号、13 号水样中 Ca^{2+}/Cl^- 值最大，根据前述离子季节性变化规律，Ca^{2+} 因降雨稀释 7 月浓度小于 10 月，7 月 7 号、3 号水样中 Ca^{2+}/Cl^- 值虽然因降雨稀释使 Ca^{2+}/Cl^- 浓度低于 10 月，但是仍高于其他水样点，甚至高于其他地表溪水，说明 3 号斜井右侧小溪和隧道洞内 YK43+715 断面附近的水动力条件最好，这与 YK43+715 所处围岩岩性和岩溶发育有关。良好的水动力条件使地表溪水在夏季雨量充沛的时候水岩作用更充分，同时也表明隧道内 YK43+715 断面地下涌水和 3 号斜井右侧小溪两者有强水力联系。

如图 3-26 所示，地表水和地下水中 NH_4^+ 和 NO_3^- 的季节变化无明显规律，10 月 8 号水样 NO_3^- 浓度最大，7 月 1 号水样 NO_3^- 浓度最大，该取样点位于隧道进口端 ZK34+715 处，是目前隧道已施工段二衬泄水孔最大涌水点，7 月取样时简易测得流量为 4.92L/s，

10 月取样时简易测得流量为 3.0L/s，该点 NO_3^- 远大于 NH_4^+，说明该点硝化反应强，氮化物随大气降雨或地表水入渗进土壤包气带，由于该点断面岩层富水，有利于消化作用的进行。

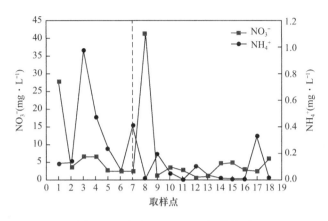

图 3-26　水中 NO_3^-、NH_4^+ 的关系

3.3.3　隧道排放水结构材料腐蚀性成分来源分析

(1) 结晶类腐蚀性研究

根据规范中介质环境对混凝土腐蚀的评价标准，隧道混凝土工程受环境水腐蚀主要原因有冻融交替、干湿交替及温度等物理作用，环境水或土层的化学作用，其中结晶类腐蚀、分解类腐蚀和结晶分解复合类腐蚀等化学性腐蚀会使混凝土的腐蚀速度加快。根据腐蚀程度可分为无腐蚀、弱腐蚀、中等腐蚀和强腐蚀四级。地下水对隧道支护结构的混凝土腐蚀性分析需要分析水中的总固体、pH、CO_3^{2-}、HCO_3^-、Cl^-、SO_4^{2-}、Ca^{2+}、Mg^{2+} 等。结晶类腐蚀主要是因为地下水和注浆及衬砌结构中的水泥组分发生化学反应，在空隙和毛细管中产生新的化合物，逐渐积累后形成巨大应力使混凝土发生破坏。腐蚀强度等级以水中 SO_4^{2-}（mg/L）离子含量划分，结晶类腐蚀等级评价标准见表 3-15。

结晶类腐蚀评价标准　　　　　　　　　表 3-15

腐蚀等级	SO_4^{2-} 在水中的含量（mg/L）		
	Ⅰ类环境	Ⅱ类环境	Ⅲ类环境
无腐蚀	<250	<500	<1500
弱腐蚀	250～500	500～1500	1500～3000
中等腐蚀	500～1500	1500～3000	3000～5000
强腐蚀	1500～3000	3000～5000	5000～10000

注：1. Ⅰ类环境指高寒地区、干旱或半干旱地区的混凝土直接临水，处于强透水岩土层的地下水中，或具有干湿交替或冻融作用。
2. Ⅱ类环境指干旱或半干旱地区的混凝土处于弱透水性岩土层的地下水，湿润区或半湿润区的混凝土直接临水，且均具有干湿交替和冻融作用。
3. Ⅲ类环境指各气候区中，混凝土处于弱透水岩土层中，均不具有干湿交替和冻融作用。
4. 桐梓隧道洞内地下水和洞外地表水中 SO_4^{2-} 离子含量最高为 203.086mg/L<250mg/L，因此桐梓隧道地下水对防排水结构无结晶类腐蚀。

(2) 分解类腐蚀性研究

分解类腐蚀是由于硬化的水泥被地下水溶解析出,其水化物逐渐分解从而导致混凝土强度降低直至破坏。这类腐蚀与地下水中 HCO_3^-、pH 和游离的二氧化碳相关,常发生在微矿化水和酸性水环境中。分解类腐蚀评价标准见表 3-16。从表 3-16 中可见,桐梓隧道地下水 pH 均大于 6.5,属于无酸型腐蚀,7 月的 4 号水样 HCO_3^- 含量最小为 3.434,大于 1.0,因此无微矿化水型腐蚀。

分解类腐蚀评价标准   表 3-16

腐蚀等级	酸型腐蚀		碳酸型腐蚀		微矿化水型腐蚀	
	直接临水或强透水层	弱透水层	直接临水或强透水层	弱透水层	直接临水或强透水层	弱透水层
	pH		侵蚀性 CO_2(mg/L)		HCO_3(mg/L)	
无腐蚀	>6.5	>6.0	<15	<30	>1.0	—
弱腐蚀	6.5~6.0	6.0~5.0	15~30	30~60	1.0~1.5	—
中等腐蚀	6.0~5.0	5.0~4.0	30~60	60~100	<0.5	—
强腐蚀	<5.0	<4.0	>60	>100	—	—

(3) 防水结构保护措施建议

根据以上标准,目前已取水样中主要腐蚀介质 SO_4^{2-}、Cl^-、HCO_3^- 没有超标,但直接与防水结构接触的地下水无法取样,可能与洞内取水点的隧道渗漏地下水和中心排水沟及边沟的地下水不同,需要预防混凝土结构腐蚀。桐梓隧道地处岩溶区,地下水丰富,且频繁穿越断层、破碎带和煤系地层,腐蚀介质以水为载体,地下水入渗过程中会携带沿程水岩作用产生的化学成分,尤其是碳酸盐岩和石膏等矿物溶解的 HCO_3^-、SO_4^{2-},入渗的地下水流经衬砌产生不同程度的浸蚀,水中 Cl^- 会锈蚀钢筋锚杆。因此,可以通过提前预注浆将主要地下水屏蔽在衬砌结构之外,而后加强防水层的施工,防水和堵水的效果直接影响地下水与支护结构的接触面积和径流范围。其次,要优化混凝土原料配置,严格按照标准执行,不同的浸蚀环境选择不同的水泥品种,拌合时添加粉煤灰和硅灰等矿物掺合料,浇筑时使用渗透型混凝土模板来提高混凝土表面的抗渗性和密实性。施工过程中严格控制连接处的裂缝,并及时养护,加强后期检查和管理。

3.4 桐梓隧道地下水回收利用技术

长期以来,我国隧道运营期围岩渗漏的地下水都是直接排放,如果对隧道排放的地下水收集利用,可以节约水资源。地下水的利用条件主要取决于水量和水质,利用方式有农田回灌、人工湿地景观用水、地下水回灌、消防用水等。本节重点研究地下水作为桐梓隧道消防用水水源,同时也讨论其他可利用途径。

3.4.1 隧址区地下水评价及分析

(1) 水质评价常用方法

水质评价是指通过水中各个要素,定量描述地下水环境的优劣,水质达到的标准是地下水利用的依据。随着大量数学理论在水质评价中的应用,水质评价的方法得到了不同改进与发展，我国目前主要的评价方法有单因子评价法、F 值评价法、综合污染指数法、人工神经网络评价法、模糊综合评价法、灰色评价法等。本书选用规范推荐的常用两种评价方法对桐梓隧道地下水质量进行评价。

1) 单因子评价法。

单因子评价法是指将每个评价指标的实测值与现行国家标准《地下水质量标准》(GB/T 14848) 中各类水的指标限值逐一对比，从优不从劣，该方法的优点是计算简洁，通过标准能直观反映水中哪一种或哪几种因子超标，能够明确指出导致水质变化的问题所在，缺点是各个评价指标相互独立，不能反映地下水中整体质量好坏，评价结果趋于保守，不能全面反映地下水质。

2) F 值评价法。

F 值评价法是我国地下水评价中最常用的方法，也是标准中推荐的方法，首先对各指标单项组分进行评价，划分各组分类别，根据类别按表 3-17 确定单项组分评价分值 F_i，然后根据式（3-16）、式（3-17）计算出综合评分值 F，由 F 的分值划分水质级别。

单项组分评价分值及综合评价分值　　　表 3-17

级别	Ⅰ	Ⅱ	Ⅲ	Ⅳ	Ⅴ
单项组分评价分值 F_i	0	1	3	6	10
综合评价分值 F	<0.8	0.8~2.5	2.5~4.25	4.25~7.20	>7.20

$$F = \sqrt{\frac{F^2 + F_{max}^2}{2}} \quad (3-16)$$

$$F = \frac{1}{n}\sum_{1}^{n} F_i \quad (3-17)$$

式中：F——各单项组分评分值 F_i 的评价值；

　　　F_{max}——单项组分评分值 F 中的最大值；

　　　n——评价指标项数。

(2) 水质评价结果

1) 单因子评价法。

桐梓隧道地下水质量评价主要为后期地下水利用服务，参考规范《地下水质量标准》(GB/T 14848)，尽可能获取更多的指标，力求全面。本次选取评价因素为 11 个，分别为：一般指标 pH、TDS、SO_4^{2-}、Cl^-、Fe、Al、氨氮、Na^+；毒理学指标 NO_3^-、F^-、Se^-，以表 3-18 为地下水质量常规指标及限值为评级标准，单指标评价和综合评价法结果见表 3-19。

地下水质量常规指标及限值　　　表 3-18

序号	指标（mg/L）	Ⅰ	Ⅱ	Ⅲ	Ⅳ	Ⅴ
1	pH		6.5<pH<8.5		5.5<pH<6.5 或 8.5<pH<9.0	pH<5.5 或 pH>9.0
2	TDS	<300	<500	<1000	<2000	>2000
3	SO_4^{2-}	<50	<150	<250	<350	>350
4	Cl^-	<50	<150	<250	<350	>350

续表

序号	指标（mg/L）	Ⅰ	Ⅱ	Ⅲ	Ⅳ	Ⅴ
5	Fe	<0.1	<0.2	<0.3	<2.0	>2
6	Al	<0.01	<0.05	<0.2	<0.5	>0.5
7	氨氮	<0.02	<0.1	<0.5	<1.5	>1.5
8	Na^+	<100	<150	<200	<400	>400
9	NO_3^-	<2	<5	<20	<30	<30
10	F^-	<1	<1	<1	<2	<2
11	Se^-	<0.01	<0.01	<0.01	<0.1	<0.1

单指标评价和综合评价法结果　　　　表3-19

指标分类	pH	TDS	SO_4^{2-}	Cl^-	Fe	Al	氨氮	Na^+	NO_3^-	F^-	Se^-	类别
1	Ⅰ	Ⅰ	Ⅰ	Ⅰ	Ⅳ	Ⅱ	Ⅲ	Ⅰ	Ⅳ	Ⅰ	Ⅰ	Ⅳ
2	Ⅰ	Ⅰ	Ⅰ	Ⅰ	Ⅲ	Ⅲ	Ⅲ	Ⅰ	Ⅱ	Ⅰ	Ⅰ	Ⅲ
3	Ⅰ	Ⅱ	Ⅲ	Ⅰ	Ⅳ	Ⅱ	Ⅳ	Ⅰ	Ⅲ	Ⅰ	Ⅰ	Ⅳ
4	Ⅰ	Ⅰ	Ⅰ	Ⅰ	Ⅰ	Ⅳ	Ⅲ	Ⅰ	Ⅲ	Ⅰ	Ⅰ	Ⅳ
5	Ⅰ	Ⅰ	Ⅰ	Ⅰ	Ⅳ	Ⅲ	Ⅲ	Ⅰ	Ⅲ	Ⅰ	Ⅰ	Ⅳ
6	Ⅰ	Ⅰ	Ⅰ	Ⅰ	Ⅲ	Ⅰ	Ⅱ	Ⅰ	Ⅲ	Ⅰ	Ⅰ	Ⅲ
7	Ⅰ	Ⅰ	Ⅱ	Ⅰ	Ⅳ	Ⅱ	Ⅲ	Ⅰ	Ⅰ	Ⅰ	Ⅰ	Ⅳ
8	Ⅰ	Ⅰ	Ⅰ	Ⅱ	Ⅲ	Ⅰ	Ⅰ	Ⅰ	Ⅴ	Ⅰ	Ⅰ	Ⅴ
9	Ⅰ	Ⅰ	Ⅰ	Ⅰ	Ⅳ	Ⅴ	Ⅲ	Ⅰ	Ⅰ	Ⅰ	Ⅰ	Ⅴ
10	Ⅰ	Ⅰ	Ⅰ	Ⅰ	Ⅱ	Ⅱ	Ⅱ	Ⅰ	Ⅰ	Ⅰ	Ⅰ	Ⅱ
11	Ⅰ	Ⅰ	Ⅰ	Ⅰ	Ⅲ	Ⅱ	Ⅰ	Ⅰ	Ⅰ	Ⅰ	Ⅰ	Ⅲ
12	Ⅰ	Ⅰ	Ⅱ	Ⅰ	Ⅲ	Ⅱ	Ⅲ	Ⅰ	Ⅰ	Ⅰ	Ⅰ	Ⅳ
13	Ⅰ	Ⅰ	Ⅱ	Ⅰ	Ⅳ	Ⅱ	Ⅱ	Ⅰ	Ⅰ	Ⅰ	Ⅰ	Ⅳ
14	Ⅰ	Ⅰ	Ⅰ	Ⅰ	Ⅳ	Ⅰ	Ⅰ	Ⅰ	Ⅲ	Ⅰ	Ⅰ	Ⅲ
15	Ⅰ	Ⅰ	Ⅰ	Ⅱ	Ⅲ	Ⅰ	Ⅰ	Ⅲ	Ⅰ	Ⅰ	Ⅰ	Ⅲ
16	Ⅰ	Ⅰ	Ⅰ	Ⅰ	Ⅳ	Ⅱ	Ⅲ	Ⅰ	Ⅰ	Ⅰ	Ⅰ	Ⅳ
17	Ⅰ	Ⅰ	Ⅰ	Ⅰ	Ⅳ	Ⅰ	Ⅲ	Ⅰ	Ⅰ	Ⅰ	Ⅰ	Ⅳ
18	Ⅰ	Ⅰ	Ⅰ	Ⅰ	Ⅱ	Ⅱ	Ⅰ	Ⅰ	Ⅲ	Ⅰ	Ⅰ	Ⅲ

从单因子评价法得出结果看，没有Ⅰ类水，Ⅱ类水2组，Ⅲ类水5组，Ⅳ类水9组，Ⅴ类水2组，Ⅲ类水和Ⅳ类水为主，占总水样的83.3%。单因子评价法是以水质最差的单项指标确定水质类别，并赋予该评价因子100%的权重，可见该方法只考虑了检测指标中污染状况最严重的因子对整体评价结果的影响，弱化了其他评价因子对水质的影响。

决定水质类别的主要因子为Fe、Al、氨氮和NO_3^-，其中Fe在10组水样中作为最差单项指标决定了水质类别，且为Ⅲ类水和Ⅳ类水。Al在5组水样中作为最差单项指标决定了水质类别，最差为Ⅴ类水。氨氮在4组水样中作为最差单项指标决定了水质类别，为Ⅲ类水和Ⅳ类水。NO_3^-在4组水样中作为最差单项指标决定了水质类别，最差为Ⅴ类水。常规指标和稀有元素对地下水的质量几乎没有影响。地表溪水样品中，3号斜井左侧溪流水质好于3号斜井右侧溪流水质，10月3号斜井左侧溪流的水质在所有样品中最好为Ⅱ类，最差的Ⅴ类水为隧道洞内渗漏水。

2) F值评价法。

根据单项组分评价赋分表3-18和式（3-14）计算出各指标综合评分值 F，再根据表3-19中 F 值的范围确定水质类别。F值法评价结果见表3-20。

F值法评价结果　　　　　　　　　　　　表3-20

序号	F	评级
1	4.365	Ⅳ
2	2.216	Ⅱ
3	1.818	Ⅳ
4	4.312	Ⅳ
5	4.324	Ⅳ
6	2.145	Ⅱ
7	4.312	Ⅳ
8	7.128	Ⅳ
9	7.180	Ⅳ
10	0.532	Ⅰ
11	2.146	Ⅱ
12	2.183	Ⅱ
13	4.282	Ⅳ
14	4.266	Ⅳ
15	2.168	Ⅱ
16	0.733	Ⅰ
17	4.337	Ⅳ
18	2.183	Ⅱ

从表3-20可知，F值评价法得出Ⅰ类水2组，Ⅱ类水6组，没有Ⅲ类水，Ⅳ类水10组，没有Ⅴ类水，Ⅱ类水和Ⅳ类水为主，占总水样的88.9%。F值的评价过程不能直接看出哪类因子超标，这种方法虽然考虑了各个指标，但不能精确反映对水质分级的界限接近程度，比如Ⅳ类水的划分区间是 $4.25 \leqslant F \leqslant 7.20$，表中Ⅳ类水的F值在4.266～4.365，更接近Ⅲ类水和Ⅳ类水的限界值4.25，而远离Ⅳ类水和Ⅴ类水的限界值7.20，说明该方法也有一定的局限性。

（3）对比分析

评价水样为隧道内渗漏水和地表溪水，水化学证据表明隧道内的水和地表水有交换。经过调查，隧道进出口村庄居民有直接饮用隧区山泉水或钻井取水作为生活用水，因此，水质评价结果应整体表现良好或能满足饮用水要求。行业标准《生活饮用水水源水质标准》（CJ/T 3020—1993）指出生活饮用水水源水质分为两级，一级水源水质良好，地下水只需消毒处理，地表水经简单过滤、消毒即可供直接饮用。二级水源水质受到轻度污染，经常规处理，沉淀、过滤、消毒后达到《生活饮用水卫生标准》（GB 5749—2022）中要求即可供饮用，两级标准限值见表3-21。饮用标准与一级水源水质要求基本一致，居民饮用山泉水可能直饮或煮沸，忽略水中细菌，认为一级水源水质可直接满足饮用条件，二级不满足直接饮用标准但常规处理后满足直饮标准，符合饮用水的水质和评价结果对比见表3-21。

生活饮用水水源水质两级标准限值　　表 3-21

序号	指标（mg/L）	一级	二级	饮用标准
1	pH	—	$6.5<pH<8.5$	—
2	TDS	<1000	<1000	<1000
3	SO_4^{2-}	<250	<250	<250
4	Cl^-	<250	<250	<250
5	Fe	<0.3	<0.5	<0.3
6	Al	—	—	<0.2
7	NO_3^-	<0.5	<1.0	<0.5
8	F^-	<10	<20	<10
9	Se^-	<0.01	<0.01	<0.01
10	As	<0.05	<0.05	<0.05
11	Mn	<0.1	<0.1	<0.1
12	Cu	<0.1	<1.0	<1.0
13	Zn	<0.1	<1.0	<1.0

从表 3-21 可知，单因子评价法和 F 值评价法的评价结果较接近，有 8 组评价结果一致，相同指标实测值，F 值法评价结果相对于单因子评价结果对水质类别趋向更乐观，原因是 F 值法评价综合了各评价因子的单项类别。对比饮用水标准，有 8 组水样检测指标达到了直接饮用（一级水源水质）的要求，占总水样的 44.5%，水样来源主要为隧道二衬排水孔夏季 2 号、秋季 10、11、12 号地下水、秋季 4 号斜井边沟 15 号地下水、3 号斜井左侧夏季和秋季 6、16 号地表水以及出口端 18 号地表水。有 3 组水样达到了饮用水水源二级标准，但因含 Fe 过高不满足饮用水水源一级标准。中心排水沟中水样在夏秋两季 Al 均超标，不满足饮用水水源一级和二级标准。NH_4^+ 虽然影响了水质类别，但对不满足饮用水水源标准主要原因仍是 Fe、Al、NO_3^- 超标，Cu、Zn、Mn 等金属元素没有检测出或含量极低不影响水源水质。

因此，《地下水质量标准》推荐的单因子评价法和 F 值评价法达到Ⅲ类水以上的水源是可以作为饮用水的，Ⅲ类水以下的水源说明某项指标超标不宜作为饮用水或需要处理，评价结果显示隧区地表水和隧道内排水孔的一些地下水水质总体良好，与隧道出口端附近村民利用当地地下水资源的情况较吻合，但村民具体采集隧区泉井作为饮用水是否与本研究采样的地表水或地下水系有直接关联需要下一步研究对比见表 3-22。

生活饮用水水源水质两级标准限值　　表 3-22

样品来源	样品	单因子评价法	最差单项指标	F 值评价法	是否可饮用
二衬排水孔	1	Ⅳ	Fe、NO_3^-	Ⅳ	否（NO_3^- 超标）
	2	Ⅲ	Fe、Al、NH_4^+	Ⅱ	是
	3	Ⅳ	Fe、NH_4^+	Ⅳ	否（Fe 超标）
中心排水沟	4	Ⅳ	Al	Ⅳ	否（Al 超标）
4 号斜井边沟	5	Ⅳ	Fe	Ⅳ	否（符合二级水源）
左侧地表水	6	Ⅲ	Fe	Ⅱ	是

续表

样品来源	样品	单因子评价法	最差单项指标	F值评价法	是否可饮用
右侧地表水	7	Ⅳ	Fe	Ⅳ	否（Fe超标）
二衬排水孔	8	Ⅴ	NO_3^-	Ⅳ	否（NO_3^-超标）
	9	Ⅴ	Al	Ⅳ	否（Al超标）
	10	Ⅱ	Fe、Al、NH_4^+、NO_3^-	Ⅰ	是
	11	Ⅲ	Fe	Ⅱ	是
	12	Ⅲ	Fe、NH_4^+	Ⅱ	是
	13	Ⅳ	Fe	Ⅳ	否（符合二级水源）
中心排水沟	14	Ⅳ	Al	Ⅳ	否（Al超标）
4号斜井边沟	15	Ⅲ	Al、NO_3^-	Ⅱ	是
左侧地表水	16	Ⅱ	Fe、Al、NO_3^-	Ⅰ	是
右侧地表水	17	Ⅳ	Fe	Ⅳ	否（符合二级水源）
出口地表水	18	Ⅲ	NO_3^-	Ⅱ	是

3.4.2 隧址区地下水可利用方案探索

桐梓隧道运营期排放地下水除了用于桐梓隧道的消防水源外，还有其他可供参考利用途径。

(1) 用于线路其他桥隧冲洗水、消防水

桐梓隧道为重遵（重庆—遵义）扩容工程项目，在进口端与桥梁相连，不远处还有其他隧道，因此排放地下水可以储存，经过简单处理达标后，可通过管道用于其他桥隧的路面冲洗或者高位消防水池水源。

(2) 人工湿地景观

一般隧道进出口道路两侧会设置人工湿地，起到稳固土体、净化地下水和景观的作用。湿地由防渗层、基质层、腐质层、湿地植物、水层组成。隧道地下水排出后通过人工湿地层过滤可以达到水质净化的效果，其次，湿地种植的植物根茎可以降低水流冲击，增加水与植物接触的时间提高净化效率。

(3) 冲洗水

根据表3-22，排放地下水不宜作为车辆冲洗水，但可作为道路冲洗水，道路冲洗水对水质一般无特殊要求，只需保证管道不堵塞即可。

(4) 回灌

地下水回灌指把隧道排放的地下水再注入地下，来达到保持地下水资源平衡的目的，地下水回灌点应选择隧道周边远离人为污染区，且地层渗透性好，同时要求回灌水水质较好，无腐蚀性和悬浮物，水质和水温适宜。

(5) 消防供水。

目前隧道消防供水方案主要有常高压消防供水系统、临高压消防供水系统和稳压消防供水系统等。常高压消防供水系统是我国隧道主要消防供水方式，技术成熟已得到广泛使用。其工作原理是从消防水源将水收集至低位水池，消防水源一般来自常年性溪流、地下水、市政水等，然后将低位消防水池的水泵送至高位消防水池，高位水池一般选址在隧道进出口端山头，利用水池与消火栓系统的高度差重力流供水。临高压消防供水系统是指正常情况下供水系统不满足最不利消防点的流量和压力，在发生火灾时启动消防泵，达到最不利消防点的流量和压力要求，这种给水系统一般用于室内建筑消防系统。稳压消防供水系统在正常情况下由稳压设施保证最不利消防点的流量和压力要求，火灾情况下由压力联动装置启动给水系统中的消防泵，该系统与临高压消防供水系统的最大区别在于任何时候都满足最不利消防点的压力要求，有利于迅速遏制火灾的蔓延。由于该系统管网在任何时候都处于高压状态，因此对系统管材的要求较高。

3.4.3 隧道消防用水标准及内容

（1）隧道消防用水水质要求

根据《地下水质量标准》中对地下水分类的解释，Ⅰ类地下水化学组分含量低，适用于各种用途。Ⅱ类地下水化学组分含量较低，适用于各种用途。Ⅲ类地下水化学组分含量中等，主要适用于集中式生活饮用水水源和工农业用水。Ⅳ类地下水化学组分含量较高，以工农业用水质量要求以及一定水平的人体健康风险为依据，适用于部分工农业用水，适当处理后可作为生活饮用水。Ⅴ类地下水化学组分含量高，不宜饮用。可见，除了Ⅴ类水，其他水质类别可以满足大部分用水水质要求。

以上为规范中的定性描述。为进一步确定桐梓隧道地下水是否可以作为隧道消防水、绿化水利用，参考《城市污水再生利用 城市杂用水水质》（GB/T 18920—2020）标准中城市杂用水标准指标限值（表3-23），可知，地下水作为车辆冲洗用水部分断面铁元素超标，其他用途均满足水质要求。

城市杂用水水质标准　　　　　　　　　　表3-23

序号	项目	道路清扫、消防	绿化	车辆冲洗
1	pH	—	6.0~9.0	—
2	色度	—	<30	—
3	嗅	—	无不快感	—
4	浊度	<10	<10	<5
5	溶解性固体总量（mg/L）	<1500	<1000	<1000
6	五日生化需氧量（mg/L）	<15	<20	<10
7	氨氮（mg/L）	<15	<20	<10
8	阴离子表面活性（mg/L）	<1.0	<1.0	<0.5
9	铁（mg/L）	—	—	<0.5
10	锰（mg/L）	—	—	<0.1
11	溶解氧（mg/L）	—	>1.0	—
12	总余氧（mg/L）	—	>1.0	—
13	总大肠杆菌	—	3	—

（2）隧道消防用水水量及压力要求

特长公路隧道的消防安全问题日益严峻。但是，目前我国还没有专门针对长大隧道的消防设计规范，大多数隧道的消防设计都是参考《公路隧道设计规范 第二册 交通工程与附属设施》(JGT D70/2—2014) 和《消防给水及消火栓系统技术规范》(GB 50974—2014) 等行业标准，规范内对隧道消防的内容叙述不多，尤其是对单洞大于 3km 的特长隧道没有提出特殊的消防措施。由于规范执行力不强，仍以行业内经验设计为主，很多长大公路隧道的消防供水方式考虑不周，从而带来隧道消防安全隐患。长大越岭隧道消防给水系统相比市政隧道具有需水量大、取水难和管网复杂的特点，且 10km 以上的公路隧道由于隧道进出口高差大，如果供水方式不当，使消防管网系统承受的压力过大，将对消防管网的安全性有很大的影响，甚至可能造成管网破裂耽误消防救援。根据《公路隧道设计规范 第二册 交通工程与附属设施》(以下简称"交规")第 3.0.3 条规定，桐梓隧道交通工程等级为高速公路 A+级，附属消防设施必须配备的有灭火器、消火栓、固定式水成膜泡沫灭火装置及消防通道。隧道内消防用水量见表 3-24，按同一时刻发生一次火灾的灭火用水量确定，火灾延续时间按 6h 计，其中消火栓用水量为 20L/s，消火栓箱内固定式水成膜泡沫灭火装置用水量为 1L/s，在火灾工况下，应在隧道排风口设置水喷雾冷却装置，参照《水喷雾灭火系统技术规范》(GB 50219—2014) 中第 3.1.2 条规定，供给强度取 $9L/(min·m^2)$。桐梓隧道采用斜井-单通道组合通风，排风口净通风作用面积约 $50m^2$，水喷雾系统给水流量为 7.5L/s，综合得出隧道内消防用水最大设计流量为 28.5L/s，隧道内一次消防用水量约为 $600m^3$，参考相关规范，估算消防管网系统供水静压力应以 0.5~0.8MPa 适宜。

隧道内消防用水量　　　　　表 3-24

隧道长度 L(m)	隧道内消火栓一次灭火用水量（L/s）	同时使用水枪数量（支）	火灾延续时间（h）
500<L<1000	15	3	2
1000<L<3000	20	4	4
L>3000	20	4	6

(3) 隧道消防用水水源分析

隧道消防用水水源主要有市政自来水、隧区水库湖泊水、山区溪水、深井地下水和隧道涌水。消防水源的选取一般根据隧道周边水文地质实际条件择优选取。

1) 山区溪水。

隧道周边常年性溪水一般是隧道消防水源的第一选择，通常要求河流断面平均流量不低于 10L/s，山区溪水水质较好，但是由于在偏僻的野外，缺少水文资料和流量记录，因此在枯水期时候为防止溪水断流或水量不足，需要修建低位蓄水池，以保证水量充足。

2) 地下水。

地下水是指储存在包气带以下的水源，当隧道周边无常年性溪流时，一般开采地下水作为消防水源，取水前需钻孔试验，要求出水量不小于 4L/s，地下水水质好，水量稳定，尤其在南方喀斯特地区分布广泛，但钻孔取地下水也使费用增加。

3) 湖泊、水库水。

当隧道周边无常年性溪流和不宜开采地下水时，可以考虑湖泊和水库水作为消防水源。水量要求在枯水季流量的年保证率大于 97%，水库湖泊取水简易，但是需要通过论证，尤其在汛期，水质混浊，有污染水源的风险。

4)市政自来水及水车运水。

市政自来水及水车运水都是通过运输的方式供给隧道消防水源，这两种供水方式的优点是水质有保障，水量稳定可靠。前者适用于隧道位于城镇附近，但是隧道一般远离城镇，市政管网的压力也难以满足隧道消防水压，需要设置加压系统。后者在远离城镇且无地表和地下水水源时供水，但需专人专车运输，在突发火灾时，可能存在补水不及时耽误救援的情况。

5)隧道涌水。

以往对隧道涌水作为隧道消防水源的研究较少，隧道涌水水量不稳定，受隧道防排水控制标准和水文地质影响，一些隧道的涌水量不足以供消防水源补水要求；其次，隧道涌水在运营期与隧道冲洗水等一起排放，水质容易受到污染。因此，在使用隧道涌水作为消防水源应对水量和水质进行一段时间监测，运营期需将水量储存。

3.4.4 隧址区地下水作消防水方案

(1) 隧道消防供水系统水压力计算原理

1) 供水系统水压力计算原理。

综上所述，目前已采集的桐梓隧道地下水水质满足消防水水质要求，消防系统管网水压力宜维持在 0.5~0.8MPa。常高压消防供水系统管网水压力的计算原理如下：高位消防水池设置高度 h 应满足式 (3-18)。

$$h = H_2 + H_4 \tag{3-18}$$

式中：h——水池最低位与最不利配水点的高度差；

H_2——水池出水口至最不利配水点的总阻力损失；

H_4——最不利出水点流出水头。

即管网要求的静压力值等于动压力和水力损失之和。若使用水泵提供动力，则水泵扬程 P 应该满足式 (3-19)。

$$P = k_2 \left(\sum P_f + P_p \right) + 0.01H + P_0 \tag{3-19}$$

式中：P——消防水泵或消防给水系统所需的设计扬程或压力（MPa）；

k_2——安全系数，根据管道的复杂程度和不可预见的管道变更取值；

H——当消防水池从消防水池吸水时，H 为最低有效水位至最不利点灭火设施几何高差；

P_0——最不利点水灭火设施所需设计压力（MPa）；

P_f——管道沿程水头损失（MPa）；

P_p——管件和阀门等局部水头损失（MPa）。

由上可知，消防水池设计高程或水泵扬程是由水力损失、最不利点和管网工作出水压力共同决定的。由于环状管网相比枝状管网更加安全可靠，当一段管道发生故障时止水范围小，因此隧道左右线消防系统通过人行横洞相连成环，对于连接成环的复杂消防管网而言，这种依靠经验手算简单求和的方法往往不够准确，不仅给消防供水方式的设计带来局限性，而且导致给水系统设计过于保守，造成较大的浪费。

2) EPANET 计算参数取值。

EPANET 软件在水力计算上有诸多优点，因此隧道消防供水管网水压力也采用 EPANET 模型来计算。最不利点为隧道出口端洞口，只要满足该点的出水压力要求，其他任何一点均可满足。在本书中水压力计算参数取值说明见表3-25。

参数取值说明 表3-25

参数	取值依据
标高	隧道设计高程
粗糙系数	EPANET用户手册（无缝钢管 $\phi140$）
节点需水量	消防用水流量、冷却喷雾流量
消防干管	经验值（DN200）
连通管	经验值（DN150）
减压阀口径	与干管管径一致（DN200）
水泵扬程	满足最小工作压力（0.5MPa）
水泵流量	系统总流量

（2）桐梓隧道消防供水常规方案

1）传统高位消防水池全段供水。

传统的供水方式为常高压消防系统重力流供水，即在洞外设置一座600m³的高位消防水池连接隧道消火栓系统，向隧道全段供水。利用EPANET软件建立隧道消防供水模型，洞外高位消防水池全段供水的EPANET模型共设86个节点，在第31、48号节点对水压力进行验算，共107根管段，其中通过人行横通道将隧道左右线消防干管连通，输入干管管道管径200mm，连通管管径150mm，粗糙系数140，节点标高输入对应所在位置隧道设计高程，洞外高位消防水池标高为1129m，用DN200干管连接至洞口消防栓系统。静水压力计算结果如图3-27所示，静水压力分布统计见表3-26。

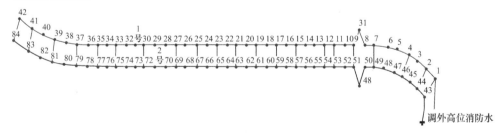

图3-27 全段供水消防管网静压力分布

全段供水消防管网静压力分布统计 表3-26

压力值（mH₂O）	节点数
<50	0
50～80	16
80～110	18
110～140	10
140～170	12
170～200	16
>200	14

续表

压力值（mH₂O）	节点数
总计	86
最大压力值（mH₂O）	233.10

可见，洞外高位消防水池全段供水只有 16 个节点在 0.5～0.8MPa 符合要求，最大静水压力 2.33MPa，较参考最大安全静水压力 0.8MPa 增加了 1.53MPa，高于一般管材承压极限，管网系统水压力过大不安全，需要设置大量的减压阀。

2）桐梓隧道洞外高位消防水池与洞内消防水池分区供水。

对于特长山岭公路隧道，由于传统消防供水方式管网压力太大，存在安全隐患，桐梓隧道消防供水方案拟采用洞口高位消防水池与洞内水池相结合的分区供水方式，利用分区实现减压的目的。桐梓隧道在桩号 YK42+655（ZK42+655）处预留了一处消防横通道。预留洞内消防水池设计的容积约为 1325.8m³，洞内消防水池标高为 1037m，在规定的 48h 内补满水需要流量 7.67L/s，隧道出口端洞口设高位水池容积为 500m³，水池标高为 1129m，两座水池共同向隧道消防系统供水。若两个消防水池都利用重力流供水，建立 EPANET 两区供水模型，对消防横洞和洞外高位水池分区供水进行水力计算。通过计算，分区供水区间长度及供水方式示意图如图 3-28 所示，消防横洞的位置不变，重力供水分区长度依据是两个消防水池依靠重力恰好满足 0.5MPa 供水压力，消防管网静水压力计算结果如图 3-29 所示，静水压力分布统计见表 3-27。

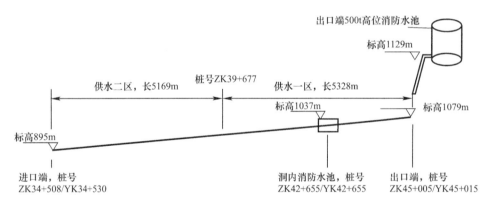

图 3-28　分两区供水示意图

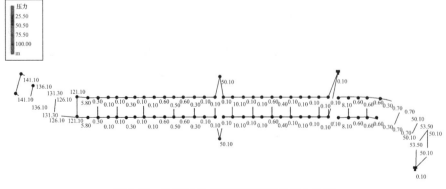

图 3-29　分两区供水消防管网静水压力分布

分两区供水消防管网静压力分布统计	表 3-27
压力值（mH₂O）	节点数
<50	24
50～80	30
80～110	18
110～140	12
140～170	2
总计	86
最大压力值（mH₂O）	141.10

从压力分布图表可知，洞内消防水池在左洞 56（ZK39+677）、右洞 71（YK39+712）号节点静水压力恰为 0.5MPa，在此节点至进口端洞口长 5169m，可以依靠洞内消防横洞重力供水，即供水二区。压力不够的区间由洞外高位消防水池供水，长 5328m，即供水一区。分两区供水有 30 个节点在 0.5～0.8MPa 之间符合压力要求，有 24 个节点压力未达到 0.5MPa，这部分节点未达到压力要求的原因是洞内消防横洞与消火栓系统的高差不够，有 32 个节点压力超过 0.8MPa，最大静水压力之和为 1.41MPa，较传统供水方式最大静水压力减小 39.5%，从计算结果看，一区和二区仍需添加减压阀使整个供水系统静水压力维持在 0.5～0.8MPa，但与全段供水相比可以减少减压阀的设置，且两个供水区域独立工作，供水范围均匀适当，实现了分区减压的目的。现对供水一区模拟添加减压阀 PRVDN200，共设置 4 个，一区重力供水静水压力分布如图 3-30 所示。由计算结果知，添加减压阀后洞外高位消防水池一区供水均维持在 0.5～0.8MPa，符合压力要求。

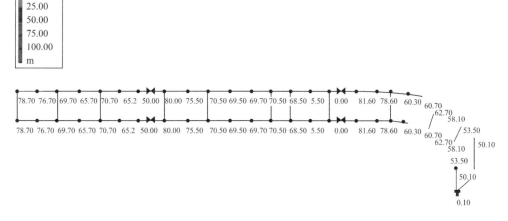

图 3-30 洞外一区供水消防管网静水压力分布

(3) 桐梓隧道消防供水优化方案

根据以上分析，桐梓隧道采用洞内消防横洞与洞外高位消防水池分两区供水的方案相比，传统洞外高位消防水池全段供水优势明显，静水压力大大降低，管网系统更安全。但洞内消防水池的水源不是隧道渗漏的地下水，出口端洞外高位消防水池水源为深井开采隧区地下水，后泵送至高位消防水池。优化方案拟在既有方案基础上增加进口端高位消防水池，水池容量 500t，在隧道进口端出口开挖蓄水池，将隧道排放的地下水收集后经过三级沉淀调节池后抽至进口端高位水池，利用隧道运营期渗漏地下水代替深井取水，进口端、出口端高位消防水池和洞内消防水池分三区向消火栓管网系统供水，如图3-31所示。采用EPANET软件建立三区供水模型，计算得到消防管网系统静水压力值如图3-32所示，压力分布统计见表3-28。

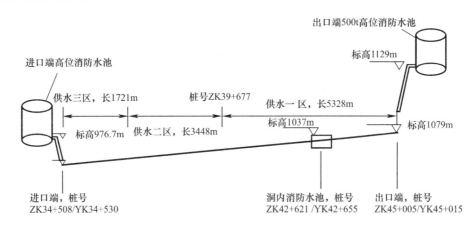

图3-31　三区供水消防管网静水压力分布

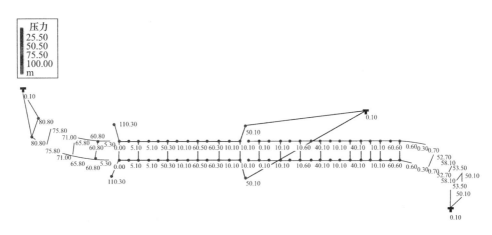

图3-32　三区供水静水压力分布

分三区供水消防管网静压力分布统计　　　　　　　　　　　　　　　表3-28

压力值（mH₂O）	节点数
<50	2
50～80	40
80～110	32
110～140	12
总计	86
最大压力值（mH₂O）	141.10

由计算结果可知，优化供水方案后压力范围在0.5～0.8MPa之间有40个节点，相比传统洞外高位消防水池供水方案增加16个节点，相比原方案分两区供水增加了10个节点，可以减少设置部分减压阀。假设隧道发生一次火灾，即在每段分区范围内节点输入需

水量模拟救火时消火栓的出水量21L/s,在斜井出口输入水喷雾冷却系统的需水量7.5L/s。管网动水压力如图3-33所示,压力分布统计见表3-29。

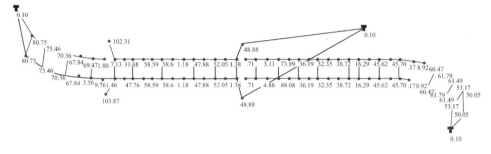

图3-33 三区供水动水压力分布

分三区供水消防管网动压力分布统计　　　表3-29

压力值（mH₂O）	节点数
<50	6
50~80	38
80~110	34
110~140	10
总计	88
最大压力值（mH₂O）	134.88

根据动水压力计算结果,压力在0.5~0.8MPa之间有38个节点,小于等于0.5MPa的节点有6个,这是由于火灾工况下水头损失造成压力降低,但是满足供水压力要求。进口端高位消防水池重力供水区间长1721m,此时消防最不利点在第36、78号节点,进口处压力最大为0.808MPa,向洞内依次减小,36、78号节点最小为0.5MPa,只要满足36、78号节点水压力要求整个管网可以正常工作,由此反算进口端高位消防水池标高应为976.7m,距隧道进口高差80.7m,当现场高差不满足时,供水系统可改为临高消防给水。出口端高位消防水池和消防横洞设置不变。通过数值模拟,洞内消防横洞供水区间长$L=3448$m,在该区间需要添加一处减压阀,出口端高位消防水池供水区间长$L=5382$m,在该区间重力供水并需增设两处减压阀,通过这种先收集再供水的方式,运营期隧道洞内地下水资源得以利用。

3.5 小结

桐梓隧道是喀斯特地区典型特长公路隧道,隧道开挖后涌水量大,对地下水影响范围广。本书研究了桐梓隧道地下水防排对生态环境的影响和反坡排水技术,对地下水的利用进行了讨论。主要结论如下:

(1) 通过用大气降雨入渗法、地下水径流模数法和半理论半经验法预测了隧道涌水量，三种方法中地下水径流模数法计算得到隧道最大涌水量最小值为 187069m^3/d，大气降雨入渗法得到隧道最大涌水量最大值为 194592m^3/d。防水体系包括初期支护、防水层和二次衬砌。排水系统主要由环向排水盲沟、墙背排水盲管、横向导水管、路侧暗沟及中心排水沟组成。

(2) 通过 EPANET 软件建立了两种隧道反坡排水模型，仿真分析结果表明，控制设备选型的要点在于末端节点动水压力大于 0MPa 和管道实际流速在 0.8～2.5m/s，而经验公式估算扬程及忽略局部水头损失会使结果产生较大误差，从经济和节能上看不合理。

(3) 建立了桐梓隧道排水环境负效应评价指标体系，引入煤系地层指标和地下水限排量指标。构建了单指标属性测度函数和多指标属性测度函数，采用置信度准则对属性结果进行了识别，预测桐梓隧道对地下水环境的影响为中等或中等偏强。

(4) 水化学成分检测分析结果表明，隧区地下水呈弱碱性，夏季（7月）的地下水化学类型以 HCO_3^- Ca Mg 型水和 HCO_3^- SO_4^{2-} Mg 型水为主，秋季（10月）地下水化学类型以 HCO_3^- SO_4^{2-} Ca Na 型水和 HCO_3^- SO_4^{2-} Ca 型水为主。水中优势阴离子为 HCO_3^-，优势阳离子随季节变化由 Mg^{2+} 向 Ca^{2+} 转变。隧道排水加速了岩石风化溶滤作用，HCO_3^-、Ca^{2+}、Mg^{2+} 主要来自碳酸盐岩溶解，SO_4^{2-} 主要来源于石膏，硅酸盐岩对 K^+、Na^+ 有重要贡献。

(5) 规范推荐的地下水质量单因子评价法和 F 值评价法结果相似，但单因子评价法更保守，以最差污染指标确定整体水质，因此存在Ⅴ类水。F 值评价结果更乐观，存在Ⅰ类水。达到 F 值法的Ⅱ类水标准即符合直接饮用条件。Fe、Al 以及 NO_3^- 是地下水中主要污染超标物。

(6) 分析了地下水利用途径和隧道消防水水源，地下水水质符合消防水水源标准，目前现场时测流量达到消防补水要求。通过 EPANET 软件对消防供水管网进行平差分析，采用进出口高位消防水池和洞内横洞消防水池分三区供水，相比于传统高位消防水池全段供水的方式可以有效降低管网水压力，且运营期地下水得以利用。

第4章 大跨隧道平立面交叉施工控制关键技术

4.1 拟解决关键问题及重难点分析

4.1.1 拟解决的关键问题

(1) 研究斜井与主洞交叉口及联络通道三维受力状态，指导隧道支护，优化支护参数，实现动态施工、动态设计，确保交叉口施工安全。

(2) 根据大跨隧道空间交叉口施工受力分析和支护方案，科学组织施工工序，保证交叉口施工安全，提高交叉口施工工效。

(3) 开展瓦斯隧道爆破围岩松动圈测定和爆破振速检测，对隧道控制爆破技术进行分析、评价和优化，降低爆破对交叉口扰动，稳定围岩，确保施工安全。

4.1.2 重难点分析

(1) 3号斜井与正洞交叉口共5处，断面变化频繁，施工工艺工法调整频繁，施工工序调整频繁，施工难度大。

(2) 3号斜井3号交叉口排风道与正洞交叉存在挑顶进正洞施工，挑顶跨度大、高度高、长度大等特点，技术难度大，施工风险高，是3号斜井与正洞交叉口施工的难点。

(3) 3号斜井排烟通道上跨正洞右线，净距仅6m，正洞优先通过，排烟道后期施工，降低排烟道开挖时对正洞的扰动、振动是施工的重点。

(4) 排烟道、送风道、排风道与正洞交叉衔接部位衬砌施工是交叉口施工的难点。

(5) 桐梓隧道属高瓦斯隧道，各风道断面变化频繁，断面面积相对较小，施工期间的瓦斯监测、施工通风是交叉口施工的重难点。

4.2 平立面交叉洞室施工力学理论研究

目前关于隧道围岩力学特性解析求解的研究也越来越多，部分学者也利用复变函数来解决围岩应力位移的计算。陈子荫等利用Schwarz交替法阐述了求解无限平面双孔问题；张路青等在此基础上讨论了迭代两次比迭代一次的求解精度有大幅提高，在这之后又将迭代进行了20次，并将计算结果与有限元法进行比较，发现即使对于两个距离很近的孔洞，计算精度也已经足够；晏莉等结合级数逼近附加面力的方法也采用了多次迭代求解半无限平面平行隧道的问题。本研究根据已有研究者的成果，采用迭代两次作为最终解答。

(1) Schwarz交替法原理

Schwarz交替法为计算平面双孔应力和位移提供了比较好的路径，该方法的原理是先假设平面只有一个孔洞，此时利用已有的应力计算表达式求出该条件下的复变函数 $\phi(z)$ 和 $\psi(z)$，或者利用柯西积分法求出该复变函数；然后求出另一个孔洞洞周的应力，并在该洞周施加反面力（本书也称为附加面力），再求出对应于反面力的复变函数，此时两个孔洞已经实现了开挖，但考虑开挖第二个孔洞对第一个孔洞的影响，可以求出在第一个孔洞洞周附近的应力，再得到对应的复变函数，并一直这样迭代下去，直到求解达到了一定精度后，将所求得的复变函数相加，就可得到两个孔洞均存在的精确解答。

本研究将交叉洞室处理为平面上有一个圆形和一个椭圆形孔洞的计算模型，但根据柯西积分法求解复变函数时，只能对圆形孔洞进行计算，故需要将椭圆形孔洞映射为圆形。然而，映射后对迭代计算过程将会很难进行，故本研究考虑了等代圆法，将椭圆转换为等代圆。

（2）等代圆法

隧道断面常有圆形、拱墙式、拱形直墙式等，地下工程中因为地质条件的原因会出现溶洞、空洞、断层等非常不规则的形状，研究人员在探索其周围应力分布时常用映射函数的方法将其映射为单位圆进行计算，但过程较为烦琐和复杂，李世辉将等代圆法应用于隧道中，并给出了常见隧道断面的等代圆转换方法，利用了等效原理使得该类问题简单化。吴张中等基于复变函数理论和等代圆法，研究超大断面隧道侧向扩挖施工过程中的围岩变形和应力变化，确定了围岩的变形特征以及一次扩挖的宽度；彭念结合现场实测和等代圆法，基于共形映射推导出以锚杆轴力表达围岩塑性区半径的函数，在弹塑性均质围岩的条件下，求出了隧道扩建时围岩的塑性区半径和松动区半径，分析了围岩的变形特征；杨宾等利用等代圆法、Schwarz 交替法，推导出扩建隧道单侧扩挖时围岩应力的解析解，得到了扩建隧道围岩位移的变化规律。张盼凤等基于等代圆法理论，探索了非圆形洞室地层特征曲线的构建方法，并结合数值分析得到最佳的近似解析形式。

对已有研究资料分析可知，在对地下洞室的围岩稳定性进行分析时，用等代圆法对地下洞室的断面形式进行处理是可行的，故本书以该方法对所研究洞室的断面进行处理（图 4-1）。

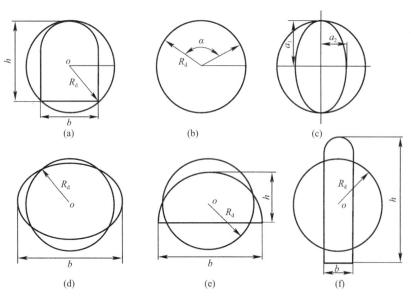

图 4-1 不同断面等代圆半径计算简图

当洞室断面为曲墙式和直墙式等非圆形断面时,采用弹性力学中复变函数理论计算其围岩应力和位移,但复变函数方法计算过程较复杂,相比之下,计算圆形洞室断面围岩应力较为方便。等代圆法的出现实现了非圆形断面围岩应力的简化计算,该方法在保证计算精度前提下减少了计算步骤。等代圆半径 R_d 的确定方法通常有以下四种:

当高跨比(h/b)为 0.8~1.25 时,等代圆半径为:

1)取外接圆的半径,如图 4-1(a) 所示。

$$R_d = \frac{\sqrt{h^2 + (b/2)^2}}{2\cos\left|\tan^{-1}\frac{b}{2h}\right|} \tag{4-1}$$

2)取圆拱半径,如图 4-1(b) 所示。

$$R_d = \frac{b}{2\sin(\alpha/2)} \tag{4-2}$$

3)取大小半径之和,如图 4-1(c) 所示。

$$R_d = \frac{a_1 + a_2}{2} \tag{4-3}$$

对于大跨度及高边墙的洞室:

4)取跨度与高度和的四分之一,如图 4-1(d)~图 4-1(f) 所示。

$$R_d = \frac{h+b}{4} \tag{4-4}$$

式中:h——断面高度;

b——断面跨度。

(3)理论模型的建立

将椭圆形处理为圆形后,利用复变函数和交替法求解平面双孔问题。在理想弹性体条件下,无限平面单孔隧道的复变函数为:

$$\varphi_1^{(1)}(z) = \frac{pz}{2} \tag{4-5}$$

$$\psi_1^{(1)}(z) = -\frac{pa^2}{z} \tag{4-6}$$

将坐标转换后复变函数变为:

$$\varphi_{(1)}^{(1)}(z) = \frac{pz_1}{2} \tag{4-7}$$

$$\psi_{(1)}^{(1)}(z) = -\frac{pa^2}{z_1 + c} \tag{4-8}$$

在洞 2 施加反向面力后对应的复变函数为:

$$\varphi_{(1)}^{(2)}(z) = \frac{pr_1^2 z_1}{cz_1 + r_2^2} - \frac{pr_1^2}{c} \tag{4-9}$$

$$\psi_{(1)}^{(2)}(z) = -\frac{pr_2^2}{z_1} - \frac{\rho^2}{z_1}\frac{pr_1^2 r_2^2}{(cz_1 + r_2^2)^2} \tag{4-10}$$

$$z\bar{z} = \rho^2 \tag{4-11}$$

再假设洞 1 未开挖,转换坐标后在洞 1 洞周处施加反向面力,反向面力对应的复变函数为：

$$\varphi_1^{(3)}(z) = -\frac{pr_1^2 r_2^2 z^3}{[r_1^2 c + (r_2^2 - c^2)z]^2} \tag{4-12}$$

$$\psi_1^{(3)}(z) = -\frac{pr_1^4 r_2^2}{(cz + r_2^2 - c^2)z} + \frac{2pr_1^2 r_2^2 z^3 \bar{z}(r_2^2 - c^2)}{[r_1^2 c + (r_2^2 - c^2)z]^3} + \frac{3pr_1^2 r_2^2 z^2 \bar{z}}{[r_1^2 c + (r_2^2 - c^2)z]^2} \tag{4-13}$$

此时两个孔洞都实现了开挖，接下来重复以上步骤，第二次迭代完成后在洞 1 坐标下的复变函数为：

$$\begin{aligned}
\varphi_1(z) =& \frac{p_a}{4}z + \frac{p_b r_1^2}{2z} + \frac{p_b r_2^2}{2(z-c)} + \frac{p_a r_1^2(z-c)}{2A} \\
& - \frac{p_a r_1^2}{2c} - \frac{p_b r_1^4(z-c)^3}{2A^3} + \frac{p_b r_1^4}{2c^3} + \frac{p_b c r_1^2(z-c)^2}{2A^2} \\
& - \frac{p_b r_1^2}{2c} - \frac{p_a r_1^2(z-c)}{2A} + \frac{p_a r_1^2}{2c} + \frac{p_b r_1^4(z-c)^3}{2A^3} \\
& - \frac{p_b r_1^4}{2c^3} - \frac{p_b c r_1^2(z-c)^2}{2A^2} + \frac{p_b r_1^2}{2c} - \frac{r_1^4 r_2^2 c p_b z^3}{B^3} \\
& + \frac{r_1^4 r_2^2 c p_b}{r_2^2 - c} - \frac{r_2^2 \rho^2 p_b z^2}{2C^2} + \frac{r_2^2 \rho^2 p_b z^2}{2c^2} + \frac{r_1^2 r_2^2 \rho^2 p_a}{2B^2 C} \\
& + \frac{r_1^2 r_2^2 \rho^2 p_a}{2c(r_2^2-c)^2} + \frac{r_1^2 r_2^2 c \rho^2 p_b z^3}{B^3} - \frac{r_1^2 r_2^2 c \rho^2 p_b}{(r_2^2-c^2)^3} \\
& + \frac{r_2^2 p_a z}{2C} + \frac{r_2^2 p_a}{2c} - \frac{r_1^2 c p_b z}{2B} + \frac{r_1^2 c p_b}{2(r_2^2-c^2)} \\
& - \frac{r_2^2 c p_b z}{2C} - \frac{r_2^2 p_b}{2} + \frac{r_2^2 r_1^2 c p_a z^2}{2B^2} - \frac{r_1^2 r_2^2 c p_a}{2(r_2^2-c^2)^2}
\end{aligned} \tag{4-14}$$

$$\begin{aligned}
\varphi_1^z(z) =& \frac{p_a r_1^2(z-c)}{2A} + \frac{p_a r_1^2}{2c} + \frac{p_b r_1^4(z-c)^3}{2A^3} \\
& - \frac{p_b r_1^4}{2c^3} - \frac{p_b c r_1^2(z-c)^2}{2A^2} + \frac{p_b r_1^2}{2c} - \frac{r_1^4 r_2^2 c p_b z^3}{B^3} + \\
& \frac{r_1^4 r_2^2 c p_b}{r_2^2 - c} - \frac{r_2^2 \rho^2 p_b z^2}{2C^2} + \frac{r_2^2 \rho^2 p_b z^2}{2c^2} \\
& + \frac{r_2^2 r_1^2 \rho^2 p_a}{2B^2 C} + \frac{r_1^2 r_2^2 \rho^2 p_a}{2c(r_2^2-c)^2} + \frac{r_1^2 r_2^2 c \rho^2 p_b z^3}{B^3} \\
& - \frac{r_1^2 r_2^2 c \rho^2 p_b}{(r_2^2-c^2)^3} + \frac{r_2^2 p_a z}{2C} + \frac{r_2^2 p_a}{2c} - \frac{r_1^2 c p_b z}{2B} + \\
& \frac{r_1^2 c p_b}{2(r_2^2-c^2)} - \frac{r_2^2 c p_b z}{2C} - \frac{r_2^2 p_b}{2} + \frac{r_2^2 r_1^2 c p_a z^2}{2B^2} - \frac{r_1^2 r_2^2 c p_a}{2(r_2^2-c^2)^2}
\end{aligned} \tag{4-15}$$

$$\begin{aligned}
\psi_1(z) =& -\frac{p_b z}{2} - \frac{p_a r_1^2}{2z} + \frac{p_b r_1^4}{2z^3} - \frac{\rho^2}{z-c} \\
& \left[-\frac{r_2^2 p_b}{2(z-c)} + \frac{r_1^2 r_2^2 p_a}{2A^2} - \frac{3r_1^4 r_2^2 p_b(z-c)^2}{2A^4} + \frac{r_1^2 r_2^2 c p_b(z-c)}{A^3} \right]
\end{aligned}$$

$$-\frac{r_2^2 p_a}{2(z-c)} - \frac{r_1^2 p_b(z-c)}{2A} + \frac{r_1^2 p_b}{2c} - c$$

$$\left[-\frac{r_2^2 p_b}{2(z-c)} + \frac{r_1^2 r_2^2 p_a}{2A^2} - \frac{3r_1^4 r_2^2 p_b(z-c)^2}{2A^4} + \frac{r_1^2 r_2^2 c p_b(z-c)}{A^3} \right]$$

$$-\frac{3r_1^2 r_2^4 p_b}{c^3 B} + \frac{r_1^2 r_2^6 p_b z^2}{c^3 B^2} - \frac{r_2^2 p_b z}{C} + \frac{r_1^2 C p_a}{B} + \frac{r_1^4 C^3 p_b}{B^3} - \frac{r_1^2 C^2 c p_b}{B^2} - \frac{\rho^2}{z} \varphi_1'(z) +$$

$$\frac{r_1^2}{z} \left[\frac{r_2^2 p_b}{2(z-c)^2} - \frac{r_1^2 r_2^2 p_a}{2A^2} + \frac{3r_1^4 r_2^2 (z-c)^2 p_b}{2A^4} - \frac{r_1^2 r_2^2 c(z-c)^2 p_b}{B^3} \right] \tag{4-16}$$

利用复变函数与应力的关系就可求得双孔隧道洞周附近的应力和位移，两者关系表达式为：

$$\sigma_\rho + \sigma_\theta = 4Re[\varphi_1'(z)] \tag{4-17}$$

$$\sigma_\theta - \sigma_\rho + 2i\tau_{\rho\theta} = 2e^{2i\theta}[\bar{z}\varphi_1''(z) + \psi_1(z)] \tag{4-18}$$

$$2G(u+iv) = k\varphi(z) - z\overline{\varphi'(z)} - \overline{\psi(z)} \tag{4-19}$$

式中：$\varphi_1^{(1)}(z)$，$\psi_1^{(1)}(z)$ 为洞 1 坐标下的开挖洞 1 后复变函数；$\varphi_{(1)}^{(1)}(z)$，$\psi_{(1)}^{(1)}(z)$ 为将洞 1 坐标下转换到洞 2 坐标系下的复变函数形式；$\varphi_{(1)}^{(2)}(z)$，$\psi_{(1)}^{(2)}(z)$ 为在洞 2 坐标系下施加洞 2 洞周的反向面力（即开挖洞 2）的复变函数；$\varphi_1^{(3)}(z)$，$\psi_1^{(3)}(z)$ 为洞 1 坐标下在洞 1 洞周施加反向面力后的复变函数；$\varphi_1(z)$，$\psi_1(z)$ 是作为最终解答的复变函数；p 为原岩应力；z 为复数坐标，$z = x + y_i$；$\bar{z}$ 为 z 的共轭复数，$\bar{z} = x - y_i$；c 为两孔洞圆心的距离；r_1，r_2 分别为洞 1，洞 2 的半径；$p_a = p_1 + p_2$，$p_b = p_2 - p_1$，当 $\lambda = 1$，垂直应力和水平应力相等，$p_a = 2p$，$p_b = 0$；$A = r_2^2 - c^2 + zc$，$B = (r_2^2 - c^2)z + r_1^2$，$C = r_1^2 - zc$。

4.3 立面交叉洞室开挖扰动影响数值分析

4.3.1 有限元的基本方程与边界条件

应力张量 σ_{ij} 和应变张量 ε_{ij} 在直角坐标系 x_1，x_2，x_3 中均是对称的二阶张量，所以有 $\sigma_{ij} = \sigma_{ji}$ 和 $\varepsilon_{ij} = \varepsilon_{ji}$。而位移张量 u_i 体积张量 $\bar{f}_i$ 和面积力张量 $\bar{T}_i$ 均是一阶张量。下面分别给出有限元法的基本方程与边界条件的张量形式及其展开式。

（1）平衡方程

$$n = \frac{p_p}{p_s} = 0 \tag{4-20}$$

$$\sigma_{ij,j} + \bar{f}_s = 0 \tag{4-21}$$

式中下标"i、j"表示对独立坐标 x_j 求偏导。其展开形式为：

$$\begin{cases} \dfrac{\partial \sigma_{11}}{\partial x_1} + \dfrac{\partial \sigma_{12}}{\partial x_2} + \dfrac{\partial \sigma_{13}}{\partial x_3} + \bar{f}_1 = 0 \\[2mm] \dfrac{\partial \sigma_{21}}{\partial x_1} + \dfrac{\partial \sigma_{22}}{\partial x_2} + \dfrac{\partial \sigma_{23}}{\partial x_3} + \bar{f}_2 = 0 \\[2mm] \dfrac{\partial \sigma_{31}}{\partial x_1} + \dfrac{\partial \sigma_{32}}{\partial x_2} + \dfrac{\partial \sigma_{33}}{\partial x_3} + \bar{f}_3 = 0 \end{cases} \tag{4-22}$$

当 x_1、x_2、x_3 为笛卡儿坐标，则有：

$$\sigma_{11} = \sigma_x; \sigma_{22} = \sigma_y; \sigma_{33} = \sigma_z$$
$$\sigma_{12} = \sigma_{21} = \tau_{xy}; \sigma_{23} = \sigma_{32} = \tau_{yz}; \sigma_{13} = \sigma_{31} = \tau_{xz} \tag{4-23}$$

（2）几何方程

$$\varepsilon_{ij} = \frac{1}{2}(u_{ij} + u_{ji}) \tag{4-24}$$

其展开式为：

$$\begin{cases} \varepsilon_{11} = \dfrac{\partial u_1}{\partial x_1} \\ \varepsilon_{22} = \dfrac{\partial u_2}{\partial x_2} \\ \varepsilon_{33} = \dfrac{\partial u_3}{\partial x_3} \\ \varepsilon_{12} = \dfrac{1}{2}\left(\dfrac{\partial u_1}{\partial x_2} + \dfrac{\partial u_2}{\partial x_1}\right) = \varepsilon_{21} \\ \varepsilon_{23} = \dfrac{1}{2}\left(\dfrac{\partial u_2}{\partial x_3} + \dfrac{\partial u_3}{\partial x_2}\right) = \varepsilon_{32} \\ \varepsilon_{13} = \dfrac{1}{2}\left(\dfrac{\partial u_1}{\partial x_3} + \dfrac{\partial u_3}{\partial x_1}\right) = \varepsilon_{31} \end{cases} \tag{4-25}$$

当 x_1、x_2、x_3 为笛卡儿坐标，则有：

$$\varepsilon_{11} = \varepsilon_x; \varepsilon_{22} = \varepsilon_y; \varepsilon_{33} = \varepsilon_z$$
$$\varepsilon_{12} = \frac{1}{2}\gamma_{xy}; \varepsilon_{23} = \frac{1}{2}\gamma_{yz}; \varepsilon_{31} = \frac{1}{2}\gamma_{xz} \tag{4-26}$$

（3）物理方程

从广义胡克定律出发，每个应力应变分量都是相对应的成比例。用张量符号可以将其表示为：

$$\sigma_{ij} = D_{ijkl}\varepsilon_{kl} \tag{4-27}$$

共有 81 个比例常数是四阶张量，D_{ijkl} 由于应力张量和应变张量均是对称的，所以 D_{ijkl} 的前两个指标和后两个指标也均是对称的，即：

$$D_{ijkl} = D_{jikl}; D_{ijkl} = D_{jikl} \tag{4-28}$$

由上面所提到的对称性可知，对于每个方向的弹性性质都不一样的普通线弹性体，在所有比例常数中，有 21 个是独立的。对于各向同性的线弹性材料，只有 Lame constant G 和 λ 或者弹性模量 E 和泊松比 ν 两个独立的弹性常数，则比例张量可以化简成

$$D_{ijkl} = 2G\delta_{ik}\delta_{jl} + \lambda\delta_{ik}\delta_{jl} \tag{4-29}$$

此时广义胡克定律可用式（4-30）表示：

$$\sigma_{ij} = 2G\varepsilon_{ij} + \lambda\delta_{ij}\varepsilon_{kk} \tag{4-30}$$

其中

$$\varepsilon_{ij} = \begin{cases} 0 & \text{当 } i = j \\ 1 & \text{当 } i \neq j \end{cases} \tag{4-31}$$

此时胡克定律的展开式为：

$$\begin{cases} \sigma_{11} = 2G\varepsilon_{11} + \lambda(\varepsilon_{11} + \varepsilon_{22} + \varepsilon_{33}) \\ \sigma_{22} = 2G\varepsilon_{22} + \lambda(\varepsilon_{11} + \varepsilon_{22} + \varepsilon_{33}) \\ \sigma_{33} = 2G\varepsilon_{33} + \lambda(\varepsilon_{11} + \varepsilon_{22} + \varepsilon_{33}) \\ \sigma_{12} = 2G\varepsilon_{12} \\ \sigma_{23} = 2G\varepsilon_{23} \\ \sigma_{31} = 2G\varepsilon_{31} \end{cases} \quad (4-32)$$

(4) 力的边界条件

$$T_i = \overline{T}_i \quad (4-33)$$

其中

$$T_i = \sigma_{ij} n_j \quad (4-34)$$

(5) 位移边界条件

$$u_i = \bar{u}_i \quad (4-35)$$

(6) 单位体积应变能

$$U(\varepsilon_{mn}) = \frac{1}{2} D_{ijkl} \varepsilon_{ij} \varepsilon_{kl} \quad (4-36)$$

4.3.2 模拟流程及数值模型构建

(1) 模型建立

模型尺寸根据行业标准《公路隧道设计细则》(JTG/T D70—2010) 及相关研究成果结合实际工程确定。

有限元模型长、宽、高分别为 115m×200m×80m，模型包含 116588 个节点，550591 个单元，如图 4-2 所示。

(2) 地层参数

交叉施工段整体处于泥岩夹泥灰岩地段，围岩等级为Ⅳ级，土层参数按地勘报告选取，见表 4-1。

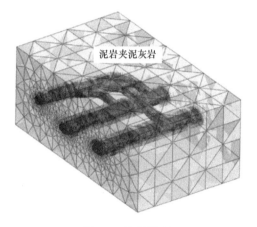

图 4-2 整体模型

地层参数表 表 4-1

岩土名称	$\gamma(kN/m^3)$	E(MPa)	c(kPa)	$\varphi(°)$
泥岩夹泥灰岩	22	3200	200	55

(3) 初支及锚杆参数

联络风道、交叉口及主洞初支共五种支护形式。初支及锚杆参数见表 4-2。

地层参数表 表 4-2

支护参数	$\gamma(kN/m^3)$	E(MPa)
I14 120	26	29800
I18 80	26	31300
I14 100	26	30200

续表

支护参数	$\gamma(kN/m^3)$	$E(MPa)$
I12.6 120	26	30000
I18 80	26	33400
锚杆	78.5	210000

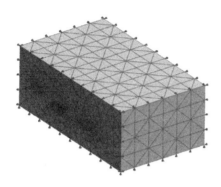

（4）边界条件

由《公路隧道设计细则》（JTG/T D70—2010）第9.2.2条规定，有限元模型边界条件（图4-3）如下：

1）X方向边界均加以X方向的约束；
2）Y方向边界均加以Y方向的约束；
3）岩层底边界面加以Z方向的约束；
4）岩层顶面为自由面。

图4-3 边界条件示意图

4.3.3 大跨隧道空间交叉口施工总方案

3号斜井井底设有送风风道、排风风道、排烟通道，通过斜井洞室与外界连通，确保正洞新鲜空气的送入和污浊空气的排出，同时确保隧道火灾工况下的浓烟排出和高温的导出。

送风风道、排风风道、排烟通道共5个交叉口与正洞左洞、右洞边墙部位或拱部相连，同时，进口端正洞施工还需经3号斜井开辟新工作面施工。设计图为3号斜井3号排风通道进入正洞右线开辟工作面。因此，交叉口整体的施工先后顺序原则应是：优先确保3号斜井进正洞施工，其他交叉口在不干扰经3号交叉口进正洞施工的条件下择时施工。

各交叉口施工的先后顺序如图4-4所示。

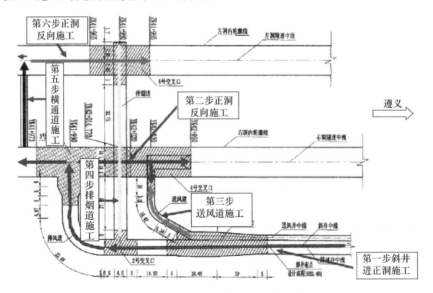

图4-4 各交叉口总体施工顺序示意图

4.3.4 桐梓隧道1号交叉口开挖方法数值模拟

1号交叉口施工过程中交叉口处应力分析如图4-5、图4-6所示。

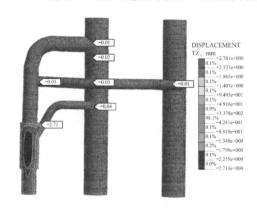 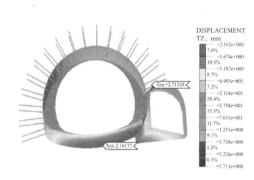

图4-5　1号交叉口施工初支竖向位移云图　　图4-6　1号交叉口施工初支竖向位移细部云图

由图4-5、图4-6可知，1号交叉口完成后，1号交叉口处初支拱顶最大竖向位移值为2.71mm，设计允许沉降值为1/3×120mm=40mm（120mm为设计预留变形量），满足要求（图4-7、图4-8）。

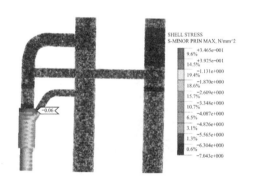 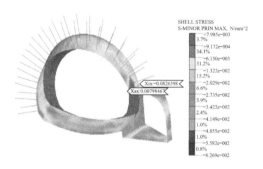

图4-7　1号交叉口施工初支应力云图　　图4-8　1号交叉口施工初支应力细部云图

1号交叉口完成后，1号交叉口处初支最大压应力（负应力）为0.07MPa，C25混凝土极限抗压强度为19MPa，初支强度满足要求（图4-9）。

4.3.5 桐梓隧道2号交叉口开挖方法数值模拟

（1）2号交叉口施工完成前各交叉口及主洞初支沉降与初支应力分析

2号交叉口施工前，1号、3号、4号交叉口和主洞初支沉降及初支应力云图如图4-10、图4-11所示。

图4-9　1号交叉口施工现场图

由图 4-10、图 4-11 可知，2 号交叉口施工前，1 号交叉口最大竖向位移值约为 3.66mm，3 号交叉口初支最大竖向位移值为 4.91mm，4 号交叉口初支最大竖向位移值为 4.08mm，主洞初支沉降值约为 4.48mm。2 号交叉口施工前，1 号初支最大压应力约为 8.14MPa；3 号交叉口初支最大压应力约为 12.66MPa，4 号交叉口初支最大压应力约为 2.61MPa，主洞初支最大压应力值为 7.43MPa。

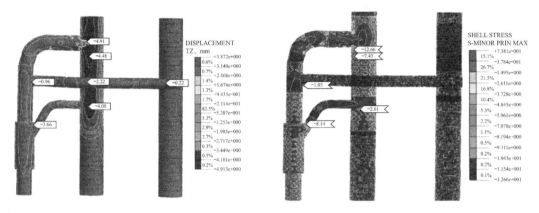

图 4-10　2 号交叉口施工完成前竖向位移云图　　图 4-11　2 号交叉口施工完成前初支应力云图

（2）2 号交叉口施工完成后各交叉口及主洞初支沉降与初支应力分析（见图 4-12、图 4-13）。

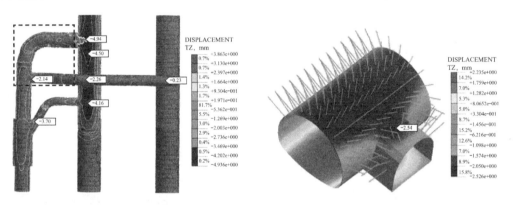

图 4-12　施工完成后初支竖向位移云图　　图 4-13　施工完成后初支竖向位移细部云图

2 号交叉口施工完成后，1 号交叉口最大竖向位移值约为 3.70mm，较 2 号交叉口施工前增加 0.06mm；3 号交叉口最大竖向位移值约为 4.94mm，增加 0.03mm；4 号交叉口最大竖向位移值约为 4.16mm，增加 0.08mm；主洞最大竖向位移值约为 4.50mm，增加 0.02mm；2 号交叉口最大竖向位移值约为 2.14mm。均满足初支沉降要求（40mm），2 号交叉口施工对 1 号、3 号、4 号交叉口及主洞初支沉降影响不大（图 4-14、图 4-15）。

2 号交叉口施工完成后，1 号初支最大压应力约为 8.29MPa，增加约 0.15MPa，3 号交叉口初支最大压应力约为 12.71MPa，增加约 0.05MPa，4 号交叉口初支最大压应力约为 2.78MPa，增加约 0.17MPa，主洞初支最大压应力值为 7.47MPa，增加约 0.04MPa；2 号交叉口初支最大压应力约为 4.21MPa，均小于 C25 混凝土极限抗压强度（19MPa）。

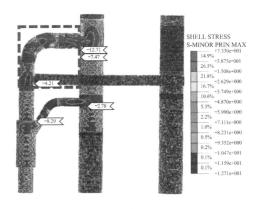 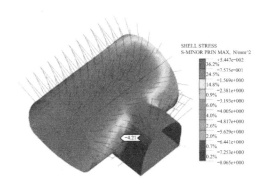

图 4-14 施工完成后初支应力云图　　图 4-15 施工完成后初支应力细部云图

综上可知，2号交叉口初支应力满足要求，施工过程对1号、3号、4号交叉口及主洞初支应力影响不大（图4-16）。

图 4-16　2号交叉口施工现场图

4.3.6　桐梓隧道3号交叉口开挖方法数值模拟

3号交叉口挑顶进洞过程较为复杂，挑顶最大悬臂长度大于20m，安全风险极大，故对3号交叉口挑顶施工单独进行建模分析并与总体模型相互验证。

（1）模型简介

有限元模型长、宽、高分别为53m×75m×80m，模型包含15988个节点，30082个单元（图4-17）。三号交叉口整体处于泥岩夹泥灰岩地层中，土层参数按地勘报告选取，见表4-3。

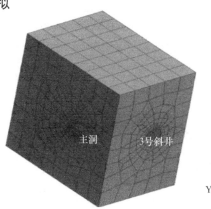

图 4-17　有限元模型图

岩土力学参数表 表 4-3

岩土名称	弹性模量（MPa）	黏聚力（kPa）	摩擦角（°）	泊松比	饱和容重（kN/m³）
泥岩夹泥灰岩	3200	200	55	0.31	22

（2）分析工况

1）排风道以断面尺寸为（宽）5m×（高）5m 施工至主洞开挖轮廓线阶段，交叉口初支安全性分析。

2）排风道断面扩挖完成，主洞往小桩号三台阶已形成，双拼拱架范围内主洞拱架全部落在双拼门架时，该情况受力状态安全性分析。

3）交叉口段开挖初支完成后，二衬施工前该交叉口采用设计参数进行施工时稳定性分析。

（3）分析步骤

1）隧道开挖前进行重力平衡和位移清零；

2）挑顶施工；

3）主洞往小桩号三台阶形成；

4）反向开挖掘进 20m。

（4）模拟结果及分析

挑顶施工完成交叉口竖向位移云图如图 4-18 所示，挑顶初支完成交叉口竖向位移云图如图 4-19 所示。

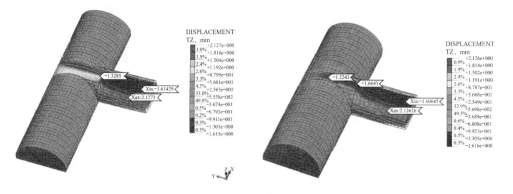

图 4-18 挑顶施工完成交叉口竖向位移云图　　图 4-19 挑顶初支完成交叉口竖向位移云图

由图 4-18、图 4-19 可知，挑顶进洞施工结束后，衬砌结构最大竖向位移位于联络风道段，约 1.6mm，交叉口处初支沉降值为 1.32mm。挑顶段初支完成后，最大竖向位移值约 1.2mm。沉降值满足规范及设计要求。

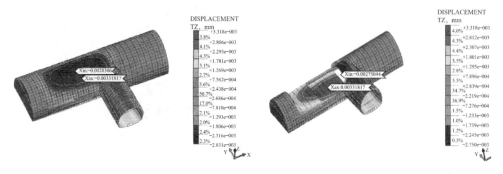

图 4-20 三台阶形成后初支数显位移云图　　图 4-21 三台阶成型后台阶竖向位移云图

由图 4-20、图 4-21 可知，小里程三台阶形成后，初支最大竖向位移值约 3mm，最大隆起值位于下台阶，约 3mm。满足安全性要求。

由图 4-22 可知，3 号交叉口施工完成后初支最大竖向位移点位于交叉口与主洞初支交界处，最大值约 3.90mm，满足安全性要求。

(5) 整体模型计算结果（图 4-23～图 4-26）

3 号交叉口施工前 1 号交叉口沉降值约为 2.90mm，1 号交叉口沉最大压应力约为 4.05MP。

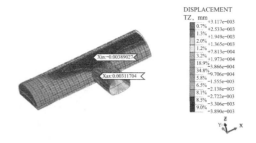

图 4-22 交叉口段施工完成初支竖向位移云图

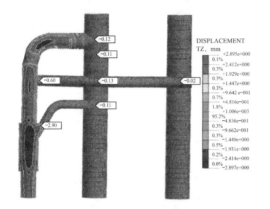

图 4-23 施工前初支竖向位移云图

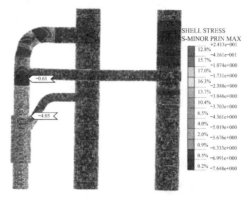

图 4-24 施工前初支应力云图

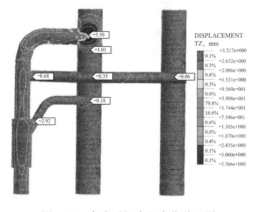

图 4-25 完成后初支竖向位移云图

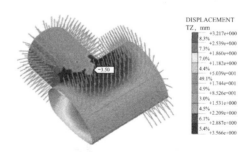

图 4-26 完成后初支竖向位移细部云图

3 号交叉口施工完成后，3 号交叉口初支最大竖向位移值约为 3.42mm；较 3 号交叉口施工前增加 0.52mm，计算结果与细部模型计算结果（3.90mm）基本一致，满足沉降控制（40mm）要求（图 4-27）。

4.3.7　桐梓隧道 4 号交叉口开挖方法数值模拟

(1) 4 号交叉口施工完成前各交叉口及主洞初支沉降与初支应力分析

由图 4-28、图 4-29 可知，4 号交叉口施工前，1 号交叉口初支最大竖向位移值约为 3.00mm，3 号交叉口初支最大竖向位移值约为 4.76mm；主洞最大竖向位移值约为

4.28mm。1号交叉口初支最大压应力约为 4.09MPa，3号交叉口初支最大压应力约为 12.2MPa；主洞初支最大压应力约为 7.08MPa。

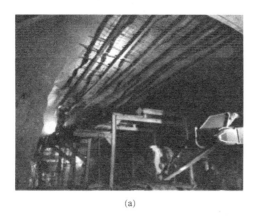
(a)

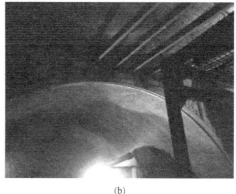
(b)

图 4-27　3号交叉口施工现场图

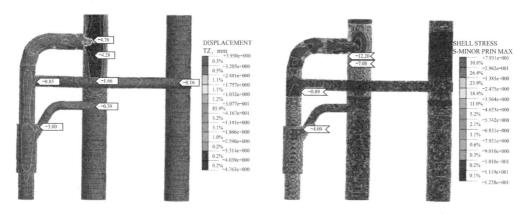

图 4-28　施工前初支竖向位移云图　　　　　图 4-29　施工前初支应力云图

（2）4号交叉口施工完成后各交叉口及主洞初支沉降与初支应力分析

由图 4-30、图 4-31 可知，4号交叉口施工完成后，1号交叉口初支最大竖向位移值约为 3.04mm，较 4号交叉口施工前增加 0.04mm；3号交叉口初支最大竖向位移值约为 4.85mm，

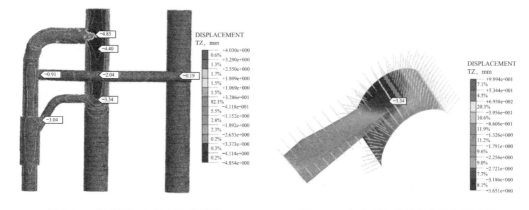

图 4-30　完成后初支竖向位移云图　　　　　图 4-31　完成后初支竖向位移细部云图

增加0.09mm；4号交叉口初支最大竖向位移值约为3.34mm；主洞最大竖向位移值约为4.40mm，增加0.12mm；均满足沉降控制要求（40mm），4号交叉口对1号、3号交叉口及主洞初支沉降影响不大。

由图4-32、图4-33可知，4号交叉口施工完成后，1号初支最大压应力约为4.16MPa，增加约0.07MPa；3号交叉口初支最大压应力约为12.50MPa，增加约0.30MPa；4号交叉口初支最大压应力约为0.04MPa，主洞初支最大压应力为7.31MPa，增加约0.33MPa。均小于C25混凝土极限抗压强度（19MPa），综上可知，4号交叉口初支应力满足要求，施工过程对3号、4号交叉口及主洞初支应力影响不大。

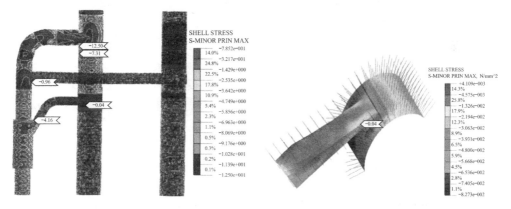

图4-32 完成后初支应力云图　　图4-33 完成后初支应力细部云图

（3）送风道施工完成后各交叉口及主洞初支沉降与初支应力分析

由图4-34、图4-35可知，送风道施工完成后，1号交叉口初支最大竖向位移值约为3.70mm，较4号交叉口施工完成增加0.66mm；3号交叉口初支最大竖向位移值约为4.94mm，增加0.09mm；4号交叉口初支最大竖向位移值约为4.16mm，增加0.82mm；主洞最大竖向位移值约为4.50mm，增加0.10m；满足沉降控制要求（40mm），送风道施工对1号、3号、4号交叉口及主洞初支沉降影响不大。

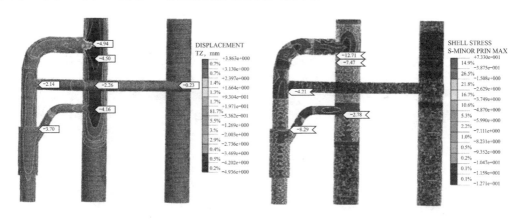

图4-34 完成后初支位移云图　　图4-35 完成后初支应力云图

排风道施工完成后，1号初支最大压应力约为8.29MPa，增加约4.13MPa；3号交叉口初支最大压应力约为12.71MPa，增加0.21MPa；4号交叉口初支最大压应力约为

2.78MPa，增加 2.74MPa；主洞初支最大压应力为 7.47MPa，增加约 0.16MPa。

综上可知，排烟道施工对相邻的 1 号、4 号交叉口初支应力影响较大，对主洞及 3 号交叉口初支应力影响不大，总体应力值满足初支强度要求（图 4-36）。

图 4-36　送风道施工现场图

4.3.8　桐梓隧道 5 号交叉口开挖方法数值模拟

（1）5 号交叉口施工完成前各交叉口及主洞初支沉降与初支应力分析

由图 4-37、图 4-38 可知，排烟道施工完成后（5 号交叉口施工前），1 号交叉口初支最大竖向位移值约为 3.90mm，较排烟道施工前增加 0.20mm；2 号交叉口初支最大竖向位移值约为 2.50mm，增加 0.36mm；3 号交叉口初支最大竖向位移值约为 5.04mm，增加 0.10mm；4 号交叉口初支最大竖向位移值约为 4.48mm，增加 0.32mm；主洞最大竖向位移值约为 4.60mm，增加 0.10mm；均满足初支沉降控制要求（40mm），排烟道施工对 1 号、2 号、3 号、4 号交叉口及主洞初支沉降影响不大。

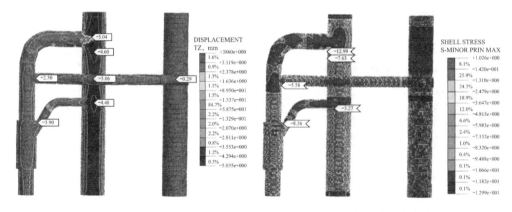

图 4-37　完成前初支位移云图　　　图 4-38　完成前初支应力云图

排烟道施工完成后，1 号交叉口最大压应力约为 8.56MPa，较施工前增加 0.27MPa；2 号交叉口最大压应力约为 5.58MPa，增加 1.37MPa；3 号交叉口最大压应力约为 12.99MPa，增加 0.28MPa；4 号交叉口最大压应力约为 3.27MPa，增加 0.49MPa；主洞最大压应力约为 7.63MPa，增加 0.16MPa，排烟道初支强度满足要求，排烟道施工过程对 1 号、2 号、3 号、4 号交叉口及主洞初支应力影响不大。

（2）5 号交叉口施工完成后各交叉口及主洞初支沉降与初支应力分析

由图 4-39、图 4-40 可知，5 号交叉口施工完成后，1 号交叉口初支最大竖向位移值约为 3.90mm，较 5 号交叉口施工前基本没有变化；2 号交叉口初支最大竖向位移值约为 2.51mm；增加 0.01mm；3 号交叉口初支最大竖向位移值约为 5.05mm，增加 0.01mm；4 号交叉口初支最大竖向位移值约控制要求（40mm），5 号交叉口施工对 1 号、2 号、3 号、4 号交叉口及主洞初支沉降影响较小。

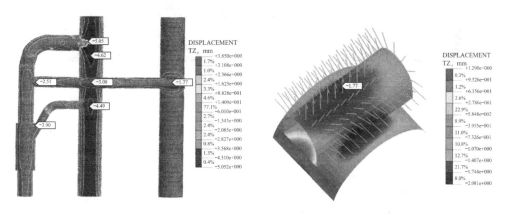

图 4-39 完成后初支位移云图　　图 4-40 完成后初支位移细部云图

由图 4-41、图 4-42 可知，5 号交叉口施工完成后，1 号初支最大压应力约为 8.56MPa，基本不变；2 号交叉口初支最大压应力约为 5.58MPa，基本不变；3 号交叉口初支最大压应力约为 13.02MPa，增加 0.03MPa；4 号交叉口初支最大压应力约为 3.30MPa，增加 0.03MPa；主洞初支最大压应力值为 7.66MPa，增加 0.03MPa，满足初支强度要求。

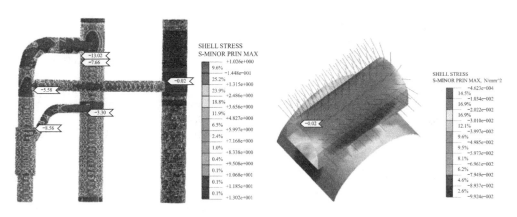

图 4-41 完成后初支应力云图　　图 4-42 完成后初支应力细部云图

综上可知，5 号交叉口初支应力满足要求，施工过程对 1 号、3 号、4 号交叉口及主洞初支应力影响不大（图 4-43）。

图 4-43 5 号交叉口施工完现场图

(3) 模型计算完成各交叉口及主洞初支沉降与初支应力分析

由图 4-44、图 4-45 可知,交叉口施工完成后,1 号交叉口初支最大竖向位移值约为 3.92mm;2 号交叉口初支最大竖向位移值约为 2.52mm;3 号交叉口初支最大竖向位移值约为 5.27mm;4 号交叉口初支最大竖向位移值约为 4.72mm;5 号交叉口初支最大竖向位移值约为 3.70mm;主洞最大竖向位移值约为 4.85mm;各交叉口及主洞初支满足沉降控制要求(40mm),施工方法是合理可行的。

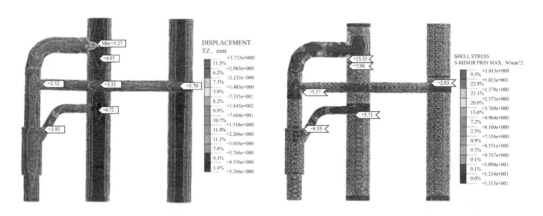

图 4-44 完成后初支位移云图　　图 4-45 完成后初支应力云图

模型计算完成后,1 号初支最大压应力约为 8.55MPa;2 号交叉口初支最大压应力约为 5.57MPa,3 号交叉口初支最大压应力约为 13.33MPa;4 号叉口初支最大压应力约为 3.71MPa;5 号交叉口初支最大压应力为 2.83MPa;主洞初支最大压应力值为 7.90MPa。初支应力均满足强度要求。

4.3.9 桐梓隧道 6 号交叉口开挖方法数值模拟

(1) 不同施工步初支竖向位移汇总(表 4-4)

初支竖向位移汇总表 表4-4

位置 拱顶沉降	第一步 (mm)	第二步 (mm)	第三步 (mm)	第四步 (mm)	第五步 (mm)	实测最大值 (mm)	施工控制要求 (mm)
1号交叉口	2.92	3.04	3.70	3.90	3.92	5.5	40
2号交叉口	—	—	—	2.51	2.52	28.9	
3号交叉口	3.50	4.85	4.94	5.05	5.27	19.9	
4号交叉口	—	3.34	4.16	4.49	4.72	12.8	
5号交叉口	—	—	—	1.77	3.70	8.2	
主洞	—	4.40	4.50	4.62	4.85	26.0	

由图4-46和表4-4可知,初支竖向位移最大值位于3号交叉口与主洞初支交界拱顶处,最大值为5.27mm,满足施工控制标准(40mm)。

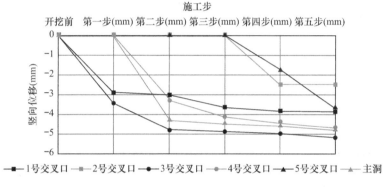

图4-46 初支竖向位移汇总图

(2) 不同施工步初支应力汇总

由图4-47和表4-5可知,初支应力最大处位于3号交叉口与主洞初支交界拱腰处,最大值约为13.33MPa,满足初支强度要求(19MPa)。

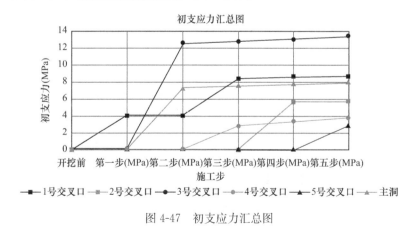

图4-47 初支应力汇总图

4.3.10 桐梓隧道7号交叉口开挖方法数值模拟

(1) 初期支护厚度的优化

根据相关文献及施工经验,对24cm初支厚度优化为20cm进行模拟计算。不同初支厚度下隧道变形及初支应力见表 4-6。

初支应力汇总表　　　　　　　　　表 4-5

位置 初支应力	第一步 （MPa）	第二步 （MPa）	第三步 （MPa）	第四步 （MPa）	第五步 （MPa）	施工控制要求 （MPa）
1 号交叉口	4.05	4.16	8.29	8.564	8.55	19
2 号交叉口	—	—	—	5.58	5.57	
3 号交叉口	0.17	12.5	12.71	13.02	13.33	
4 号交叉口	—	0.04	2.78	3.30	3.71	
5 号交叉口	—	—	—	0.02	2.83	
主洞	—	7.31	7.47	7.66	7.90	

不同初支厚度下隧道竖向位移及初支应力　　　　　　　表 4-6

初支厚度（m）	最大竖向位移（mm）	最大压应力（MPa）
0.24（原设计厚度）	5.27	13.33
0.20	5.28	12.21

由图 4-48 可以看出，初支厚度优化后，随着初期支护厚度的减小，隧道拱顶下沉值有所增加，但满足初支位移及应力要求。这说明优化后初支强度满足要求。

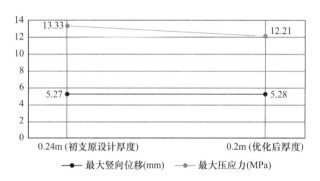

图 4-48　初支厚度优化应力位移对照图

（2）钢拱架间距的优化

隧道开挖施作初期支护时钢拱架的作用是提高初期支护的前期承载能力。喷射混凝土需要经过一段时间才能发挥承载能力，前期依靠钢拱架承担地层应力并约束变形，喷射混凝土达到一定强度后，钢拱架和喷射混凝土一起承担地层应力。根据相关文献及施工经验，增加原设计拱架间距进行模拟计算，对比不同钢拱架间距的计算结果，统计的隧道拱顶变形及初支应力见表 4-7 及图 4-49。

不同拱架间距下隧道竖向位移及初支应力　　　　　　　表 4-7

拱架间距（m）	最大竖向位移（mm）	最大压应力（MPa）
0.8（原设计间距）	5.27	13.33
1.0	5.28	12.21
1.0（原设计间距）	3.92	8.55
1.2	3.92	8.56

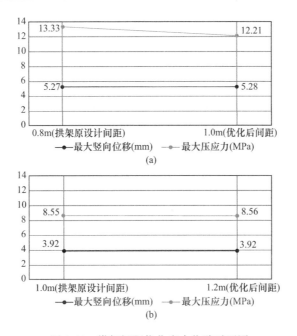

图 4-49 拱架间距优化应力位移对照图
(a) 拱架间距优化应力位移图；(b) 拱架间距优化应力位移图

由图 4-49 可知，随着拱架间距的增加，隧道周边最大竖向位移有所增加，压应力有所减小，说明将原设计 I18 拱架间距调由 0.8m 优化为 1.0m，将原设计 I14 拱架间距由 1.0m 优化为 1.2m，初支变形及应力条件状态是安全的。

（3）锚杆长度及间距优化效果分析

对锚杆长度与锚杆间距分别进行优化，对比不同锚杆长度和间距的计算结果，来分析锚杆参数对围岩的加固效果（表 4-8 及图 4-50）。

不同锚杆长度下隧道竖向位移及初支应力　　表 4-8

锚杆长度（m）	最大竖向位移（mm）	最大压应力（MPa）
3.0（原设计间距）	5.27	13.33
2.5	5.27	13.33
2	5.27	13.33
0	5.36	13.26

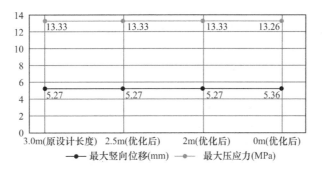

图 4-50 锚杆长度优化应力位移对照图

由图 4-50 可以看出，随着锚杆长度的减小隧道竖向位移和初支应力变化不明显且符合应力及变形控制要求，说明锚杆长度优化后初支安全性满足要求（表 4-9）。

不同锚杆间距下隧道竖向位移及初支应力　　　　表 4-9

锚杆间距（m）	最大竖向位移（mm）	最大压应力（MPa）
0.8×1.2（原设计间距）	5.27	12.33
1.0×1.2	5.27	12.33
1.2×1.2	5.27	12.34

由图 4-51 可以看出，随着锚杆间距增加，隧道竖向位移和初支应力变化不明显且符合应力及变形控制要求，说明锚杆间距优化后初支安全性满足要求。

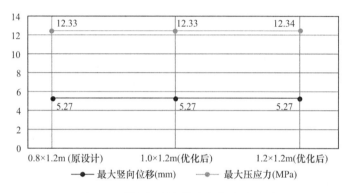

图 4-51　锚杆间距优化应力位移对照图

4.4　平面交叉洞室开挖扰动影响数值模拟

利用有限元软件展开整体性分析，研究不同长度的爬升距离对围岩稳定性的影响，找出最优爬升距离。同时对整个施工的过程进行模拟，深入研究该施工工法的特点和适用性，并动态分析施工过程中支护体系和围岩的受力情况，以便及时地在其危险点设置相应的支护措施，更好地指导施工。

4.4.1　数值试验设计

（1）基本假设

由于岩土体的结构较为复杂，如若按照真实的情况模拟围岩的情况将非常困难并且不现实，因此为了简化分析模型，做出如下的假设：

1）隧道支护结构选择弹性模型。

2）围岩初始应力值考虑重力，不考虑构造应力等其他应力。

3）对复杂的结构采用具有相同力学性能的均质材料进行模拟，因此将洞室支护结构用一种宏观上具有相同力学性能的均质材料来模拟复杂结构的等效方法，将支护中的工字钢、钢筋网等材料加以简化，按综合参数来考虑，具体材料参数见表 4-10。

材料参数 表 4-10

模型	弹性模量（MPa）	泊松比	重度（kN/m³）	黏聚力（kPa）	摩擦角（°）
红黏土	18.1	0.33	17.1	30	10
强风化岩	1000	0.18	27	100	25
中风化岩	1500	0.27	26.6	304	40.9
初支	27200	0.25	23	—	—
二衬	32500	0.2	25	—	—
临时支撑	200000	0.3	78.5	—	—

（2）计算范围与数值模型

选取典型断面，建立有限元模型并且划分网格，如图 4-52 所示，数值模型中岩土体及隧道围岩采用满足摩尔-库伦屈服准则的弹塑性本构模型，初支和二次衬砌均采用弹性本构模型。模型全长 100m，宽 120m，高度 120m，地表按地质勘查的实际原始覆土厚度建模，隧道围岩及覆盖土层、初支及二衬混凝土均采用 8 节点三维六面体单元来模拟。边界条件：洞室上部为地层压力与自重，前后边界为纵向的位移约束，两侧边界为水平的位移约束，底部边界为竖直向上的位移约束。

该大断面洞室围岩等级为Ⅵ级，上覆土依次为红黏土 3m，强风化岩 5m，洞室处于中风化岩层中。洞室衬砌的支护参数为：设计间距为 200mm×200mm 的双层 ϕ10 钢筋网，C30 喷射混凝土，设计厚度为 250mm，钢拱架为 I20 工字钢，设计间距为 750mm。

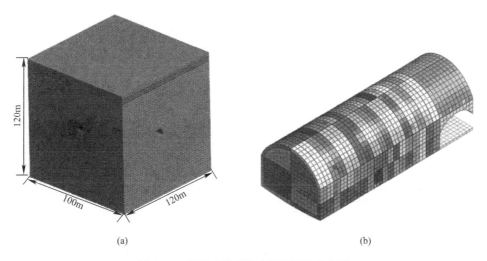

图 4-52 有限元模型并且划分网格示意图
(a) 整体模型；(b) 新建大断面洞室

4.4.2 不同爬升段长度对围岩稳定性的影响

（1）模拟方案及过程

为探究合理的爬升段长度，设置了六种模型方案，分别取爬升段长度 L 为 12m、14m、15.8m、17m、19m、21m，其中 15.8m 是实际工程中的爬升段长度。如图 4-53 所示，全断面开挖爬升段至上台阶，通过分析围岩的位移及力学特征，得出与爬升段合理长度有关的结论。

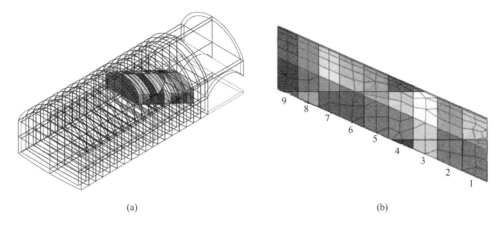

图 4-53 开挖示意图
(a) 爬升段；(b) 爬升段开挖

依据爬升反向施工法的施工工艺，利用有限元软件模拟隧道开挖的步骤。首先，使模型实现初始地应力平衡；其次，钝化爬升段实体单元；最后激活爬升段支护结构单元，按顺序分别开挖爬升段。

(2) 数值计算结果处理与分析

1) 既有洞室沉降分析

为了观察爬升段开挖对既有洞室的影响，如图 4-54 所示，以大断面洞室中心为起点，在交叉口范围内，以 0.96m 为一个监测点，监测数据整理如图 4-55 所示。

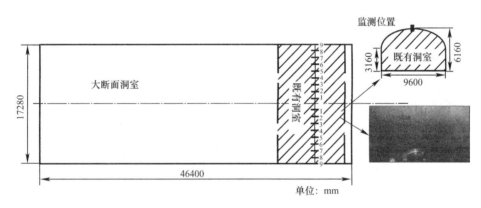

图 4-54 既有洞室拱顶沉降监测点布置

从图 4-55 可以看出，不同爬升段开挖长度对应的既有洞室拱顶的沉降变化曲线类似，其中大断面中线处沉降较为明显，随着距离中线越来越远，沉降值逐渐减小，最大沉降值范围在 1.26～1.39m，所以爬升段开挖长度对既有洞室的拱顶沉降影响不大。两个相邻爬升段长度之间的沉降值变化不大，12m 与 14m 两者既有洞室最大沉降值不超过 0.8%；15.8m 与 17m 不超过 1%；19m 与 21m 不超过 1.7%，相邻两个长度段变化超过了 2.6%。因此在 12～21m 范围内可以将影响段距离划分为三个范围。既有洞室拱顶的最大沉降值为 1.39mm，根据人防洞室相关规范规定，满足变形要求。由于随着爬升段长度的增加，开挖的步骤增加，对既有的扰动也逐渐增加。

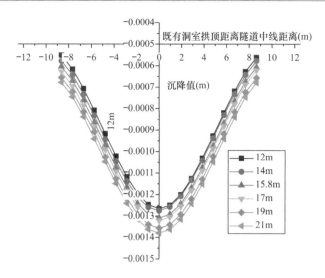

图 4-55　既有洞室拱顶沉降变化曲线图

2）爬升段拱顶沉降与拱底隆起分析

爬升段拱顶沉降与拱底隆起变化曲线如图 4-56 所示。

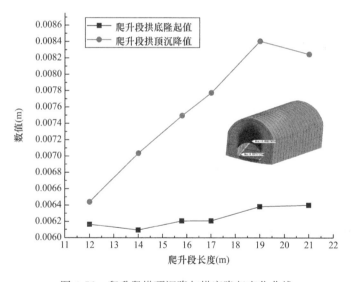

图 4-56　爬升段拱顶沉降与拱底隆起变化曲线

从图 4-56 不同爬升段长度开挖后，拱顶的沉降和拱底的隆起的变化曲线可以看出，随着爬升段长度的增加，拱顶的沉降逐渐增加，增长率保持在 9.3%。当长度达到 19m 时，沉降值达到最大值 8.4mm，最后随着长度的增加，沉降值有减小的趋势。爬升段长度的增加对拱底的隆起值的影响不大，最小的隆起值发生在爬升段长度为 14m 时，随后趋于平稳增加状态，最大隆起值为 6.4mm，在长度为 19m 后，隆起值变化基本保持不变。

3）边墙水平位移分析

边线水平位移变化曲线图如图 4-57 所示。

最大的水平位移发生在爬升段开口处的边墙处，从图 4-57 可以看出，随着长度的增加，水平位移逐渐增加，当长度为 15.8m 时，左边墙的水平位移变化不大，右边墙的水平位移呈现下降的趋势，随后位移值随着爬升段的长度增加，右边墙的水平位移在 15.8m 到 19m 范围内逐渐增加，并达到最大值 5.6mm，接下来开始减小。左边墙与右边墙水平位移变化曲线类似，但是左边墙的转折点发生在 17m，达到水平位移最大值 5.65mm 后，随着爬升段长度的增加，位移逐渐减小。

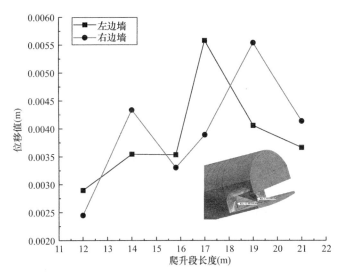

图 4-57 边墙水平位移变化曲线图

4）大断面洞室拱顶沉降分析

大断面洞室拱顶沉降变化曲线如图 4-58 所示。

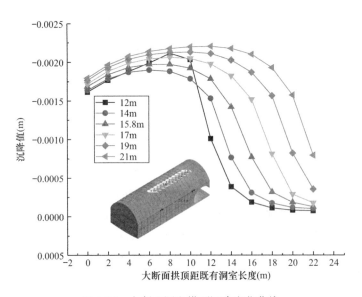

图 4-58 大断面洞室拱顶沉降变化曲线

从图 4-58 可以看出，不同爬升段长度开挖后，新建大断面洞室拱顶的沉降值随着距离既有洞室长度的增加，变化曲线线性相似；随着距离既有洞室的距离增加，拱顶沉降值逐渐增加,当缓慢增加到一定值后,随着距离的增加,沉降值开始减小。沉降值的变化范围也随着爬升段的长度增加而逐渐增加,但是当爬升段长度为12m时,在0~10m的范围内,大断面拱顶的沉降值增长率要大于其他长度,且最大沉降值为2.1mm,大于14m、15.8m、17m三种工况,说明爬升段距离短,导致爬升坡度过大,开挖对大断面洞室的拱顶影响较大,同时也增加了施工的难度与风险。而爬升段距离过长,导致开挖步骤增加,对大断面的拱顶影响范围增加,且最大沉降值也逐渐增加。

5)应力分析

在爬升段施工过程中,爬升段的主要支撑靠的是围岩自身的承载能力和其施工过程中施加的初期支护结构。因此,在爬升段开挖完成后,要对初期结构的应力进行分析,确定危险点的位置,为提供相应的支护措施提供理论基础。从表4-11中看出,应力为负值代表着受压状态,正值代表着受拉状态。在爬升段的拱顶与拱底主要表示为受拉,边墙和拱脚为受压作用。支护结构的受压要大于受拉,考虑混凝土抗拉强度远小于受压强度,所以对于爬升段支护结构的危险位置,要防止拱顶与拱底受拉破坏,防止边墙及拱脚受压破坏。因此可以增加钢支撑,及时锚喷,增加锁脚锚杆等措施避免爬升段失稳造成严重的损失。

主应力分析表 表4-11

应力	位置	12m	14m	15.8m	17m	19m	21m
最大主应力(MPa)	拱顶	2.896	2.508	2.707	2.244	2.350	3.310
	拱底	2.234	2.127	2.182	2.032	2.036	1.820
最小主应力(MPa)	边墙	−7.053	−6.891	−6.885	−5.690	−6.382	−5.711
	拱脚	−4.283	−4.163	−4.085	−3.554	−3.710	−3.336

4.4.3 数值计算结果处理及分析

根据以上对爬升段长度的研究可知,合理的爬升段长度为15.8m。因此,按照该爬升段长度进行整体施工模型分析,通过研究围岩的位移及应力情况来验证"M"形反向施工工法的合理性,为类似工程提供参考。

(1)新建大断面洞室拱顶位移分析

如图4-59所示,随着开挖的进行,既有洞室拱顶的沉降逐渐增加,最后趋于稳定。同时从图中可以看出,上前与上后台阶的开挖过程中,拱顶的沉降增长率最大,增长了78.7%,因此可知上台阶的开挖对拱顶的影响较大,需要及时设置支护结构,保证围岩的稳定性。随着上台阶开挖及支护结构的完成,中下台阶的施工对拱顶的沉降影响较小,仅为16.7%。在既有洞室挑顶施工时几乎无影响。大断面洞室整体开挖完成后,新建大断面洞室的最大沉降值为10.8mm,根据相关规定满足设计要求。

(2)新建大断面洞室交叉口处水平位移分析

从图4-60新建大断面洞室的水平位移可以看出,最大值发生在爬升段与既有洞室的交叉口处,因此需要对该位置进行分析,得到如图4-61所示交叉口随开挖步进行边墙的水平位移值变化图。从图中可以看出,新建大断面洞室的施工对交叉口边墙的水平位移影响不大,但是在62d的时候发生了突变,由于此时正在进行中上台阶的开挖,拆除了爬升段的支护导致边墙的水平位移增大,最大值为 5.1mm。因此,应及时设置初期支护结构。

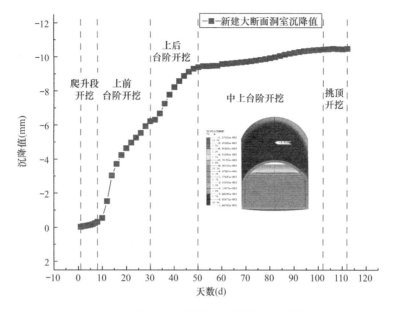

图 4-59　新建大断面洞室拱顶沉降变化曲线

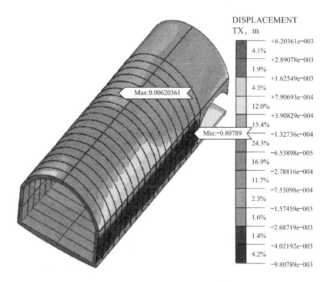

图 4-60　新建大断面洞室水平位移云图

(3) 地表沉降分析

由图 4-62 可以看出,地表的最大沉降值发生在新建大断面洞室末端的隧道中线处,最大值为 4.7mm。图 4-63 所示为各步开挖引起的地表沉降值变化规律,从图中可以看出,沉降值以隧道中线几乎呈对称分布。其中上台阶前开挖引起的地表沉降急剧增加,约占总沉降的 49%。而在爬升段开挖与挑顶开挖时,地表的沉降变化不大,沉降槽的形状也没有发生明显的变化。上后台阶的开挖引起地表的沉降也较大,最大值约为

1.2mm，占总沉降的 25.5%。中下台阶开挖引起的地表沉降的曲线图可以看出不是很对称，这是由于中下台阶的开挖分为四个区域，且左右上下步距较大，非对称施工引起地表沉降不对称。

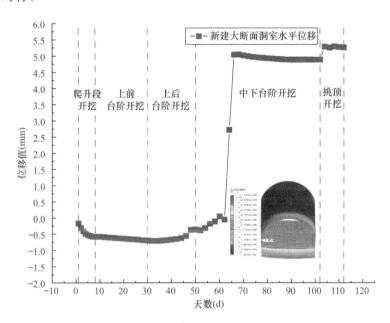

图 4-61　新建大断面洞室交叉口边墙水平位移

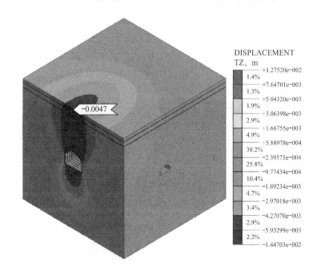

图 4-62　地表沉降云图

(4) 围岩应力场分析

利用有限元软件，按照"M"形爬升反向施工法一步步地计算分析，得到新建大断面洞室开挖后整个围岩扰动后的应力图（图 4-64），根据大断面隧道的力学特性，着重对洞室的拱顶、拱底、拱腰与拱脚进行研究。取既有洞室与新建大断面洞室的交叉断面，绘制拱顶、拱底、拱腰与拱脚处的最大主应力变化曲线，通过研究该断面的围岩应力随着隧道开挖的变化情况，来验证该工法的适用性。

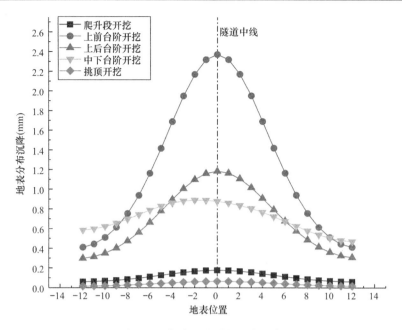

图 4-63 各步开挖引起地表沉降

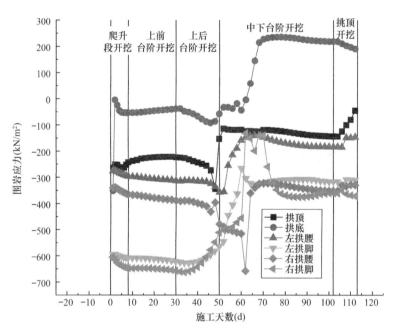

图 4-64 "M"形爬升反向施工法围岩应力时态分布图

从图 4-64 可以看出"M"形爬升反向施工法的施工步序所引起围岩应力的变化规律。拱顶处围岩应力在爬升段、上前台阶以及上后台阶前部分的施工过程中，基本保持不变，当上后台阶开挖接近交叉断面时，应力发生突变，随后在中下台阶施工中保持稳定，挑顶的施工又对其产生影响，总的来说，施工对拱顶的影响不大。拱底的围岩应力在爬升段施工时发生突降，随着爬升段的施工又有所增加，然后保持稳定，当中下台阶施工时随着施工的进行逐渐减小,并转化为拉应力,最后趋于稳定。左右拱腰处的压应力随着爬升段和上台阶的施工缓慢增加,在中下台阶前部分施工时,左拱腰逐渐减小,随后保持稳定趋势,而右拱腰逐渐增加,在增加到一定值后发生突变并保持稳定的趋势。左右拱脚在爬升段施工时发生应力集中的现象,不过爬升段和上前台阶的施工对其数值影响不大,当上后台阶开挖和中下台阶前部分施工时,左右拱脚的压应力逐渐减小,随后在发生增加后都保持稳定的趋势,不过右拱脚的应力值增加较大。这五处的最终应力值见表4-12。

最终围岩应力 表 4-12

位置	拱顶	拱底	左拱腰	右拱腰	左拱脚	右拱脚
应力值（kN/m²）	−44.8	190.9	−145.8	−309.9	−329.28	−371.3

既有洞室的开挖,洞室原有稳定的应力平衡被破坏,应力发生重分布,易导致出现应力集中的现象而发生围岩破坏,因此对围岩的应力认识尤为重要,根据图4-65可知,从最大主应力分析,在洞室的拱脚和边墙处发生了应力集中现象,最大拉应力出现在新建大断面洞室与既有洞室交界处的边墙上,最大值为2.34MPa,拱脚表现为压应力,最大值为−0.97MPa。从最小主应力分析,最大应力值出现新建大断面洞室的拱脚处,表现为压应力,最大值为−5.01MPa。

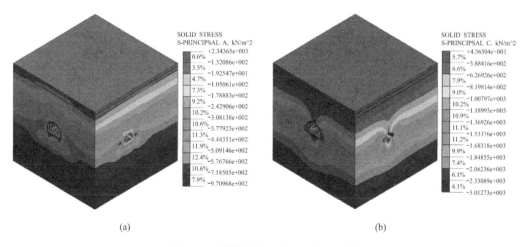

图 4-65 围岩最大与最小主应力云图
(a) 最大主应力；(b) 最小主应力

(5) 初期支护受力分析

根据上述对围岩应力的研究,选取如图4-66所示新建大断面洞室A、B、C三个断面的初期支护最小与最大主应力云图进行分析(图4-67~图4-69)。

从新建大断面洞室初期支护主应力分布图来看,大断面段初期支护最大主应力与最小主应力的最大值多分布在拱顶、拱肩、拱腰与拱底四个位置,新建大断面洞室C断面拱脚位置也出现了较大的主应力。从最大主应力的数值上来看,新建大断面洞室A断面最大主应力的最大值为−1.80MPa,而最大拉应力在初期支护的拱腰处,为1.56MPa。B断面最大主应力的最大值为−2.54MPa,在初期支护的拱腰处,最大压应力的位置出现在初期支护的拱顶处，最大值为 2.32MPa。C 断面的最大压应力与前两个断面不同，在初期支护的拱脚处，最大值为 −0.56MPa，而最大拉应力出现在拱腰处，与最大压应力一样都在初期支护的左侧，最大值为 2.20MPa。从最大主应力的数值上可以看出，新建大断面洞室中间部分应力较大，应加强该位置的支护。从最小主应力的数值上来看，A 断面的最小主应力最大值为 −5.53MPa，同样也在拱顶的位置，而最大拉应力在拱底处，为 0.26MPa。B 断面的最小主应力的最大值为 −4.56MPa，与最大主应力位置类似，只是在右拱肩上，最大拉应力为 1.49MPa，在初期支护的拱底处。C 断面的最小主应力的最大值也出现在初期支护的拱脚处，最大值为 −4.80MPa，而最大拉应力在拱底处，最大值为 0.76MPa。初支支护最小主应力的压应力较拉应力的数值要大，且位置随着断面接近交叉口而逐渐地下移。

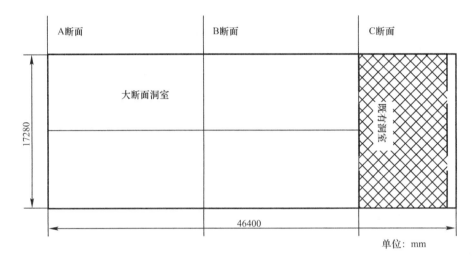

图 4-66 断面位置图

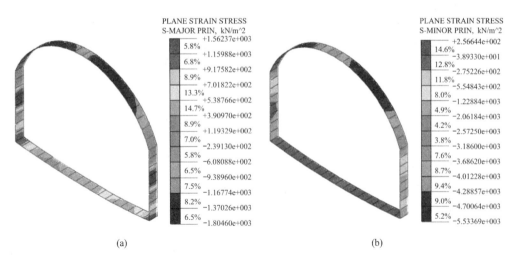

图 4-67 A 断面初期支护主应力分析云图
（a）最大主应力；（b）最小主应力

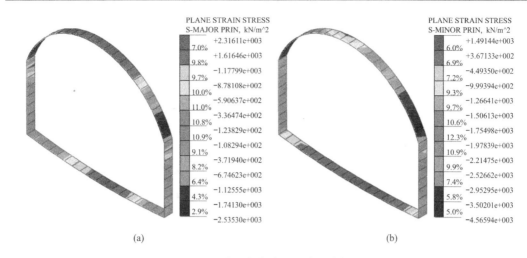

图 4-68 B 断面初期支护主应力分析云图
(a) 最大主应力；(b) 最小主应力

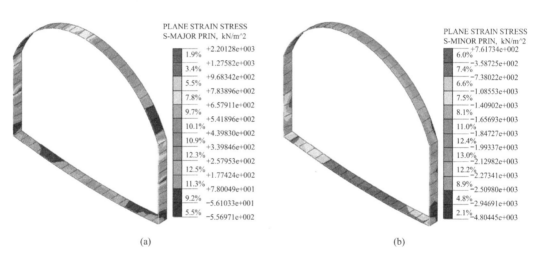

图 4-69 C 断面初期支护主应力分析云图
(a) 最大主应力；(b) 最小主应力

4.5 新型支护结构体系及施工控制技术

4.5.1 交叉口主钢拱架设计方案及数值试验

(1) 数值模拟方案

目前荷载结构法的应用多为二维平面上，对于这种三维空间的钢拱架体系则无法计算，荷载结构法将围岩对结构的作用简化为荷载作用于结构上进行计算。采用荷载结构法的数值计算基本假定如下：

1) 将隧道衬砌结构计算视为平面应变问题进行分析。
2) 假定衬砌为小变形弹性梁，衬砌为足够多个离散直梁单元。

3)用弹簧单元模拟围岩和结构的相互作用,弹簧单元只能承受压力,不承受拉力。
4)按照局部变形理论确定弹性抗力。

(2)模型的建立

为了分析交叉段钢拱架的受力情况,采用大型软件ABAQUS软件对30工字钢主拱架进行数值分析,数值模型中钢拱架采用弹性本构模型。为了减少模型的规模,现阶段对30工字钢制成主拱架单独进行分析,采用隧道力学分析中的荷载-结构模型对钢拱架受力进行分析。

本工程洞室为深埋隧道,围岩压力可以按松散压力予以考虑,参考《铁路隧道设计规范》(TB 10003—2016),洞室的竖向压力可以按照下式计算:

$$q = \gamma h \quad (4-37)$$
$$h = 0.45 \times 2^{S-1} w \quad (4-38)$$

式中:w——宽度影响系数,$w=1+i(B-5)$;

B——洞室宽度;

i——B每增减1m时的围岩压力增减率,$B<5$m时,$i=0.2$;$B>5$m时,$i=0.1$。

主洞室与联络通道交叉口附近5m范围内衬砌需要局部拆除,安装相应的钢拱架形成等高交叉空间结构,相应的围岩压力需要全部通过局部钢拱架转移至30工字钢主拱架。因此需要先计算主洞室正常段竖向和水平荷载。结合勘察设计文件确定围岩重度为26kN/m³,根据上式可知,围岩压力为:

$$q_{v主} = 26 \times 0.45 \times 2^{4-1} \times [1+0.1\times(11.4-5)] = 153.5\text{kPa} \quad (4-39)$$
$$q_{h主} = 139.5 \times 0.3 = 46.1\text{kPa} \quad (4-40)$$

由此可得主拱架的计算模型如图4-70所示。

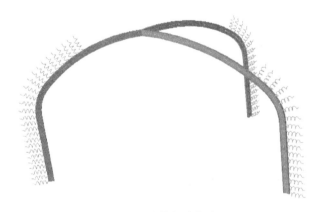

图4-70 主拱架计算模型

(3)交叉口异型钢拱架承载特性分析

根据交叉口支护结构的设计方案可知,围岩荷载全部转移至Y形主拱架上,最终由主拱架承载并转移至拱架基础和系统锚杆。因此,必须分析30工字钢主拱架的受力状态,以保证其能满足承载力、变形等要求。

由图4-71可知,30工字钢主拱架的变形主要为竖向变形,其中竖向变形最大部位出现在拱顶偏右侧的斜向拱架上,为2.73cm,在预留变形量范围内,因此竖向变形满足施工要求,值得说明的是,主拱架的变形表现出明显的不对称性:竖向荷载最大出现部位表面两榀斜向拱架受到的荷载更大，存在向左偏移的趋势，这一点可以从水平位移云图上看出，也即斜向拱架的竖向荷载导致了主拱架的整体左侧偏移，因此在施工期间需要加强此部位的锚杆质量控制，还需要对锚杆的间距进行适当缩小。

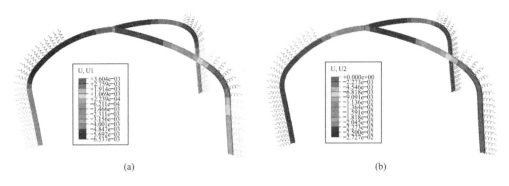

图 4-71 交叉口主拱架位移云图
(a) 竖向位移；(b) 水平位移

由图 4-72 所示变形放大图更为清晰地展示了交叉口主拱架的变形特征，即斜向拱架靠近拱顶部位的变形最大，局部弯曲效应显著，进而导致了左侧主拱架局部上拱。因此，有必要在靠近拱架搭接点附近右侧增加锚杆数量，严格控制锚杆的施工质量，保证其拉力。

通过变形图放大可知，主拱架局部弯曲效应明显，因此其上下翼缘的受力状态是整个拱架安全的关键所在，最大应力必须满足 Q235 钢材的容许应力要求。提取梁体应力云图如图 4-73 所示。

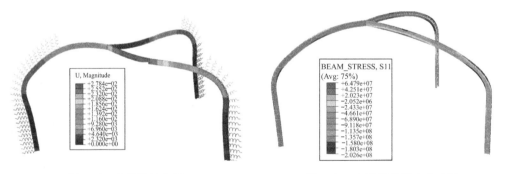

图 4-72 主拱架放大图　　图 4-73 主拱架单元应力云图

由梁单元应力图可以看出，在斜拱架靠近搭接点部位的上翼缘主要承受压应力，其值达到了 180MPa，此部位的材料安全系数约为 1.31。最大压应力出现在斜拱架拱肩位置，达到了 202.6MPa，此部位的材料安全系数约为 1.16，整个拱架最大拉应力仅为 64.8MPa，抗拉安全系数超过了 3.0。由此可知，对于主拱架而言，由于斜向两榀拱架需要承担由斜截拱架传递而来的集中荷载，导致了其靠近搭接点附近存在较大竖向变形，造成拱架圆弧部分弯曲明显，加之拱肩部位曲线半径较小，在拱肩部位形成了应力集中，使拱肩部位的材料安全系数明显降低。

总体而言，采用 30 工字钢作为主拱架，主拱架的材料容许应力以及其变形均能符合相关要求。且此部分计算校核的假设前提为围岩的所有荷载均由拱架承载，属于最不利工况。考虑到实际工况中，围岩变形是缓慢发展的，而喷射混凝土在24h即能达到6MPa左右的强度，喷射混凝土的支护作用不容忽视，因此可以认为，本研究提出的支护方案是合理可行的。

4.5.2 抗弯承载力试验

(1) 试验目的与方案

通过对椭圆弧拱架曲线性质进行分析，如图4-74所示，提出了大半径圆弧等代椭圆弧的方法，实现对30工字钢的弯制。因此为了研究这种加工对钢拱架的力学性能的影响，考虑到实验室空间有限，如图4-75所示，选取两组外边缘与内边缘弦长分比为1200mm与1000mm的异型钢拱架，为了形成对比，同样选取两组尺寸一样的正常钢拱架，通过改进的YAS系列微机控制电液伺服压力试验机来测试四组试件的抗弯承载力，用于验证异型钢拱架的力学性能是满足要求的。

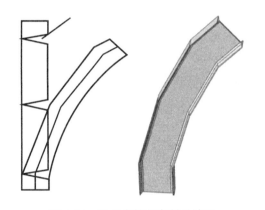

图4-74　30工字钢的弯制设计图　　　　图4-75　试件尺寸

(2) 试验装置的改装与制作

为了能够将YAS系列微机控制电液伺服压力试验机用于测试钢拱架受力的抗弯试验，通过改造发明了一种辅助装置，如图4-76所示，仪器上部分用卡座连接一个由I50b型工字钢和一个[60a型槽钢组合在一起的装置，用于使钢拱架试件两端受力。然后在仪器上，在装置下部分焊接个用[16a型钢制作的卡槽，用于固定钢拱架试件。

在进行试验时，压力试验机的压力泵会对试件有一个向上的力的作用，②③组合装置会对压力试验机上部面板有一个向上的力，根据作用力与反作用力的原理，试件会对压力试验机的压力泵有一个向下的力，辅助装置和试件受到一对平衡力后达到平衡，此套改装后的装置能有效地测试钢拱架的抗弯承载力，图4-76、图4-77所示为改装后的简图与实物。

本次试验还用到的试验设备有：

① 监测与计量系统：数码相机、DH3818-2静态应变测试仪、应变片、计算机、百分表。

② 其他辅助工具：磨光机、电焊机、卷尺、钢尺、502、防水胶、记号笔、手套、口罩。如图4-78所示。

图 4-76　改装装置简图

图 4-77　改装装置照片

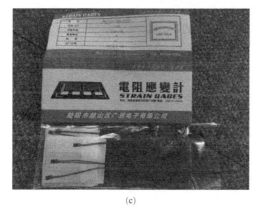

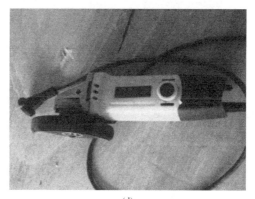

图 4-78　所用材料

(a) 静态应变测试仪；(b) 钢尺；(c) 应变片；(d) 磨光机

（3）试验过程

试验准备过程如图 4-79 所示。第一步：用磨光机打磨钢拱架表面，按照半桥的接线方法，在钢拱架表面上粘贴应变片，并记录应变片的位置；第二步：将钢拱架试件搬到 YAS 系列微机控制电液伺服压力试验机上，调整钢拱架试件的位置；第三步：将在钢拱架上贴好的应变片用引线与 DH3818-2 静态应变测试仪连接，并且连接补偿片，然后对各组应变片进行标号,方便后期的读数与记录;第四步:安装百分表,检查与调整仪器;第五步:在 YAS 系列微机控制电液伺服压力试验机的计算机控制系统上设置试件的参数与荷载参数;第六步:开始进行试验,记录和整理所得数据。试验试件如图 4-80 所示。

(a) (b) (c)

图 4-79 试验准备过程

(a) 打磨;(b) 连接应变仪;(c) 接线

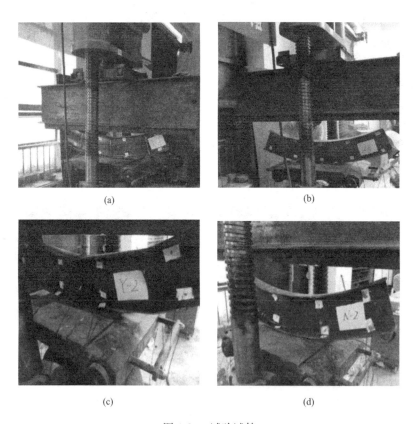

图 4-80 试验试件

(a) Y-1;(b) N-1;(c) Y-2;(d) N-2

(4) 试验结果与分析

1) 荷载-位移曲线绘制及变形规律分析

如图 4-81 所示,两组正常钢拱架与异型钢拱架的变化类似,可以将钢拱架受弯的过程分为三个阶段,依次为弹性阶段、弹塑性阶段和全塑性阶段,随着位移或时间的增加,试验力逐渐增加,当达到一定的时间或位移时,试验力达到一定值后开始减小,最后趋于稳定。在弹性阶段,钢拱架的变形很小,其挠度也很小,钢拱架的荷载-位移曲线的斜率大致为常数;在弹塑性阶段,钢拱架的变形较弹性阶段有所增加,但是其挠度仍然不明显,钢拱架的荷载-位移的关系大致为曲线,试件的截面中和轴逐渐向受压区方向移动,在全塑性阶段,钢拱架的挠度急剧增加,随着试件的曲率逐渐减小,其破坏属于延性破坏。

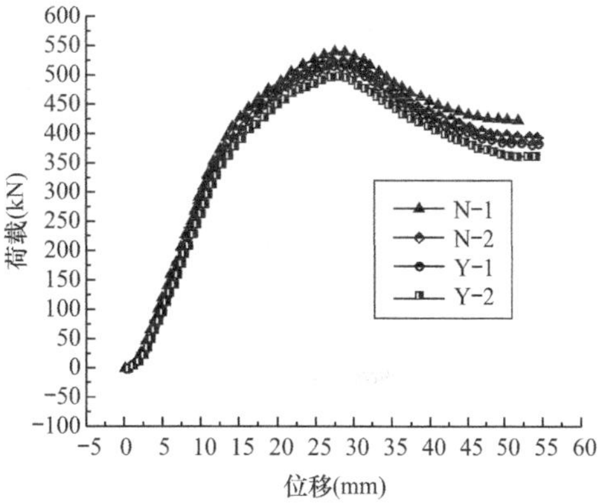

2) 抗弯承载力对比分析

图 4-81 钢拱架荷载-位移曲线图

从图 4-81 中可以看出最大的承载力分别对应 N-1 为 542.6kN,N-2 为 528.1kN,Y-1 为 518.8kN,Y-2 为 503.5kN。通过比较,N-1 与 N-2 的数据有所不同,分析存在的原因可能是在钢拱架摆放过程中,没有调平,导致钢拱架受力不是轴力,因此当试验力未达到极限承载力钢拱架就发生了扭曲。Y-1、Y-2 较 N-1、N-2 都有所减小,考虑到由于异型钢拱架在焊接处破坏了钢拱架的刚度,所以钢拱架的抗弯强度有所减小。通过比较正常钢拱架与异型钢拱架的试验力变化曲线,异型钢拱架的抗弯承载力与正常钢拱架相比小于 5%,满足承载力的要求。

同样的绘制了两组正常钢拱架与异型钢拱架的极限弯矩图,如图 4-82 可知,正常钢拱架的极限弯矩都要比异型大,可知异型钢拱架在受到试验机传来的试验力时,在本身存在的残余应力和拱架结构的微型改变,导致极限弯矩减小,但是减小最大不超过 10%,可知影响不大。

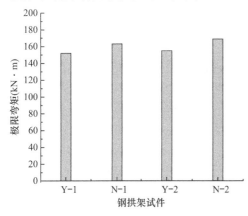

图 4-82 不同试件极限弯矩图

4.5.3 等截面交叉口新型钢拱架体系及其配套装置

(1) 交叉口新型钢拱架设计

根据交叉口附近的围岩开挖轮廓及支护结构必须满足断面的设计要求,对各交叉口形状及相对位置的分析,提出了一种 Y 形的主拱架支护方式。同时根据对 Y 形主拱架的进行数值模拟研究,分析其薄弱点,综合提出了一种 Y 字形主骨架+斜截断拱架的新型等截面交叉洞室的支护体系。其空间形态如图 4-83 所示。通过拱架设置,各洞室的空间形状可以完全满足设计要求。

(2) 异型钢拱架加工

根据初步的拱架架设方案,30 工字钢主拱架加工时,主要存在椭圆弧拱架加工及小半径椭圆弧拱架加工的问题,主要体现在现有的设备无法加工椭圆弧拱架,且在工程所在地范围内也未找到合适的加工厂家;另外小半径(约 2m)椭圆弧拱架也无法实现加工。通过对椭圆弧拱架曲线性质进行分析,提出了大半径圆弧等代椭圆弧的方法,具体实施过程如下:

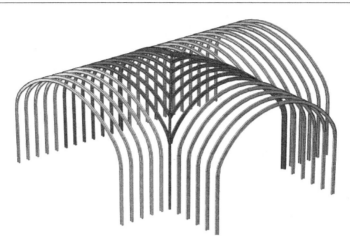

图 4-83 等截面交叉口拱架空间图

1)分析椭圆弧曲线要素,通过平面投影法将空间斜向椭圆弧投影到平面内。

2)分析平面的椭圆弧曲线要素,确定其起点、中点及终点,然后通过三点定圆,确定等代圆弧的曲线要素。

通过圆弧等代椭圆弧的方法,在本地实现了 30 工字钢的加工。

另一难题在于小半径椭圆弧(半径约 2m)的加工,市面上目前的加工设备均无法实现对 30 工字钢直接弯曲,项目配备的弯曲机也仅能实现对 25 号工字钢的加工。针对这一问题,课题组提出了一种折线等代小半径椭圆弧的方法进行加工:

1)首先进行小半径椭圆弧曲线要素分析,并在图中增加其宽度信息。

2)沿工字钢轴线绘制能够近似表示椭圆弧曲线的折线段,并将此折线在 CAD 内利用 offset 命令偏移至工字钢内外翼缘处。

3)在图中 Y 坐标向生成与外翼缘折线等长的直线段,确定外翼缘每段线中点后将内翼缘除首尾两端折线外的其余各段中点与外翼缘中点置于同一 Y 坐标高度,首尾两端最高处和最低处与外翼缘平齐。

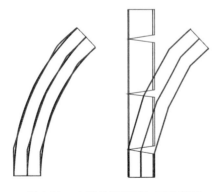

图 4-84 小半径椭圆弧加工示意图

4)由此可以得到如图 4-84 所示带缺口的工字钢加工示意图,沿图中 V 形缺口对工字钢进行切割后弯折焊接,即完成此椭圆弧工字钢加工。

工字钢 V 形切口的焊接质量是保证整个工字钢段性能的关键,因此在焊接前首先进行表面除锈处理,除锈后进行 V 形切口焊接作业,焊后对焊槽表面进行打磨处理,将焊缝高度打磨至与工字钢腹板高度平齐,然后在焊缝位置增加筋板焊接,再后进行如图 4-85 所示小半径椭圆弧弯折焊接机探伤检测。最终得到的工字钢与理论形状对比如图 4-86 所示。

(3)交叉口支护体系施工

主洞室在交叉口施工前,存在原有素混凝土衬砌,交叉口施工时需要先对原有衬砌进行拆除,为保证施工期间交叉口围岩的稳定性,衬砌拆除不能一次完成,以免上部松

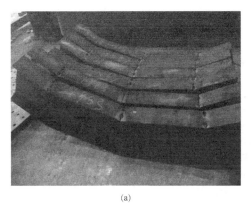
(a)

(b)

图 4-85　小半径椭圆弧弯折焊接机探伤检测

散岩体垮塌形成连锁反应。因此，提出了"V形开槽，骨架先行，随拆随支"的施工原则。具体步骤如下：

1）首先确定联络洞室轴线与主洞室另一侧边墙交汇处，此处即 30 工字钢拱架安装位置之一；然后由交汇处边墙和另一侧两个边墙交汇处共同确定两个洞室轴线存在一定夹角的竖向平面，两个竖向平面夹角内的原有衬砌将首先被拆除，然后安装三榀 30 工字钢主拱架（图 4-87）。

2）30 工字钢主拱架施工完成后，施工联络通道切入主洞室三角形区域（俯视）的工字钢，锚喷完成后进行下一阶段施工（图 4-88）。

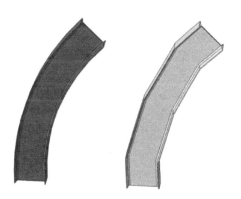

图 4-86　工字钢理论椭圆弧与折线等代对比

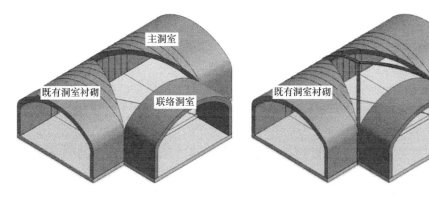

图 4-87　V形拆除及施工 30 工字钢主拱架

3）联络通道部分拱架施工完成后，进行主洞室原有衬砌拆除和初支施工。主洞室初支施工时，要尽量保证初支在 30 工字钢两侧的对称性，因此先仅拆除主洞室一侧约 2m 的原有衬砌，然后安装拱架并锚喷完成。施工完主拱架一侧的斜截拱架后，拆除另一侧对称位置的原有衬砌，然后进行初支施工（图 4-89）。

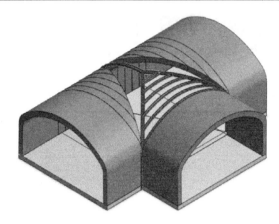

图 4-88 联络通道切入主洞室拱架安装

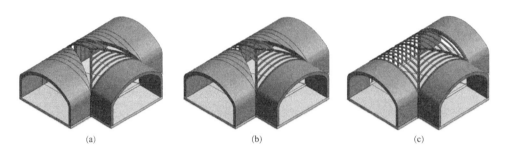

图 4-89 A 主洞室原有衬砌拆除及初支对称施工

(4) 新型钢拱架的连接处理

在前期已经施工完成的主洞室与联络洞室的主拱架和斜截拱架的搭接施工过程中，两者交汇处形成的空间结构要求斜截拱架的端头断面为空间斜截面，对其加工精度要求非常高，且对立架施工时的精度要求非常高，端头截面的细微偏差可能在其余部位造成极大的位置差异。另外，在斜截拱架端头与主拱架搭接部位的焊接作业操作空间受到严重制约，且存在仰焊等不利于保证焊接质量的情况。考虑端头斜截面最大平面尺寸为 30cm，截面切割尺寸偏差为 1cm，则焊接时为保证斜截面能完全贴合 30 工字钢主拱架腹板，以其中一个点为支点，考虑拱架横向投影尺寸为 5m，则边墙部位拱架的调整尺寸将达到 1cm×5m/0.3m=16.8cm，若考虑主洞室斜截拱架最大水平投影长度达到了 11m，则拱架位置偏差可超过 30cm，远超规范要求。

由于斜截拱架端头断面的尺寸偏差势必带来斜截拱架整体角度上的调整，为保证斜截拱架的安装精度，需要解决的根本问题为：如何实现斜截拱架端头在施工安装时空间斜截面方位角的细微调整。考虑到隧道钢拱架需要同时传递各向作用力和弯矩，斜截拱架搭接部位截面方位角调整并连接后，需要进一步限制连接点的转动。由此，明确斜截拱架与主拱架连接点需要满足：连接前斜截面空间方位角可调节，连接后方位角固定锁死。所以，根据实际要求，提出了一种可调节的球形或球面连接装置，具体实施方式如图 4-90 所示。

1) 如图 4-90(a) 所示，该装置是由上部结构和下部结构通过螺栓连接的装置，上部结构带有一个圆形球体，下部结构有一个略大于上部结构球体的半球形凹槽，先将该装置的下部结构与大尺寸主拱架的腹板焊接,调节螺栓,使得上部结构与小尺寸的斜截钢拱架的端头面平行,焊牢后即满足主拱架和斜截拱架搭接施工的精确要求。

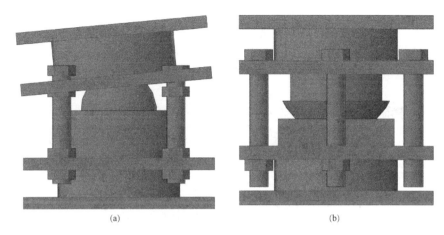

图 4-90 新型钢拱架连接装置
(a) 球形装置;(b) 球面装置

2) 如图 4-90(b) 所示,该装置与图 4-90(a) 装置类似,都是由上部结构和下部结构通过螺栓连接的装置,但是该装置上部结构带着的是一个球面体,下部结构带有一个略大于上部结构球面体的凹槽。与图 4-90(a) 装置安装一样,先将该装置的下部结构与大尺寸主拱架的腹板焊接,调节螺栓,使得上部结构与小尺寸的斜截钢拱架的端头面平行,焊牢后即满足主拱架和斜截拱架搭接施工的精确要求。

4.5.4 现场测试应用分析

根据振弦式传感器工作原理,钢弦的自振频率与钢弦之间的关系为:

$$f = \frac{1}{2L}\sqrt{\frac{\sigma}{\rho}} \tag{4-41}$$

式中:f——钢弦的自振频率(Hz);
L——两个质点之间的钢弦长度(m);
σ——钢弦所受的力(N);
ρ——钢弦的质量密度(g/cm^2)。

测试仪器在进行严格的标定后,进行如下的换算:

$$表面应变计: F_Y = K_Y(f^2 - f_0^2) \tag{4-42}$$

$$钢筋测力计: F_G = K_G(f^2 - f_0^2) \tag{4-43}$$

式中:K_Y——表面应变计灵敏系数标定系数($\mu\varepsilon$/Hz^2);
K_G——钢筋测力计灵敏系数标定系数(kN/Hz^2);
f——实测的频率值(Hz);
f_0——安装后的初始频率值(Hz)。

(1) 钢拱架变形情况

钢拱架应变-时间变化曲线如图 4-91 所示。

从钢拱架应变随时间变化曲线图(图 4-91)可以看出,在第 1~4d 内,随着衬砌的拆除，钢拱架的应变基本呈直线上升趋势，并在第 5d 左右达到最大值，随后将趋于稳定。从图中可以看出最大的应变值出现在 S5 位置上，呈现出受拉的趋势，最大值为 236.44$\mu\varepsilon$，S3 和 S4 也表现为受拉。受压点为 S1、S2、S6 三个位置，最大受压处为 S6 位置，最大值为 143.23$\mu\varepsilon$。分析监测数据可得最大的应变不超过 240$\mu\varepsilon$，说明围岩对钢拱架的变形影响很小，满足稳定性要求。同时，钢拱架的受拉与受压呈现的变形趋势与上述数值模拟类似，从而证明模拟的合理性。

（2）围岩与支护接触压力分析

通过在隧道围岩与支护结构之间埋置振弦式土压力计（YTTYJ20），用于测试开挖扰动对围岩产生的变形压力，根据现场监测数据可得到如图 4-92 所示隧道围岩压力-时间的变化曲线。

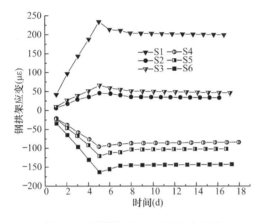

图 4-91 钢拱架应变-时间变化曲线

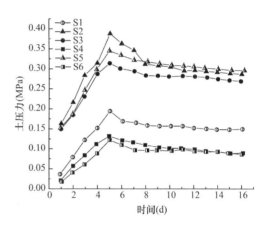

图 4-92 隧道围岩压力-时间的变化曲线

从图 4-92 中隧道围岩压力-时间的变化曲线可以看出，在交叉段的支护系统形成于第 1～5d 内，围岩的压力基本随着时间呈现直线上升趋势，当第 5d 后围岩的变化开始趋于稳定，最大压力值位于 S2 位置，其数值为 0.398MPa，说明离交叉点附近处围岩变形较大，S1、S4、S6 位置监测结果较小，这可能与仪器安装时围岩应力有部分已经释放有关。

（3）混凝土应变分析

根据图 4-93 混凝土应变-时间的变化曲线分析可得，在喷射混凝土形成支护系统之后，在第 1～5d 内，混凝土的应变随着时间的增加基本呈直线上升的趋势，然后在第 5d 左右达到最大值。分析原因认为，当衬砌喷射后，混凝土中的水化热释放，从而导致混凝土受热膨胀，拉扯应变计，因此产生了拉应变。

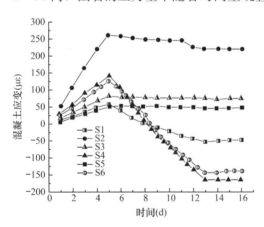

图 4-93 混凝土应变-时间的变化曲线

从图 4-93 中可以看出最大的应变值为 267.32$\mu\varepsilon$，在 S2 位置上，表现为拉应变，S3、S5 测点受拉变形较小。S1、S4、S6 开始随混凝土膨胀产生拉应变，随后逐渐转变为压应变，压应变值不超过 200$\mu\varepsilon$，说明衬砌受压力较小。

4.6 大跨隧道空间交叉口施工组织研究

4.6.1 总体施工顺序

（1）优先施工 3 号交叉口

优先斜井进正洞施工，途经 1 号交叉口施工段，2 号交叉口施工段，施工经过 1 号、2 号交叉口但不进行 1 号交叉口送风道、2 号交叉口排烟道进洞口的施工，斜井施工至 3 号交叉口处时，准备挑顶进正洞右线，进正洞右线往进口端施工一段距离。

（2）4 号交叉口施工，正洞反向施工

进正洞右线往进口端施工一段距离后（≥70m），根据现场实际情况反向施工正洞交叉口段 30～50m 距离，为右线正洞衬砌台车洞内拼装预留空间，同时，在此段距离施工临时集水井，汇集洞内积水后统一排出洞外。右洞反向施工时，利用正洞上台阶施工送风道与正洞交叉的 4 号交叉口，送风道仅施工交叉口段 5m 和送风道末端 5m，送风道中间段由 1 号交叉口施工。

（3）1 号交叉口施工

1 号交叉口送风道洞口根据正洞右线施工的进度情况适时施工，以不影响、干扰右线正洞的出碴、车辆通行为原则。1 号交叉口送风道进洞后，施工至 4 号交叉口，与已施工段送风道贯通。

（4）2 号交叉口施工

2 号交叉口上跨右洞，净高 6m，考虑右洞正洞施工断面大，爆破用药量较大，爆破振动也较大，且分部开挖多次扰动周边围岩，控制施工较难，而上跨的排烟道断面小，可采用机械或风镐开挖，爆破扰动较小，较易控制。因此，采取先施工正洞后施工排烟道的施工顺序，确保正洞和排烟道的施工安全。

2 号交叉口排烟道洞口根据正洞右线施工的进度情况适时施工，以不影响、干扰右线正洞的出碴、车辆通行为原则。2 号交叉口上跨右洞，净高 6m，施工至靠近右洞边界位置时，以"弱爆破、短进尺、强支护、勤量测"原则施工，根据现场实际围岩情况，采用弱爆破或机械开挖，人工风镐辅助，慢行通过正洞右线。

排烟道上跨完右洞后施工至排烟道末端，与左线正洞部位交叉部分按排烟道正常断面施工完成。

（5）正洞左右线间横通道施工

正洞右线往进口端形成正常施工后，根据现场往进口端方向正洞掌子面距横通道的实际距离，适时施工正洞左右线间横通道，通过横通道施工线路左线正洞。

进入左线正洞后，与右线一致优先往进口端方向的正洞施工。根据现场实际情况反向施工正洞 30～50m 距离，为左线正洞衬砌台车洞内拼装预留空间，同时，在此段距离施工临时集水井，汇集洞内积水后统一排出洞外。

（6）正洞与 5 号交叉口交叉部分施工

左洞反向施工时，利用正洞上台阶施工正洞与 5 号交叉口排烟道交叉部分，排烟道已施工完成，仅正洞与排烟道交叉正洞部分的施工。

(7) 各交叉口衬砌施工

各交叉口根据正洞拱墙衬砌施工的实际情况,适时开展各交叉口衬砌施工。

其中,与正洞交叉的5号交叉口需充分利用正洞衬砌台车,配合小块钢模或木板,浇筑混凝土形成排烟通道;4号交叉口送风道是位于正洞拱墙衬砌拱顶之下的通道,正洞拱墙衬砌时,需预埋或预留焊接钢板或接搓钢筋,搭设施工平台施工送风通道底板混凝土;3号交叉口排风通道口在正洞施工期间预留拱墙衬砌施工距离,待隧道贯通后或4号斜井与3号斜井贯通后,及时进行3号排风交叉口衬砌施工;1号、2号交叉口衬砌施工,可根据各自洞身段衬砌完成情况适时进行,1号交叉口段位于斜井断面加宽段,需自制加工或改造衬砌台车,满足净空要求后再进行衬砌施工。2号交叉口衬砌可采用斜井衬砌台车直接施工,以不影响正洞车辆通行为原则组织施工。

4.6.2 总体施工工艺介绍

(1) 3号斜井井底交叉口有5处,送风道、排风道、排烟道断面变化频繁,为适应断面变化,送风道、排风道、排烟道正常断面均采用台阶法施工,上台阶长度控制在3~5m,下台阶与铺底或仰拱距离5m左右,及时初支封闭成环;而对交叉口段断面加宽、加高等情形,根据现场实际围岩状况,则采用三台阶或三台阶预留核心土法施工或环形开挖预留核心土法。排烟道上跨右洞段,以"弱爆破、短进尺、强支护、勤量测"原则施工,根据现场实际围岩情况,采用弱爆破或机械开挖,人工风镐辅助,慢行通过正洞右线。

(2) 采用机械臂湿喷工艺。机械通风辅助局扇通风。

(3) 送风道、排风道、排烟道衬砌根据断面大小,采用整体液压衬砌台车或自制台架配合小块钢模或木板施工衬砌。

(4) 桐梓隧道属高瓦斯隧道,加强施工通风风机配置,加强施工通风管理,加强瓦斯监测管理,确保隧道整体的通风风量,对于风难以到达的变截面处,增加局扇,确保变截面处的通风,同时增设瓦斯监测探头,随时监测瓦斯浓度,确保高瓦斯隧道施工安全。

4.6.3 桐梓隧道1号交叉口施工工艺技术

(1) 1号交叉口施工工艺流程

1号交叉口施工工艺流程如图4-94所示。

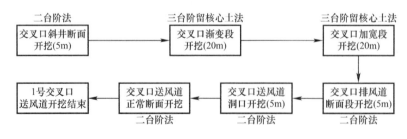

图4-94 1号交叉口施工工艺流程图

(2) 1号交叉口施工工艺技术

1) 1号交叉口斜井断面开挖

① 开挖方法。1号交叉口正常斜井断面采用正台阶法施工。

第一步：隧道采用台阶法开挖，施工中先开挖上断面Ⅰ，然后施作初期支护，之后跳槽开挖下半断面Ⅱ，施作相应的初期支护，待初期支护趋于稳定后，整体模筑二次衬砌。

第二步：下台阶Ⅱ部采用左右交错跳槽开挖，每次开挖长度不大于3榀拱架间距。

第三步：施工过程中应加强监控量测，根据量测信息指导隧道施工。

第四步：为确保仰拱施工质量，仰拱应采用自行式仰拱栈桥施工工艺整体式浇筑。

② 爆破设计。正常斜井断面爆破设计可参考经评审后的3号斜井开挖支护专项施工方案。

③ 出碴运输施工。出碴采用无轨运输方式，侧卸式装载机装碴，自卸汽车运碴至弃碴场。配置侧卸式装载机、自卸车，以加快出碴速度。

通过仰拱或铺底施工地段时，为避免仰拱及铺底施工对其他工序的干扰，拟采用全液压自行式仰拱栈桥。

④ 支护参数。支护参数见表4-13。

1号交叉口斜井断面支护参数表　　　　　表4-13

项目	支护参数
1号交叉口斜井断面	$\phi20$ 药卷锚杆，$L=3.0$m，间距 1.0m×1.2m（纵×环），梅花形布设；I14型钢钢架，纵向间距 1.0m（不含仰拱钢架）；$\phi8$ 单层网片，网格 20cm×20cm；喷射混凝土C25厚20cm；8cm预留沉降量。350g/m² 无纺土工布＋防水板；40cm厚C30钢筋混凝土
	超前支护：拱部99°范围设置超前小导管，超前小导管 $\phi42$mm×4mm 热轧无缝钢管，$L=3.5$m，环向间距 40cm，外插角 10°～15°，纵向间距 2m，搭接 1.5m

2）1号交叉口渐变段施工

1号交叉口渐变段长度20m，由正常斜井断面逐步扩宽，断面宽度由 11.16m 逐步扩宽至 14.34m，单侧扩宽 1.59m，单榀钢架平均扩宽 12.72cm，25榀钢架扩挖至 14.34m 宽度。

① 开挖方法。1号交叉口渐变段扩挖后断面宽度 14.34m，因此，渐变段开挖由二台阶开挖逐步转换成三台阶开挖。现场根据围岩地质情况适时将开挖工法调整至三台阶开挖。如遇围岩变差，则根据上台阶掌子面实际围岩情况，适时保留核心土，开挖工法转换成环形开挖预留核心土法。

② 爆破设计：

A. 炮眼布置。1号交叉口渐变段采用三台阶开挖，由于渐变段断面不一致，取渐变段开始变化时断面，随着开挖掘进，可适当增加辅助眼间距或新增辅助孔眼，采用光面爆破，周边眼间距取 55cm，由于该段为渐变段，周边眼应与轮廓线平行，故周边眼外插脚取 94°，周边眼抵抗线取 65cm。掏槽眼采用楔形掏槽的方式，掏槽眼钻孔深度为3m，如图 4-95 所示。

B. 装药计算。炸药采用2号岩石乳化炸药，光面爆破。

a. 周边眼计算装药量，采用线密度计算装药的方式，按式（4-44）计算：

$$q = 0.33 \times e \times k \times w^2 \tag{4-44}$$

式中：q——装药集中度（kg/m）；

k——爆出标准漏斗时的单位体积耗药量（kg/m³），围岩为中风化泥岩，查岩石单位用药量系数值，取 1.2kg/m³；

e——炸药换算系数，$e=320/B$；

B——炸药的爆力（ml），对2号岩石乳化炸药 $B=290$，故 $e=1.1$；

w——最小抵抗线（m）；

计算得：$q = 0.33 \times 1.1 \times 1.2 \times 0.652 = 0.184 \text{kg/m}$

单孔药量：$Q_K = q \times L = 0.184 \times 3.0 = 0.552 \text{kg}$

单孔药卷数：$0.552 \div 0.3 \approx 2$ 卷。

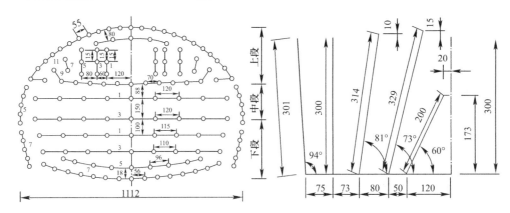

图 4-95　1 号交叉口渐变段炮眼布设图

b. 辅助眼装药，按孔眼长的 0.7~0.8 系数来装药，由于围岩较软，取 0.7。单孔装药长度：$0.7 \times 3 = 2.1 \text{m}$，装药卷数：$2.1 \div 0.3 = 7$ 卷。

c. 掏槽眼，通常按孔眼长的 0.8~0.9 系数来装药，由于围岩较软，取 0.8。

单孔装药长度：$0.8 \times 2 = 1.6 \text{m}$；装药卷数：$1.6 \div 0.3 = 5.3$ 卷，取 5 卷。二级掏槽眼为加强底部掏槽作用，减小辅助眼的倾斜角，故装药取底部 2m 处，单孔装药长度：$0.8 \times 2 = 1.6 \text{m}$，装药卷数：$1.6 \div 0.3 \approx 5.3$ 卷，取 6 卷。

装药量计算统计见表 4-14。

渐变段装药量统计表　　　　　　　　　表 4-14

位置	炮眼名称	段别	眼长(cm)	眼数	装药结构	药卷(mm)	单孔药卷(卷)	单孔药量(kg)	小计(kg)
上台阶	掏槽眼	1	200	6	连续	φ32×30	5	1.5	9
		3	329	6	连续	φ32×30	6	1.8	10.8
	辅助眼	5	314	6	连续	φ32×30	7	2.1	12.6
		7	300	7	连续	φ32×30	7	2.1	14.7
		9	300	13	连续	φ32×30	7	2.1	27.3
	周边眼	11	300	25	间隔	φ32×30	2	0.6	15
中台阶	辅助眼	1	300	9	连续	φ32×30	7	2.1	18.9
		3	300	9	连续	φ32×30	7	2.1	18.9
	周边眼	5	301	6	间隔	φ32×30	2	0.6	3.6
下台阶	辅助眼	1	300	9	连续	φ32×30	7	2.1	18.9
		3	300	9	连续	φ32×30	7	2.1	18.9
		5	300	9	连续	φ32×30	7	2.1	18.9
	底板眼	7	300	15	连续	φ32×30	5	1.5	22.5
	周边眼	7	300	25	间隔	φ32×30	2	0.6	15
合计				154					225

续表

位置	炮眼名称	段别	眼长(cm)	眼数	装药结构	药卷(mm)	单孔药卷(卷)	单孔药量(kg)	小计(kg)
开挖面积	83.2m²								
炮眼密度	1.85 个/m²								
单位用药量	0.90kg/m³								
进尺	2.7～2.8m（炮孔利用率取90%～95%）								
备注	本段爆破为1号斜井渐变段爆破设计。当炮孔利用低时，主要是掏槽眼的深度和角度设计不合理，适当增加掏槽眼孔深和减小孔底间距。若围岩爆破后呈U形，适当减小周边眼的间距，适当增加装药量								

③ 出碴运输施工。

与1号交叉口斜井断面出碴方式一致。

④ 支护参数及工艺。

支护参数见表4-15。

1号交叉口渐变段支护参数表 表4-15

项目	支护参数
1号交叉口渐变段断面	φ20药卷锚杆，L=3.0m，间距0.8m×1.2m（纵×环），梅花形布设；I18型钢钢架，纵向间距0.8m（不含仰拱钢架）；φ8单层网片，网格20cm×20cm；C25喷射混凝土厚24cm；8cm预留沉降量。350g/m²无纺土工布＋防水板；45cm厚C30钢筋混凝土
	超前支护：拱部103°范围设置超前小导管，超前小导管φ42mm×4mm热轧无缝钢管，L=4.0m，环向间距40cm，外插角10°～15°，纵向间距2.4m，搭接1.6m

1号交叉口渐变段初支支护、超前支护工艺与标准斜井断面一致，详见1号交叉口标准斜井断面初支支护工艺。仅钢架属异型断面，钢架分节如图4-96所示。

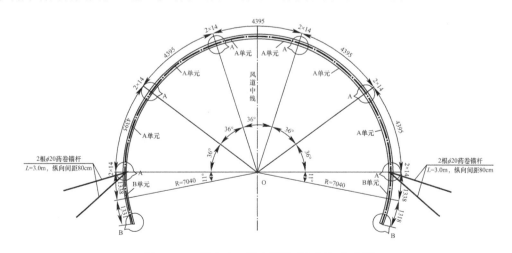

图4-96 1号交叉口渐变段异型钢钢架分节图

3) 1号交叉口加宽段施工

① 开挖方法。1号交叉口加宽断面经渐变段加宽后形成断面，因此，开挖方法与1号

交叉口渐变段开挖方法类似，采用三台阶法或环形开挖预留核心土法。

② 爆破设计：

A. 炮眼布置。

1号交叉口加宽段采用三台阶开挖，采用光面爆破，周边眼间距取55cm，由于该段为渐变段，周边眼应与轮廓线平行，周边眼抵抗线取65cm。掏槽眼采用楔形掏槽的方式，掏槽眼钻孔深度为3m（图4-97）。

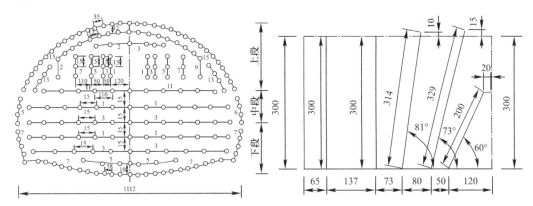

图4-97　1号交叉口加宽段炮眼布置图

B. 装药计算。

炸药采用2号岩石乳化炸药，光面爆破。采用式（4-44）计算装药量，则装药量计算统计见表4-16。

加宽段装药量统计表　　　表4-16

位置	炮眼名称	段别	眼长(cm)	眼数	装药结构	药卷(mm)	单孔药卷(卷)	单孔药量(kg)	小计(kg)
上台阶	掏槽眼	1	200	6	连续	φ32×30	5	1.5	9
		3	329	6	连续	φ32×30	6	1.8	10.8
	辅助眼	5	314	6	连续	φ32×30	7	2.1	12.6
		7	300	11	连续	φ32×30	7	2.1	23.1
		9	300	17	连续	φ32×30	7	2.1	35.7
		11	300	11	连续	φ32×30	7	2.1	23.1
		13	300	8	连续	φ32×30	7	2.1	16.8
	周边眼	15	300	33	间隔	φ32×30	2	0.6	19.8
中台阶	辅助眼	1	300	9	连续	φ32×30	7	2.1	18.9
		3	300	9	连续	φ32×30	7	2.1	18.9
	周边眼	5	301	8	间隔	φ32×30	2	0.6	4.8
下台阶	辅助眼	1	300	9	连续	φ32×30	7	2.1	18.9
		3	300	9	连续	φ32×30	7	2.1	18.9
		5	300	9	连续	φ32×30	7	2.1	18.9
	底板眼	7	300	17	连续	φ32×30	5	1.5	25.5
	周边眼	7	300	10	间隔	φ32×30	2	0.6	6
合计				178					281.7
开挖面积	125.8m²								

续表

位置	炮眼名称	段别	眼长(cm)	眼数	装药结构	药卷(mm)	单孔药卷（卷）	单孔药量(kg)	小计(kg)
炮眼密度	1.41个/m²								
单位用药量	0.75kg/m								
进尺	2.7~2.8m（炮孔利用率取90%~95%）								
备注	本段爆破为1号斜井加宽段爆破设计								

③ 出碴施工。

与渐变段出碴方式一致。

④ 支护参数。

1号交叉口加宽段初支支护、超前支护参数及工艺与渐变段初支一致，详见1号交叉口标准斜井断面初支支护工艺。

4) 1号交叉口排风道断面段施工

1号交叉口范围内排风道断面施工长度为5m，宽度为9.3m，断面如图4-98所示。

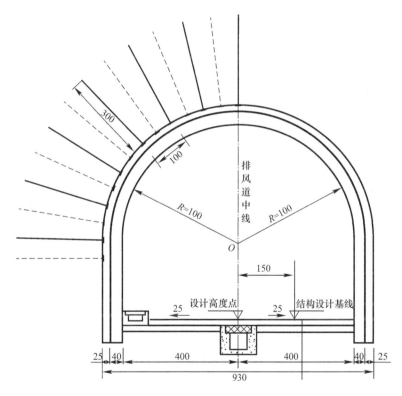

图4-98　1号交叉口排风道断面段横断面图

① 开挖方法。

1号交叉口排风道断面宽9.3m，采用全断面法或二台阶法施工。根据现场掌子面实际围岩情况，如围岩变差，则由全断面开挖调整为二台阶施工，确保施工安全。

② 爆破设计：

A. 炮眼布置。1号交叉口排风道段采用全断面开挖，采用光面爆破，周边眼间距取

55cm，由于该段为渐变段，周边眼应与轮廓线平行，周边眼抵抗线取 65cm。掏槽眼采用楔形掏槽的方式，掏槽眼钻孔深度为 2.5m（图 4-99）。

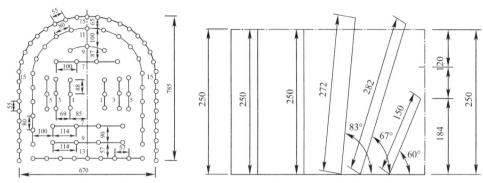

图 4-99　1 号交叉口段排风道普通段炮眼布设图

B. 装药计算。炸药采用 2 号岩石乳化炸药，光面爆破。采用式（4-44）计算装药量，则装药量计算统计见表 4-17。

排风道装药量统计表　　　　　　　　　　　　　　表 4-17

位置	炮眼名称	段别	眼长(cm)	眼数	装药结构	药卷(mm)	单孔药卷（卷）	单孔药量(kg)	小计(kg)
全断面	掏槽眼	1	200	6	连续	φ32×30	4	1.2	7.2
		3	282	6	连续	φ32×30	4	1.2	7.2
	辅助眼	5	272	6	连续	φ32×30	3	0.9	5.4
		7	250	8	连续	φ32×30	6	1.8	14.4
		9	250	7	连续	φ32×30	6	1.8	12.6
		11	250	21	连续	φ32×30	6	1.8	37.8
	底板眼	13	250	9	连续	φ32×30	5	1.5	13.5
	周边眼	15	250	37	间隔	φ32×30	1.5	0.45	16.65
合计				100					114.75
开挖面积	47.8m²								
炮眼密度	2.01 个/m²								
单位用药量	1.2kg/m								
进尺	2.25～2.38m（炮孔利用率取 90%～95%）								
备注	本段爆破为 1 号交叉口排风道断面段爆破设计								

③ 出碴运输施工。

与加宽段出碴方式一致。

④ 支护参数及工艺。

1 号交叉口范围排风道段初支支护参数及工艺与渐变段初支一致，详见 1 号交叉口标准斜井断面初支支护工艺。

5）1 号交叉口送风道施工

① 送风道洞口施工。

A. 洞口超前小导管注浆加固施工。

待 1 号交叉口渐变段、加宽段、排风道段施工完成后，择时施工送风道洞口。

送风道洞口施工前，需进行洞口范围加固，加固措施为沿送风道洞口开挖轮廓线外施工双环超前小导管，超前小导管为 $\phi 42mm \times 4mm$ 热轧无缝钢管，$L=4.0m$，环向间距 40cm，排间距 30cm，上下排小导管梅花形交错布设。施工范围为起拱线以上 180°范围，在超前小导管之下，开挖轮廓线之外，安装 1 榀 I18 钢架，钢架属异型钢架，如图 4-100 所示。

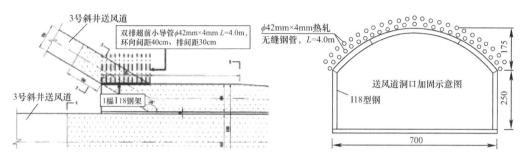

图 4-100　1 号交叉口送风道进洞洞口加固示意图

进洞口属立体交叉，因此，钢架为椭圆异型钢架。施工顺序为先测量放样，采用红油漆标识出送风道开挖轮廓线，然后施工超前小导管并注浆（1:1 水泥浆），再安装椭圆异型钢架，可先安装拱部异型钢架，钢架紧贴岩面，钢架与底排小导管焊接并增加锚杆加固钢架，防止钢架脱落。安装钢架后，喷射 C25 混凝土 22cm 厚，喷混凝土范围为钢架外 50cm。

B. 1 号交叉口加宽段送风道洞口范围内钢架切除。

1 号交叉口送风道洞口超前小导管注浆加固后，安装拱部钢架喷混凝土后，待混凝土强度满足要求后，对送风道洞口范围内的原 1 号交叉口加宽段钢架进行切除。

切除前，采用风镐对钢架周边喷射混凝土进行剔除，对纵向连接钢筋、钢筋网片进行切除，准备工作做好后，切除原钢架。

切除钢架后，沿切除钢架底部安装 1 榀 I18 型钢钢架，钢架与原钢架焊接牢固，并采用锚杆加固钢架，同时安装边墙支腿钢架，确保进洞开挖爆破施工安全。

C. 送风道洞口三角区开挖。

安装完钢架后，进行送风道洞口三角区开挖，开挖需注意钻眼角度。

送风道洞口三角区开挖采用台阶法开挖，先开挖起拱线以上拱部，再施工下台阶至墙脚段，如图 4-101 所示。

送风道洞口三角区段，内侧长度 6.06m，外侧为 0m，因此，钻孔应确保眼底在统一平面，确保开挖后掌子面平整。

本段爆破采用弱爆破，多钻孔少装药，单次进尺控制在 0.5m，严格控制超挖，开挖后立即初喷，再施工初支，确保施工安全。

② 送风道标准断面开挖。

送风道标准断面如图 4-102 所示。

A. 开挖方法。

根据现场围岩情况，采用全断面或正台阶法，围岩较差时，采用正台阶法，台阶控制在 3~5m，下台阶紧跟。

全断面法、正台阶法施工工艺流程及顺序与1号交叉口排风道开挖方式一致。

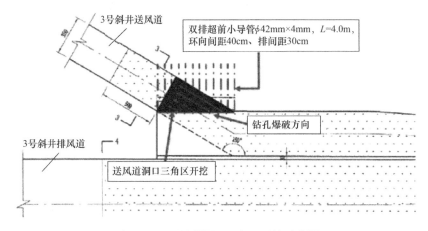

图 4-101 送风道洞口三角区开挖示意图

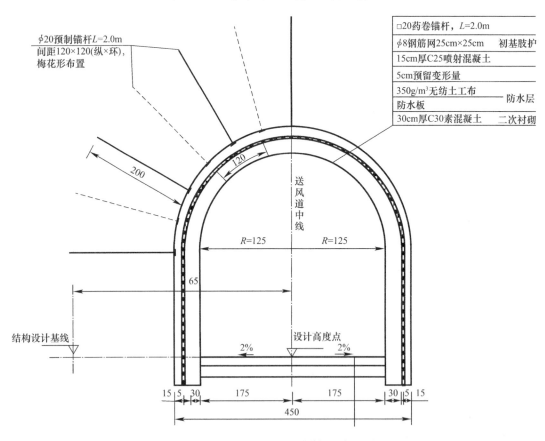

图 4-102 1号交叉口送风道标准断面图

B. 爆破设计：

a. 炮眼布置。1号交叉口送风道段采用上下台阶开挖，采用光面爆破，周边眼间距取55cm，由于该段为渐变段，周边眼应与轮廓线平行，周边眼抵抗线取65cm。掏槽眼采用楔形掏槽的方式，掏槽眼钻孔深度为2.5m（图4-103）。

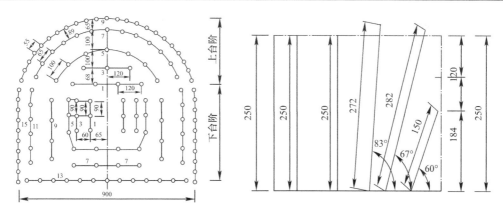

图 4-103　1号交叉口排风道炮眼布设图

b. 装药计算。

炸药采用 2 号岩石乳化炸药，光面爆破。采用式（4-44）计算装药量，则装药量计算统计见表 4-18。

送风道装药量统计表　　　　　　　　　　　　　　　表 4-18

位置	炮眼名称	段别	眼长(cm)	眼数	装药结构	药卷(mm)	单孔药卷(卷)	单孔药量(kg)	小计(kg)
上台阶	掏槽眼	1	150	6	连续	φ32×30	4	1.2	7.2
		3	282	6	连续	φ32×30	4	1.2	7.2
	辅助眼	5	272	6	连续	φ32×30	3	0.9	5.4
		7	250	10	连续	φ32×30	6	1.8	18
		9	250	8	连续	φ32×30	6	1.8	14.4
		11	250	12	连续	φ32×30	6	1.8	21.6
		13	250	10	连续	φ32×30	6	1.8	18
	周边眼	15	300	20	间隔	φ32×30	1.5	0.45	9
下台阶	辅助眼	1	300	4	连续	φ32×30	6	1.8	7.2
		3	300	2	连续	φ32×30	6	1.8	3.6
		5	300	7	连续	φ32×30	6	1.8	12.6
	底板眼	7	300	13	连续	φ32×30	5	1.5	19.5
	周边眼	7	300	23	间隔	φ32×30	1.5	0.45	10.35
合计				127					154.05
开挖面积	74.0m²								
炮眼密度	1.72 个/m²								
单位用药量	0.83kg/m								
进尺	2.25～2.38m（炮孔利用率取 90%～95%）								
备注	本段爆破为 1 号交叉口送风道爆破设计								

c. 出碴。

1 号交叉口范围内送风道段净空较小，开挖宽度仅为 4.5m，开挖高度 4.75m，受净空限制，出碴采用小型挖机出碴，小挖机将岩碴倒运出洞口。

d. 支护参数及工艺。

1号交叉口范围内送风道段初支支护参数及工艺与标准斜井段初支一致,详见1号交叉口标准斜井断面初支支护工艺。

4.6.4 桐梓隧道2号交叉口施工工艺技术

(1) 2号交叉口施工工艺流程

2号交叉口施工工艺流程如图4-104所示。

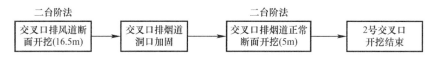

图4-104 2号交叉口施工工艺流程图

(2) 2号交叉口施工工艺技术

1) 2号交叉口排风道开挖支护

① 开挖方法。2号交叉口排风道长16.5m,采用全断面或台阶法开挖,如遇围岩变差,则根据掌子面实际围岩情况,适时调整为正台阶法,开挖工法由全断面转换成正台阶法。

② 出碴运输施工。与1号交叉口斜井断面出碴方式一致。

③ 排风道支护参数及工艺。2号交叉口排风道初支支护参数及工艺与1号交叉口斜井标准断面支护工艺一致,详见1号交叉口标准斜井断面初支支护工艺。

2) 2号交叉口排烟道施工

① 排烟道洞口加固。

待2号交叉口排风道施工完毕后,根据排风道施工具体情况适时施工排烟道,施工排烟道前先进行排烟道洞口加固,洞口加固采用双层超前小导管注浆加固后,安装1榀I18型钢钢架锁口。进洞口属立体交叉,因此,钢架为椭圆异型钢架(图4-105)。

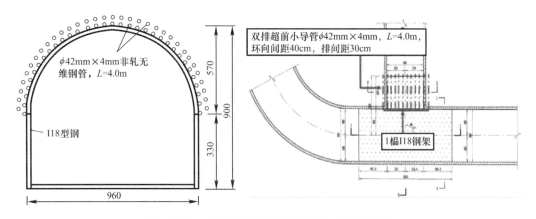

图4-105 2号交叉口排烟道进洞洞口加固示意图

② 2号交叉口段排烟道洞口范围内钢架切除。

2号交叉口排烟道洞口超前小导管注浆加固后,安装拱部钢架喷混凝土后,待混凝土强度满足要求后,对排烟道洞口范围内的原2号交叉口排风道段钢架进行切除。

③ 排烟道标准断面开挖:

A. 开挖方法。

全断面法、正台阶法施工工艺流程及顺序与2号交叉口排风道开挖方式一致。

B. 出碴。

2号交叉口范围内排烟道净空较小,衬砌后宽度仅为6.5m,衬砌高度5.75m,受净空限制,出碴采用中、小型挖机出碴,中型出碴自卸汽车出碴,以提高出碴运输效率。

C. 支护参数。

2号交叉口排烟道标准断面支护参数见表4-19。

2号交叉口排烟道标准断面支护参数表　　　　表4-19

项目	支护参数
2号交叉口排烟道断面	$\phi20$药卷锚杆,$L=3.0$m,间距1.2m×1.2m(纵×环),梅花形布设;$\phi8$单层网片,网格25cm×25cm;I14型钢拱架(拱墙),纵向间距1.2m;C25喷射混凝土厚20cm;5cm预留沉降量。350g/m² 无纺土工布+防水板;40cm厚C30钢筋混凝土

D. 初支施工。

2号交叉口范围内排烟道段初支支护工艺标准与2号交叉口排风道初支一致,详见2号交叉口排风道断面初支支护工艺。

4.6.5　桐梓隧道3号交叉口施工工艺技术

(1) 3号交叉口施工总体方案

先按3号交叉口排风道断面施工至渐变段,渐变段断面净宽由8m渐变至13m,净高由7.5m抬高至10.84m(含增加仰拱2.3m),渐变距离5m;形成加宽断面后,以加宽断面开挖5m,进入右线正洞右侧边墙,进入正洞前,进行门架的安装,门架由双拼I22b型钢钢架组合焊接加工而成。门架尺寸高于斜井拱部钢架,需扩挖后方可安装门架。门架安装完成后,以小导洞方式进入正洞,小导洞以排风道断面进入转向,转向后进行扩挖,扩挖至正洞上台阶断面,以正洞上台阶断面施工20m左右后,封闭掌子面。开挖支护排风道下台阶和施工仰拱,确保门架仰拱封闭成环。然后,对交叉口段小导洞临时支护进行拆换,将小导洞临时初支拆除,扩挖成正洞上断面,交叉口处正洞右侧钢架脚安装于排风道门架之上,并在门架外侧设立小牛腿,抵挡正洞右侧钢架脚水平推力。拆换完成后,恢复正洞掌子面施工,同时根据掌子面距交叉口距离情况,开始正洞下台阶及仰拱施工,交叉口段仰拱初支及仰拱支护暂时不施工,影响正洞交通,在有条件时施工交叉口段仰拱初支和仰拱填充。待正洞往进口端施工70~90m时,反向按台阶法施工正洞30~50m并封闭掌子面,本段距离作为衬砌台车洞内拼装、临时集水井场地。待衬砌台阶拼装完成后,进行正洞拱墙衬砌,待交叉口段仰拱初支及仰拱填充施工完成后,择时进行交叉口段拱墙衬砌,本交叉口作为正洞右线的排风道,交叉口位置不封堵,正洞拱墙衬砌时预留排风道净空。3号交叉口施工完成,如图4-106所示。

(2) 3号交叉口施工工艺流程

3号交叉口施工工艺流程如图4-107所示。

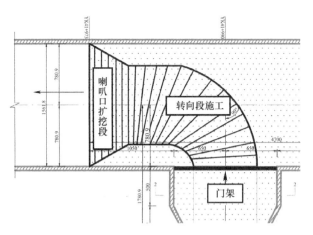

图 4-106 3号交叉口进正洞总体方案示意图

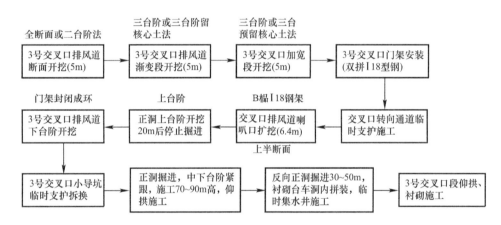

图 4-107 3号交叉口段施工工艺流程图

（3）3号交叉口施工工艺技术

1）3号交叉口排风道扩挖段施工

3号交叉口排风道扩挖断面由排风道断面净宽8m扩挖至13m，长度5m，因此，此段属异型钢架段，按6榀钢架调整至扩挖断面，单榀钢架单侧扩挖0.5m。

① 开挖方法。排风道渐变加宽段采用三台阶或三台阶预留核心土法施工。当围岩变差时，调整为三台阶预留核心土法或环形开挖预留核心土法施工。

② 爆破设计。与1号交叉口近似。

③ 出碴。采用无轨出碴，与1号、2号交叉口出碴方式一致。

④ 支护参数及工艺。3号交叉口排风道渐变加宽段初期支护参数及工艺与1号、2号交叉口初支支护施工工艺一致，详见1号交叉口初期支护施工工艺。

2）3号交叉口排风道加宽段施工

① 3号交叉口段开挖、支护。3号交叉口排风道加宽段开挖工法、初支工艺与3号交叉口段施工渐变加宽段一致。

② 3号交叉口排风道与正洞交叉处门架安装。

3）3号交叉口上半断面正洞内转向施工

新增斜井上半断面转向初支采用I14型钢钢架，以排风道上半断面掘进转向。转向段外侧长度21.5m，转向内侧长度6.9m，按12榀钢架完成转向，外侧钢架间距12m×1.8m，内侧钢架间距12m×0.58m，转向阶段拱顶标高逐步抬高与正洞洞顶标准一致。

从排风道加宽段起，开始爬坡，至正洞右侧边墙止，施工门架，再以小导洞转向，小导洞断面净宽8m，净高4.5m，转向内侧6.9m，外侧21.5m，安装I14型钢支护。本段为临时支护，支护参数应确保隧道施工安全。

4）小导洞正洞内喇叭口扩挖施工

喇叭口扩挖采用8榀I14型钢初支钢架完成，喇叭口扩挖长度6.4m，共6榀型钢钢架，间距0.8m，第8榀钢架扩挖至正洞上台阶正常断面，如图4-108所示。

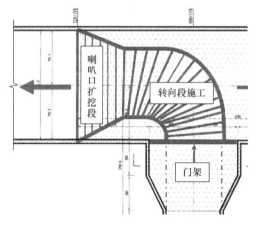

图4-108　3号交叉口小导洞正洞内喇叭口扩挖示意图

5）正洞上台阶开挖

形成正洞上台阶后，在有条件的情况下，继续施工约20m后停止施工，喷混凝土封闭掌子面。

6）3号交叉口排风道下台阶及仰拱施工

排风道下台阶施工主要将型钢脚支护施工至边墙底，安装仰拱初支，施作仰拱填充。下台阶施工至门架，连通门架脚一同施工。门架脚应处于基岩上，确保承载力，避免门架下沉，如图4-109所示。

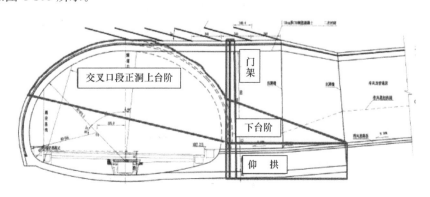

图4-109　3号交叉口排风道下台阶及仰拱施工示意图

排风道下台阶及仰拱施工完成后,对正洞内小导洞内爬坡道修整,便于小导洞拆换后的出碴等施工。

7) 正洞交叉口段初支拆换施工

正洞交叉口段初支拆换施工是小导洞(排风道上半断面)与主洞交叉口施工的重点。拆换段有喇叭口段、小导洞断面正洞内转向段,总体长度约30m。拆换段范围如图4-110所示。

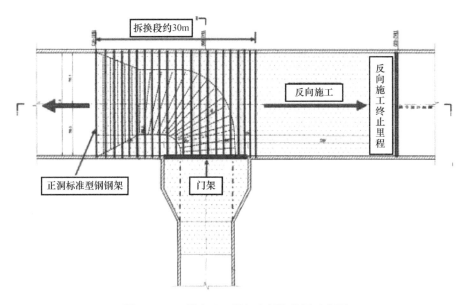

图4-110 3号交叉口段初支拆换范围示意图

拆换型钢钢架应采用"弱爆破、短进尺、快封闭、勤量测"的原则。每次拆换1榀钢架,采用弱爆破结合人工风镐拆换。拆换后的正洞钢架应施作超前小导管,超前小导管尾端与钢架焊接牢固。严禁放大炮多榀钢架同时拆换,确保交叉口段施工安全。拆换时勤量测,对拆换前的钢架和正洞拆换后的钢架一同监测,预警交叉口段拱顶大面积坍塌。

8) 正洞反向施工

正洞反向施工可根据正向正洞施工一定距离后施工,避免双向掌子面同时施工相互干扰,影响施工进度。

反向施工可先施工上台阶,再中、下台阶跟进,施工30~50m后,停止上台阶掘进,中、下台阶跟进至上台阶位置,预留微台阶状,台阶长度2m左右,喷混凝土封闭掌子面。

9) 正洞临时集水井施工

待反向掌子面全封闭完成后,开始施工临时集水井。

正洞Ⅳ级围岩地段临时集水井施作,需先施工仰拱。仰拱施工完成后设置型钢、钢板铺盖,仰拱设置混凝土隔墙承载型钢、钢板及车辆通行荷载,两侧设置牛腿承载,钢板及型钢应预留清除沉淀淤泥位置。

同时设置集中抽水泵房,安装大型抽水设备,集中抽排积水至斜井洞外。反坡排水方案可详见相关的专项反坡排水方案。

10) 3号交叉口段仰拱及衬砌施工

3号交叉口仰拱及填充施工影响正洞洞内施工,但实施时间可调整,可调整至春节放假期间或对正洞施工影响较小时段施工,尽量避免正洞洞内繁忙时间施工,应充分利用自行式仰拱栈桥,可确保小部分车辆通行,交叉口段仰拱初支、仰拱及填充混凝土施工时间大约7d时间。

(4) 3号交叉口段支护参数

1) 3号交叉口段排风道支护参数

为确保交3号交叉口排风道段整体结构的稳定,以及正洞交叉口段右侧钢架脚的连接稳定,适当地对原设计支护参数进行局部加强,主要为门架的安装。

3号交叉口处门架支护参数见表4-20。

3号交叉口处门架支护参数表 表4-20

原设计支护参数	调整后支护参数
无门架设置	增设门架I22b双拼门架两榀及门架与拱架间I22b型钢支撑、门架与拱架脚单侧共4根锁脚采用ϕ42钢管,长3.5m,与门架脚、拱架脚焊接牢固。喷混凝土厚度根据拱架实际控制高度确定。 本段10m范围内建议增加仰拱钢架,初支钢架封闭成环

3号交叉口处门架及初期支护是永久结构,应规范施工。

2) 3号交叉口段正洞支护参数

为确保交叉口正洞段整体结构的稳定,适当地对原设计支护参数进行局部加强,见表4-21。

正洞交叉口加强段支护参数表 表4-21

项目	调整后支护参数
正洞交叉口加强段支护参数	交叉口加强段长30m,ϕ20药卷锚杆,$L=3.5$m,梅花形布设,间距0.8m×1.2m(纵×环),边墙、拱部设置;ϕ8单层钢筋网片,网格20cm×20cm;I18型钢钢架,纵向间距0.8m,共31榀;24cm厚C25喷射混凝土;12cm预留沉降量;50cm厚C30钢筋混凝土。门架范围内右侧型钢钢架脚与门架连接,钢架腿末端设置小型牛腿支挡正洞型钢脚

正洞交叉口加强段初支属正洞永久初支,应规范施工。

3) 3号交叉口小导洞进正洞转向段支护参数

3号交叉口小导洞进正洞转向阶段型钢钢架属异型钢架,每榀钢架断面尺寸各不相同。转向外侧长约21.5m,内侧长约6.9m,内侧钢架间距按0.58m/榀设置,外侧钢架按1.8m/榀设置,逐步转向。小导洞正洞内转向段初支参数见表4-22。

3号交叉口小导洞正洞内转向段初支支护参数表 表4-22

无设计支护参数	调整后支护参数
属临时初支支护结构,需拆除	3号交叉口小导洞进正洞转向阶段型钢钢架属异型钢架,采用I14型钢架,转向外侧长约21.5m,外侧钢架按1.8m/榀间距布设,外侧共12榀钢架;内侧长约6.9m,内侧钢架间距按0.58m/榀布设,内侧共12榀钢架。钢架单侧设置两根ϕ22锁脚锚杆,$L=3.5$m。全环设置ϕ20药卷锚杆,纵环向间距约1.2m×1.2m。ϕ8单层钢筋网片,网格25cm×25cm,根据具体围岩情况局部设置超前小导管

3号交叉口小导洞正洞内转向段属临时初支结构,需拆除。

4)3号交叉口小导洞扩挖喇叭口段支护参数

小导洞方向已调整与正洞中心线方向垂直,只需将小导洞扩挖成正洞上台阶断面,本段型钢钢架属异型钢架,需拆除。喇叭口扩挖长度6.4m,共8榀型钢钢架,间距0.8m,第8榀钢架扩挖至正洞上台阶正常断面。小导洞扩挖喇叭口段初支支护参数见表4-23。

斜井上半断面扩挖喇叭口段初支支护参数表 表4-23

无设计支护参数	调整后支护参数
属临时初支支护结构,需拆除	3号交叉口小导洞扩挖喇叭口段型钢钢架属异型钢架,采用I14型钢钢架,喇叭口扩挖长度6.4m,共8榀型钢钢架,间距0.8m,第8榀钢架扩挖至正洞上台阶正常断面,共7榀异型钢架,1榀正洞上台阶初支钢架。钢架单侧设置两根ϕ22锁脚锚杆,$L=3.5$m。全环设置ϕ20药卷锚杆,纵环向间距约0.8m×1.2m。正洞上台阶断面形成后,拱部120°范围设置超前小导管,环距0.4m

3号交叉口小导洞扩挖喇叭口段属临时支护结构,需拆除。

4.6.6 桐梓隧道4号交叉口施工工艺技术

(1)4号交叉口施工总体方案

4号交叉口为经1号交叉口的送风道与隧道右线正洞相交的位置,送风道断面相对较小,标准断面开挖宽度4.5m,开挖高度4.75m,净宽3.5m,净高3.7m。在与正洞交叉段属风道渐变段,断面净宽缩小,由标准断面净高3.7m缩小至2.16m。因此,充分利用右洞正洞上台阶开挖时,施作交叉口,且正洞初支与送风道初支连接一体,从右线正洞中心线往送风道纵断面方向施工17.81m,施工依次为连接段(7.81m)、风道渐变加强段(5m)、风道渐变段(5m)。1号交叉口段至4号交叉口段送风道标准断面适时开挖,最终贯通送风道。

4号交叉口为送风通道与隧道右线相交交叉口,4号交叉口中心里程为YK42+030,而3号交叉口中心里程为:YK41+990,中心距40m,净距30.5m。根据隧道正洞右线经3号交叉口排风道进洞后,先往进口端施工,形成一定距离后反向施工,反向施工段落作为衬砌台车洞内拼装、大型临时集水井的空间,反向距离一般为30~50m,此段施工距离超出3号交叉口至4号交叉口的净距30.5m。因此,4号交叉口可先由正洞施工上台阶时,一同施工4号交叉口。

4号交叉口段衬砌施工,待正洞衬砌施工时一同施工,确保正洞拱墙衬砌与送风道衔接部分的整体性。

(2)4号交叉口施工工艺流程

4号交叉口施工工艺流程如图4-111所示。

(3)4号交叉口施工工艺技术

利用正洞上台阶作为4号交叉口送风道施工平台,正洞上台阶底部标高低于送风口底部,施工时,回填垫设部分弃碴,弃碴顶部标高与送风道底部标高一致,利于送风道开挖支护。

4号交叉口施工前,正洞上台阶已开挖支护超出交叉口段至少5m以上。正洞上台阶在交叉口段范围内钢架支护一同施作,确保交叉口段拱部型钢整体受力。

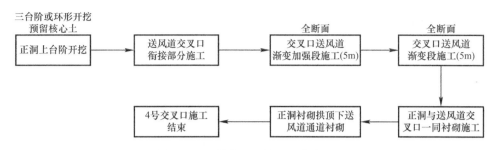

图 4-111　4 号交叉口施工工艺流程图

① 4 号送风口入口加固施工。

待正洞上台阶开挖支护超出交叉口段 5m 后,对交叉口段送风道开挖轮廓线外进行进洞前支护加强,采用超前小导管超前注浆加固洞口。同时,对正洞交叉口送风道入口顶部、底部范围内的钢架切除处各增加锁脚锚管,锁脚锚管采用 $\phi 42$ 钢管,$L=4.0m$,顶部、底部单榀钢架增加两根锁脚锚管。待超前小导管注浆加固完成后,对交叉口段范围的正洞型钢进行切除,同时在切除钢架底端安装 1 榀钢架,与初支钢架焊接,底部送风道正洞型钢顶端加焊横梁,如图 4-112 所示。

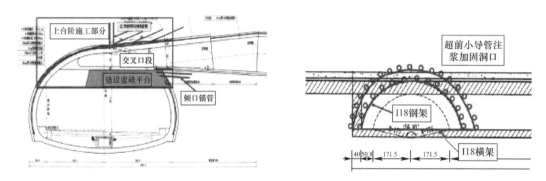

图 4-112　4 号交叉口送风道入口处支护加强示意图

正洞上台阶拱架支护喷混凝土时,可预留送风道入口范围先不喷混凝土,为钢架的切除做好准备。

② 送风口入口开挖支护施工。

4 号交叉口送风道入口处切除正洞初支钢架后进行送风道入口开挖。本段开挖断面不规则,采用"管超前、弱爆破、短进尺、多打眼、少装药、应初喷、早支护、勤监测"的原则施工。入口不规则段开挖长度为 7.81m。弱爆破配合风镐修整轮廓面,应立即初喷,初喷后安装钢架。入口段钢架属异型钢架,送风道钢架与正洞钢架焊接牢固,施打超前小导管并注浆,施打药卷锚杆,确保入口施工安全。

③ 送风道渐变加强段、送风道渐变段施工。

送风道渐变加强段、渐变段断面变化,长度各 5m,开挖净空为 3.21m(高)×4.5m(宽),开挖方法采取全断面开挖。全断面开挖工法开挖与 1 号、2 号、3 号交叉口段全断面开挖方式一致。

④ 出碴。

出碴受断面尺寸限制,采用小型挖掘机配合小型自卸汽车出碴。

⑤ 4号交叉口支护：

A. 支护参数。

4号交叉口各段支护参数见表4-24。

4号交叉口支护参数表　　　　表4-24

支护部位	支护参数
送风道入口加固支护	4号交叉口送风道入口范围增设双排超前小导管注浆加固入口，$\phi 42\times 4mm$，$L=4.0m$，环向间距40cm，双排间排距30cm，共28根。注水泥浆，配比为1:1 正洞初支钢架脚增加锁脚锚管：入口范围内正洞7榀初支钢架顶端、底部增设$\phi 42$钢管锚管锁脚，单榀顶部、底部各增设2根，$L=4.0m$，若锁脚锚管与超前小导管重合则按锁脚锚管施打。送风道入口处范围正洞7榀初支钢架切除后，上部底端增设1榀I18钢架与初支钢架焊接，底部顶端增加1根I18型钢横梁，与正洞初支钢架焊接
送风道渐变加强段支护	送风道渐变加强段长12.81m，$\phi 20$药卷锚杆，$L=3.0m$，梅花形布设，间距$0.8m\times 1.2m$（纵×环），边墙、拱部设置；$\phi 8$单层钢筋网片，网格$20cm\times 20cm$；I14型钢钢架，纵向间距0.8m；20cm厚C25喷射混凝土；5cm预留沉降量；$350g/m^2$无纺土工布＋防水板；50cm厚C30钢筋混凝土。与正洞初支钢架衔接处焊接牢固并增设锁脚锚杆 超前支护：$\phi 42\times 4mm$超前小导管，$L=4.0m$，环向间距40cm，纵向间距2.4m，搭接1.6m，外插角$10°\sim 15°$
送风道渐变段	送风道渐变段长5m，$\phi 20$药卷锚杆，$L=2.0m$，梅花形布设，间距$1.2m\times 1.2m$（纵×环），边墙、拱部设置；$\phi 8$单层钢筋网片，网格$25cm\times 25cm$；15cm厚C25喷射混凝土；5cm预留沉降量；$350g/m^2$无纺土工布＋防水板；30cm厚C30钢筋混凝土

B. 4号交叉口支护施工工艺。

4号交叉口支护施工工艺与1号、2号、3号初期支护施工工艺一致。

4.6.7　桐梓隧道5号交叉口施工工艺技术

(1) 5号交叉口总体施工方案

5号交叉口与正洞左线相交为排烟道，交叉段排烟道底部与正洞拱顶相通，当隧道发生火灾时，浓烟通过排烟道排出洞外。

左线正洞施工需打通左右线之间联络通道后方可左线掘进，为不影响右线正洞正常的施工，一般待右洞掌子面距横通道一定距离后施工横通道增加左线工作面，左线相对右线施工时间较晚。因此，5号排烟道贯通时间较晚，而优先施工排烟通道至交叉口末端，优先施工排烟通道，后施工正洞，施工正洞时将正洞与排烟通道贯通。开挖支护施工完成后，根据左线正洞的衬砌安排，适时施工5号交叉口衬砌，完成整体5号交叉口施工。

5号交叉口正洞段（纵向长约7.3m），开挖需扩挖成17.985m（高，含排烟道开挖高度）×19.02m（正洞开挖宽度）×7.3m（正洞纵向长度）的大型空腔。左线正洞施工至5号交叉口范围时，采用三台阶预留核心土法或采用环形开挖预留核心土法，逐步扩挖交叉口洞室。

5号交叉口范围内排烟道长22.318m，5号交叉口排烟道在左线正洞未施工至交叉口之前先施工完成。根据排烟道断面大小，采用正台阶法或环形开挖预留核心土法。

5号交叉口衬砌施工是重难点。交叉口段衬砌施工需正洞先拱墙衬砌，拱墙衬砌时预留出排烟道净空位置,即拱墙衬砌顶部需安装模板预留空腔。待拱墙衬砌混凝土强度满足要求后,进行拱墙衬砌背后的回填,回填C20混凝土,回填至设计标高后,施作排烟道底板,排烟道底板施作于拱墙背后回填C20混凝土之上。

排烟道底板施工完成后,施工排烟道正洞范围内的衬砌。排烟道衬砌前将正洞拱墙预留的空腔采用临时型钢＋铁板等覆盖,确保排烟道衬砌施工时人员高空坠落受伤、高空坠物砸伤、砸坏正洞下行人员、车辆等,确保施工安全。

根据排烟道净空尺寸,采用搭设型钢井字架配合小块钢模、木模等施工衬砌。

正洞拱墙衬砌与排烟道衬砌施工完成后,施工正洞衬砌空腔间的"十"字纵向、环向肋板(宽)50cm×(高)70cm。最终完成5号交叉口施工。如图4-113所示。

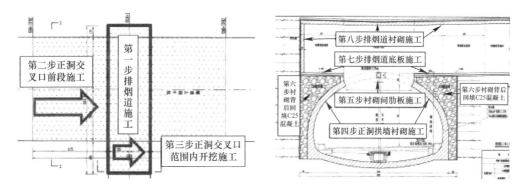

图4-113 5号交叉口总体施工顺序示意图

(2) 5号交叉口施工工艺流程

5号交叉口施工工艺流程如图4-114所示。

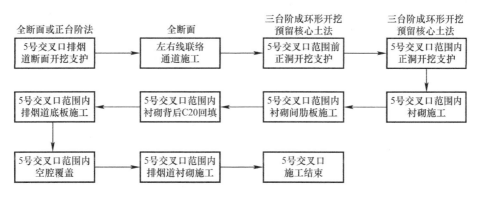

图4-114 5号交叉口施工工艺流程图

(3) 5号交叉口施工工艺技术

1) 5号交叉口排烟道施工

① 开挖方法。

5号交叉口排烟道采用全断面法或正台阶法,遇围岩较差时,采用正台阶法施工。排烟道开挖全断面、正台阶法与1号、2号、3号、4号交叉口全断面、正台阶施工方法一致。

② 出碴。

5号交叉口排烟道采用装载机配合自卸汽车出碴。

③ 支护参数

支护参数见表4-25。

排烟道支护参数表 表4-25

项目	排烟道支护参数
5号交叉口排烟道支护	5号交叉口范围内排烟道长22.318m。ϕ20药卷锚杆，$L=3.0$m，纵环向间距约1.2m×1.2m，梅花形布设；设置ϕ8单层钢筋网片，网格25cm×25cm；I14型钢钢架，纵向间距1.2m；20cm厚C25喷射混凝土；5cm变形沉降量；350g/m²无纺土工布＋防水板；40cm厚C30钢筋混凝土

④ 支护施工工艺

5号交叉口范围内排烟道支护施工工艺与1号、2号、3号、4号交叉口支护施工工艺一致。

2）5号交叉口范围内正洞施工

① 开挖方法。

5号交叉口范围内正洞采用三台阶七步开挖法或环形开挖预留核心土法，长度$L=7.8$m。本段正洞开挖时，顶部排烟道已开挖初支完成，因此，本段开挖需采用弱爆破、风镐、挖掘机、铣挖机等设备配合施工，严禁放大炮施工。

② 出碴。

采用装载机配合自卸汽车出碴。

③ 支护参数。

5号交叉口范围正洞支护参数见表4-26。

5号交叉口段正洞支护参数表 表4-26

项目	正洞支护参数	
	原设计	加强支护参数
5号交叉口正洞支护参数	5号交叉口范围内正洞长7.8m。ϕ20药卷锚杆，$L=3.5$m，纵环向间距约1.2m×1.2m，梅花形布设；设置ϕ8单层钢筋网片，网格20cm×20cm；10cm厚C25喷射混凝土；C20混凝土回填，350g/m²无纺土工布＋防水板；70cm厚C30钢筋混凝土	5号交叉口范围内正洞长7.8m。ϕ20药卷锚杆，$L=3.5$m，纵环向间距约0.8m×1.2m，梅花形布设；设置ϕ8单层钢筋网片，网格20cm×20cm；I18型钢钢架，纵向间距0.8m；边墙顶部、底部设置I18横梁，边墙设ϕ42mm×4mm注浆钢花管，末端与钢架焊接牢固，$L=4.5$m，环向间距0.5m，梅花形布设，外插脚向下45°。24cm厚C25喷射混凝土；350g/m²无纺土工布＋防水板；70cm厚C30钢筋混凝土

5号交叉口段正洞初支加强支护如图4-115所示。

5号交叉口范围内正洞纵向端头设置的I18型钢，底部设置ϕ42mm×4mm注浆钢花管托住横梁，钢花管末端与横梁焊接牢固。同时，横梁上部与排烟道初支钢架焊接牢固，横梁也作为排烟道拱架的支撑点。确保整个交叉口的稳定。

④ 支护施工工艺。

5号交叉口开挖跨度大，高度高、两侧垂直开挖，注浆钢花管作用巨大。因此，需严格控制注浆钢管的施工质量，确保注浆效果。其施工工艺与1号、2号、3号、4号交叉口支护施工工艺一致。

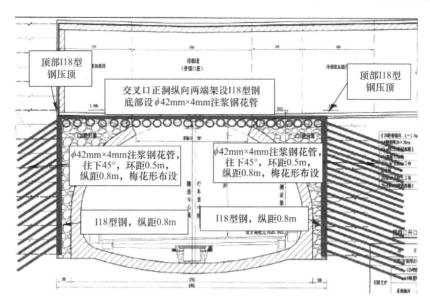

图 4-115　5 号交叉口段正洞初支加强支护示意图

4.7　小结

本章以桐梓隧道空间交叉施工为背景，采用数值模拟的方法对斜井、联络风道、交叉口开挖过程进行了动态模拟。具体结论如下：

（1）1 号、2 号、3 号、4 号、5 号交叉口、联络风道及主洞施工组织合理，施工工艺可靠，各交叉口、联络风道及主洞初支竖向位移及应力满足施工控制要求。

（2）通过模拟计算，初支竖向位移最大处主要集中在交叉口与主洞初支交接的拱顶及拱腰处，1 号交叉口初支最大竖向位移值约为 3.92mm；2 号交叉口初支最大竖向位移值约为 2.52mm；3 号交叉口初支最大竖向位移值约为 5.27mm；4 号交叉口初支最大竖向位移值约为 4.72mm；5 号交叉口初支最大竖向位移值约为 3.70mm；主洞最大竖向位移值约为 4.85mm；各交叉口及主洞初支满足沉降控制要求（40mm）。

（3）通过模拟计算，初支应力表现为拱顶受拉、拱腰受压、拱脚及边墙受拉，隧底受影响较小，最大应力主要集中在主洞与交叉口拱肩与拱腰处，1 号初支最大压应力约为 8.55MPa；2 号交叉口初支最大压应力约为 5.57MPa，3 号交叉口初支最大压应力为 13.33MPa；4 号交叉口初支最大压应力约为 3.71MPa；5 号交叉口初支最大压应力为 2.83MPa；主洞初支最大压应力值为 7.90MPa。初支应力均满足强度要求（19MPa）。

（4）通过模拟计算，3 号、4 号交叉口附近主洞拱腰初支应力较大，最大值约为 13MPa，考虑爆破荷载等综合作用可能造成交叉口处喷射混凝土开裂，建议 3 号、4 号交叉口处拱架进行加密，加强监测，及时施作二次衬砌保障施工安全。

（5）在大跨隧道空间交叉口施工受力分析和支护方案的基础上进行了大跨隧道空间交叉口施工组织研究，在数值的基础上进行了完善细化，经现场施工验证，大跨隧道空间交叉口施工工序科学合理，各交叉口及主洞变形、应力满足施工安全要求，有效提高交叉口施工工效。

第5章 喀斯特地貌山地特长大跨高瓦斯隧道穿煤关键技术

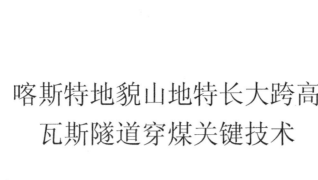

5.1 拟解决关键问题及重难点分析

5.1.1 拟解决的关键问题

(1) 对石门揭煤瓦斯隧道不同预留岩柱厚度进行受力分析,确定大跨度高瓦斯隧道最小安全岩柱厚度,科学合理指导揭煤,确保施工安全。

(2) 对大跨瓦斯突出隧道突出性进行判别、评估方法分析及防突措施研究,指导隧道揭煤防突,安全施工。

(3) 分析瓦斯压力对隧道支护结构瓦斯密封效果的影响,并对新型纤维混凝土气密性、收缩性、可喷性及可泵性等方面进行研究,研究新型纤维混凝土的材料组成、配合比参数及施工工艺。

5.1.2 重难点分析

(1) 桐梓隧道设计瓦斯压力 1.5MPa,瓦斯相对涌出量最高达 $17.36 \sim 26.44 m^3/t$,根据地质调绘及煤矿勘探资料显示可采煤层有三层(C3、C5、C6),C3 厚 $0 \sim 1.54m$,平均 $0.82m$;C5 厚 $0 \sim 2.33m$,平均 $1.5m$;C6 厚 $0.61 \sim 6.76m$,平均 $1.31m$,如何通过理论模型计算确定最小预留岩柱厚度,用于指导隧道施工是该项研究的重难点。

(2) 结合贵州省瓦斯隧道施工指南,进行煤与瓦斯突出性判别、鉴定以及防突措施应用、研究是该项研究的重难点。

(3) 如何通过新型纤维混凝土配合比进行纤维混凝土气密性、收缩性可喷性等方面研究,确定最优纤维混凝土配合比及施工工艺是该项研究的重难点。

5.2 特长大跨高瓦斯隧道石门揭煤岩柱受力状态研究

贵阳地区为典型喀斯特地貌岩溶山地城市,地形起伏大,地区岩溶发育。岩溶峰谷交错,地层上软下硬,地下水丰富,地质条件突变大。岩溶以充填型岩溶为主,小规模、局部岩溶充填物易塌落,且受地下水影响易造成塌方、冒顶施工风险。以岩溶为代表,贵阳的不良地质与其他城市不同,不可控因素多,施工风险高。

引起既有建(构)筑物沉降和坍塌的风险主要表现为:地质风险、过水管涵渗漏及基础资料缺失、施工方法等风险。

5.2.1 煤层群超前钻探关键技术

(1) 煤层群超前钻探设备

普通无瓦斯隧道现广泛使用履带式液压潜孔钻机(如 TY-370GN 履带式液压潜孔钻

机）作为超前钻探工具,该钻机钻孔深度一般较短（30～40m）,钻机广泛应用于冶金、矿山、建材、铁路、水电建设、国防施工及土石方等露天工程的爆破孔钻凿及水下钻孔爆破炸礁工程中。钻头具有较强冲击性,特别是在瓦斯隧道突出煤层段,易诱导煤层突出,危险系数高,且钻机不具备瓦斯隧道特殊作业环境下的防爆功能,同时钻进深度不能满足对煤层群超前探测需要,如图5-1所示。

图 5-1　TY-370GN 履带式液压潜孔钻机

目前,煤矿专用钻机主要有 ZDY-1250 煤矿用液压坑道钻机等,钻机具备安全国家防爆标志,该装备已在我国煤矿得到了广泛的推广应用,可适用于煤矿井下超前探测、钻瓦斯抽放孔、排放孔及各种工程钻孔,同样完全适用于瓦斯隧道的超前钻探工作,钻孔深度可达 100m 以上。ZDY-1250 煤矿用液压坑道钻机基本参数见表 5-1,钻机施工情况如图 5-2 所示。

ZDY-1250 煤矿用液压坑道钻机基本参数　　表 5-1

项目	单位	ZDY-1250 煤矿用液压坑道钻机
最大钻进深度	m	200
开孔直径	mm	95/115
终孔直径	mm	65/75
钻杆直径	mm	50
钻机角度	°	$-90\sim+90$
额定输出转速	r/min	80/170
额定输出扭矩	N·m	1250/600
给进力	kN	60
起拔力	kN	45
锚固力	kN	4×50
钻机钻架支撑高度范围	mm	1800～2600
正常给进速度	m/min	0～1.5

图 5-2 超前钻孔施工图

（2）离煤层群超前钻孔参数

利用钻屑法可以对隧道前方的地质情况进行分析和判断，如煤层、瓦斯的赋存情况，同时利用钻机钻探时所表现的状态性质可以对隧道前方的断层、溶洞、暗河等进行判断，初步掌握隧道前方地质构造的里程位置，从而采取相应措施保证施工的安全。

由于地质勘探资料一般存在较大误差，且未探明的地质构造也存在影响安全施工的不利因素。综合考虑，施工期间运用钻探技术手段探测煤层及地质赋存情况。超前钻孔终孔位置应始终保持至少控制在隧道轮廓线上部及两侧 5m，依据钻孔控制范围，对钻孔参数进行优化设计。隧道超前探孔设计参数见表 5-2，超前探孔布置示意图如图 5-3 所示。

隧道超前探孔设计参数表				表 5-2
孔号	方位（°）	倾角（°）	设计孔深（m）	备注
1 号探孔	10	10	102	记录瓦斯动力现象
2 号探孔	0	5	100	记录瓦斯动力现象
3 号探孔	左偏 5	0	100	记录瓦斯动力现象
4 号探孔	右偏 5	0	100	记录瓦斯动力现象

注：隧道中心线掘进方向为 0°。

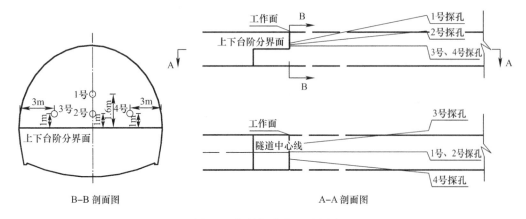

图 5-3 超前探孔布置示意图

5.2.2 高瓦斯隧道计算模型建立和参数取值

以桐梓隧道瓦斯段煤系地层段为研究对象建立模型，研究段长度100m，两边选取5倍的隧道直径宽度进行计算，模型宽190m，模型底部取5倍直径，高度为170m。隧道埋深取实际深度。地表的建立是根据三维等高线生成地表，符合实际情况。煤层按边界条件处理，煤层与隧道中心线呈水平45°夹角，70°倾角，瓦斯压力选取1.42MPa进行计算，实体模型如图5-4所示。

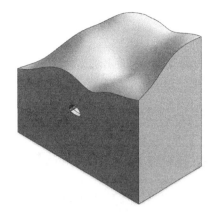

图5-4 实体模型图

本书中对于隧道的建立，根据计算需要按照施工步骤进行划分，所以在建模的时候就将隧道进行切割，按照开挖尺寸进行分割。隧道模型如图5-5所示。

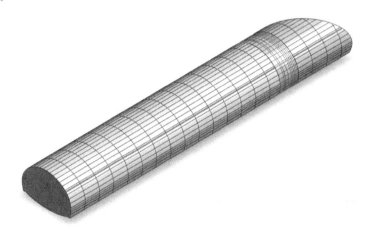

图5-5 隧道模型图

隧道初支采用$\phi 42 \times 4$注浆钢花管，$L=4.0$m，$\phi 8$钢筋网20cm×20cm（双层），I22b型钢拱架，间距50cm，30cm厚C25气密性纤维喷射混凝土。

土层参数按地勘报告选取，见表5-3。

地层参数表　　　　　　　　　　　　　　　　　表5-3

岩土名称	γ(kN/m³)	E(MPa)	c(kPa)	φ(°)
煤系地层	24.5	2600	200	54

初支及锚杆参数见表5-4。

初支及锚杆参数表　　　　　　　　　　　　　　表5-4

支护参数	γ(kN/m³)	E(MPa)
I22b 50	26	34500
钢花管	78.5	210000

该计算模型共有142014个单元，31370个结算节点。由弹性力学知识，隧道开挖对隧

道外 3~5 倍直径范围外岩体影响较小，因此对模型的边界条件采用的是位移边界，上表面为地表自由边界，下表面约束 Z 方向的位移，前后表面各自约束 Y 方向的位移，右表面约束固定 X 方向的位移，左表面约束固定 X、Y 方向的位移煤层所在边界面为应力边界条件，分别施加均布瓦斯压力，如图 5-6、图 5-7 所示。

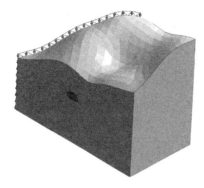

图 5-6　施加瓦斯压力等轴测图　　　　图 5-7　施加瓦斯压力侧视图

岩体结构破坏采用摩尔-库伦破坏准则。在开挖和支护过程中假定应力在开挖后先释放 55%，支护后再释放 45%，二次支护视为安全储备，不进行计算。

5.2.3　数值模拟计算结果及分析

在 1.50MPa 的瓦斯压力下，取不同岩柱厚度进行计算，根据计算结果是否收敛判断最小安全岩柱厚度取值。计算最大主应力分布如图 5-8~图 5-15 所示。

（1）安全岩柱厚度 8m 时应力计算。

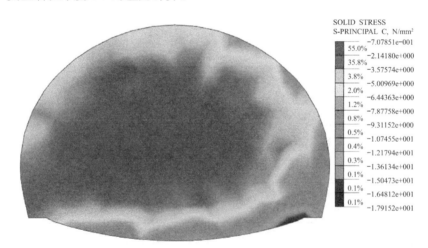

图 5-8　安全岩柱（取 8m）

（2）安全岩柱厚度 6m 时应力计算。
（3）安全岩柱厚度 5m 时应力计算。
（4）安全岩柱厚度 4m 时应力计算。
（5）安全岩柱厚度 3.5m 时应力计算。

第 5 章 喀斯特地貌山地特长大跨高瓦斯隧道穿煤关键技术

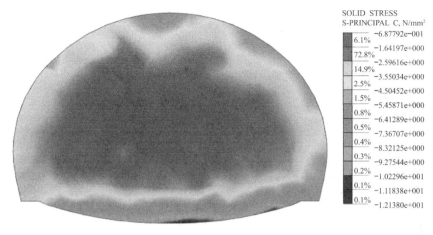

图 5-9 安全岩柱（取 6m）

图 5-10 安全岩柱（取 5m）

图 5-11 安全岩柱（取 4m）

图 5-12　安全岩柱（取 3.5m）

（6）安全岩柱厚度 3m 时应力计算。

图 5-13　安全岩柱（取 3m）

（7）安全岩柱厚度 2.5m 时应力计算。

图 5-14　安全岩柱（取 2.5m）

(8) 安全岩柱厚度 2m 时应力计算。

图 5-15　安全岩柱（取 2m）

根据计算结果显示，安全岩柱取值为 6.0m 时计算收敛，安全岩柱厚度为 5.0m 时计算不收敛。因此，计算最小安全岩柱厚度取值应该在 5.0～6.0m 之间，出于安全考虑，取预留安全岩柱厚度为 6m。因此，在桐梓隧道瓦斯压力为 1.50MPa 的情况下，预留安全岩柱厚度取值应大于 6m。

5.3　隧道瓦斯突出性判别、评估及防突措施研究

煤矿行业现行的《防治煤与瓦斯突出规定》（2009）在煤与瓦斯突出预测技术、方法、指标，以及装备水平上都有较高的要求，提出了在不同安全岩柱范围区域预测及工作面预测的方法、指标等，相比《防治煤与瓦斯突出细则》原有突出预测指标引入了煤层瓦斯含量指标。煤矿行业预测手段的进步将为隧道揭煤前突出预测技术提供借鉴。

5.3.1　瓦斯突出性判别、评估

（1）突出的概念

煤与瓦斯突出是在煤层掘进或揭煤过程中，发生的一种瓦斯突然剧烈运动并造成十分巨大的动力效应现象，是在极短的时间（几秒或几分钟）内破碎的煤（岩）和瓦斯突然从煤（岩）体向采掘空间抛出的异常动力现象，称为煤与瓦斯突出，简称突出。它是一种伴有声响和猛烈力能效应的极其复杂的动力现象，能摧毁井巷设施、破坏通风系统，使井巷充满瓦斯和煤岩抛出物，可以造成人员窒息、煤流埋人，甚至可能引起瓦斯爆炸与火灾事故，导致生产中断等。因此，它是严重威胁煤矿安全生产的灾害之一。

（2）突出的分类

1）按动力现象的力学特征分类

按照瓦斯动力现象的力学特征，可分为三类，即突出、压出、倾出。

① 煤与瓦斯突出（沼气或二氧化碳），简称突出，其主要特征是：

a. 煤向外抛出距离较远，具有明显的分选现象。

b. 有大量的瓦斯涌出，有时会使风流逆转。

c. 突出孔洞呈口小腔大的梨形、瓶形、葫芦形或其他分岔形。

② 煤与瓦斯压出，简称压出，其主要特征是：

a. 压出有两种形式，即煤的整体位移和有一定距离的抛出，在煤层与顶板之间有细煤粉。

b. 压出的煤呈块状，无分选现象。

c. 巷道瓦斯涌出量增大，造成风流中瓦斯浓度超限。

d. 压出可能无孔洞或呈口大腔小的楔形、舌形等孔洞形状。

③ 煤与瓦斯倾出，简称倾出，其主要特征是：

a. 倾出的煤就地按自然安息角堆积，无分选现象。

b. 巷道瓦斯涌出量明显增加，造成短时瓦斯超限。

c. 倾出的孔洞呈口大腔小，孔洞轴线沿煤层倾斜方向发展。

d. 倾出常发生在煤质松软的急倾斜煤层中。

2) 按突出强度分类

突出强度指每次突（抛）出的煤（岩）数量和瓦斯量，主要以数量划分为依据。

① 小型突出：强度小于 10t。

② 中型突出：强度为 10～100t 之间（不含 100t）。

③ 次大型突出：强度为 100～500t 之间（不含 500t）。

④ 大型突出：强度为 500～1000t 之间（不含 1000t）。

⑤ 特大型突出：强度等于或大于 1000t。

(3) 突出机理

煤与瓦斯突出是一种极其复杂的动力现象，关于突出机理，迄今为止尚未得到根本解决。但提出了很多假说。这些假说只能对某些现象给予解释，还不能得到统一的完整的突出理论，突出假说归纳起来主要有以瓦斯为主导作用的假说、以地压为主导作用的假说、化学本质假说及综合假说。目前关于煤与瓦斯突出的机理主要以综合假说为主。

综合假说认为煤与瓦斯突出是由地应力、瓦斯和煤的物理力学性质三者综合作用的结果。虽然对上述三种因素在突出中所起的作用看法不尽相同，但都认为：煤与瓦斯突出是一种能量的集中释放现象。

突出的发生和发展，大体要经历以下几个阶段：

1) 准备阶段。弹性变形潜能和瓦斯的积聚，工作面附近煤体处于临界应力状态，孔隙和裂隙增加，但尚未破坏与煤体的力的联系。

2) 发动阶段。随着采掘工作的进行，使工作面附近的高应力煤层迅速破坏，伴随着裂隙的产生，煤的破碎，并导致瓦斯的剧烈解吸和煤的进一步破碎和粉化。

3) 扩展阶段。弹性变形能和瓦斯能的共同作用下，使煤体更迅速和连续的破坏，并形成煤和瓦斯混合流抛出。

4) 停止阶段。煤体破坏停止，瓦斯从突出孔洞和突出物中的涌出逐渐减弱，瓦斯煤混合物沿巷道的移动停止。

除了以上几种假说外，近几年来，我国学者又通过研究，提出了突出的流变机理和球壳失稳机理，是突出机理研究的新进展。总的来说，对突出机理的认识还有待今后继续研究和加深。

(4) 突出的危害

煤与瓦斯突出是煤与瓦斯突然运动的一种极其复杂的动力现象，它的危害主要有：

1) 突然之间使采掘空间或巷道充满高浓度瓦斯，造成人员窒息，遇火发生瓦斯燃烧和瓦斯爆炸。

2) 瞬间突出的瓦斯、碎煤流带有暴风般的性质，能使通风系统破坏，造成风流紊乱和短时逆转。

3) 突出造成一定的动力效应，可以摧毁和破坏设备、设施。

4) 突出的煤炭能堵塞巷道，破坏生产系统，增加巷道通风阻力，在清理突出煤炭和突出孔洞时，有可能造成连续突出，造成人员伤亡。

(5) 突出的一般规律

煤岩与瓦斯突出前后，都有地应力、瓦斯和煤岩的地质构造与力学性质的种种异常表现。归纳起来发生突出有三个主要因素：地应力、瓦斯和煤岩结构，而地应力和煤岩中瓦斯的存在是引起突出的主要因素。

煤与瓦斯突出一般具有如下规律：

1) 煤层埋深越大，突出的危险性增大，主要体现在突出次数增多，突出强度增大，突出煤层层数增加，危险区域扩大，浅部不突出的煤层，深部就有可能突出。

2) 突出最易发生在地质构造带及其附近，如断层、褶曲、扭转地带、火成岩侵入区、煤层倾角骤陡、走向拐弯、层厚变化异常等地段。

3) 煤体破坏程度越严重，煤的强度越小，突出的危险性越大，主要是煤层厚度大，倾角大或煤厚、倾角由小到大时以及软分层由薄变厚时容易发生突出。

4) 在开挖形成的应力集中区，应力增大，突出危险性随应力增大而增大，如坑道的上隅角，相向开挖接近区、坑道开挖分支处等。

5) 突出次数和强度随煤层厚度和煤层倾角放散初速度高、瓦斯含量大、层理紊乱，无明显节理、光泽暗淡、容易粉碎、有分枝型节理等特征。

6) 突出常发生在有外力冲击作用下的诱导突出，少量存在延期突出，如爆破、风镐与手镐落煤、打钻、水力冲刷等，一般将爆破突出以外的突出，称为延期突出。

7) 围岩的透气性越差，突出越严重，若煤层上覆和下部的岩层越致密，越利于瓦斯的储存，突出危险性越大，相反，突出危险性越小。

8) 若煤层较湿润，含水量高，矿井涌水量大，则突出危险性较小。

9) 突出前常出现各种预兆，如坑道支撑压力增大；岩块迸出、掉碴、外鼓或移动加剧；煤岩与支架发生破裂声、闷雷声、折断声等；瓦斯涌出量忽大忽小；煤尘增多；煤体及工作面温度略有下降或升高；煤质变软、干燥；顶钻夹钻等。

10) 绝大多数突出发生在掘进工序，尤其在爆破时，突出的危险性随着对煤体的振动而加剧。

11) 突出具有延时性，其延迟时间从几分钟到几十个小时。

(6) 典型的突出预兆

煤与瓦斯突出主要表现在地压显现、瓦斯涌出异常、煤层结构和地质构造发生变化三个方面，概括起来，可分为有声预兆和无声预兆。

1) 有声预兆

① 地压活动剧烈、顶板来压、不断发生掉碴和支架断裂声,深部岩层或煤层出现破裂声。

② 煤层中产生振动,手扶煤壁感到振动和冲击。

③ 响煤炮或闷雷声,一般是先远后近、先小后大、先单响后连响的煤炮声和机枪声、鞭炮声、劈裂声。

2) 无声预兆

① 煤层结构发生变化,如层理紊乱,煤强度松软或不均匀,强度降低、光泽暗淡、干燥、易粉碎、煤尘飞扬。

② 地质变化、煤厚不均、软分层增厚、倾角变陡,出现挤压褶曲、波状隆起、断层、煤岩破坏严重等。

③ 工作面压力增大,出现掉碴、片帮煤壁外鼓、有时煤体碎片从煤壁弹出。

④ 工作面瓦斯涌出量增大,忽大忽小,打钻时,顶板、夹钻、喷孔有压风声、哨声、蜂鸣声等,煤壁发冷,工作面气温发冷。

(7) 瓦斯突出预测方法

瓦斯地层有下列情况之一的,应进行煤（岩）与瓦斯突出危险性鉴定,或直接认定为突出煤（岩）层。

① 有瓦斯动力现象的。

② 煤（岩）层瓦斯压力达到或超过 0.74MPa 的。

③ 隧道穿越相邻矿井开采的同一煤（岩）层发生突出事故或被鉴定认定为突出的。

煤（岩）与瓦斯突出鉴定应根据实际测定的煤层瓦斯压力 P、煤的破坏类型、煤的瓦斯放散初速度 q 和煤的坚固性系数 f 等指标进行鉴定。全部指标均达到或超过表 5-5 所列临界值的,应确定为突出煤（岩）层。

判定煤（岩）层突出危险性单项指标的临界值　　表 5-5

判定指标	煤的破坏类型	瓦斯放散初速度 q	煤的坚固性系数 f	煤层瓦斯压力 P(MPa)
有突出危险的临界值及范围	Ⅲ、Ⅳ、Ⅴ	≥10	≤0.5	≥0.74

对瓦斯突出预测方法主要有:钻屑指标法,钻孔涌出初速度法,综合指标 R 法,声发射预测,红外测温预测,氡、氢同位素预测等。参考《铁路瓦斯隧道技术规范》有关规定,全面测定煤层瓦斯压力、瓦斯含量、煤层瓦斯可解吸量、突出煤层所需最小瓦斯压力、地质因素、煤结构、煤的赋存（产状）等,并观察在打钻过程中是否有卡钻、顶钻、瓦斯喷孔现象,根据上述因素进行综合分析,判断出其煤层的突出危险程度。

突出危险性预测工作应在开挖工作面距煤层最小法向距离 10m 前实施,地质构造复杂、围岩破碎的区域应适当增加最小法向距离,预测取芯钻孔不应少于 3 个。

开挖工作面突出危险性预测方法中有任何一项指标超过临界指标,该工作面即为突出危险工作面。预测临界指标值应根据当地煤矿的实测指标临界值确定,无当地煤矿的实测指标临界值时,可参照表 5-6 中所列值。

突出危险性预测指标临界值　　　　表5-6

预测指标	瓦斯压力（MPa）	吨煤瓦斯含量（m^3/t）	钻屑瓦斯解吸指标				钻孔瓦斯涌出初速度（L/min）
			Δh_2(Pa)		$K_1[mL/(g \cdot min^{\frac{1}{2}})]$		
			干煤样	湿煤样	干煤样	湿煤样	
临界值	0.74	8	200	160	0.5	0.4	5

(8) 预测指标选定

现行行业标准《铁路瓦斯隧道技术规范》(TB 10120—2019) 规定：石门揭煤可采用瓦斯压力法、综合指标法或钻屑指标法，对于煤巷掘进宜采用钻孔瓦斯涌出初速度法、钻屑指标法或"R"指标法。而水菁沟隧道区域龙潭组地层中，煤层间距较近，难以逐层测定各煤层各自准确的瓦斯压力。虽然测定多煤层综合瓦斯压力可以整体把握多煤层突出危险性综合情况，但对于制订各煤层的防突措施方案缺乏针对性，且压力测定周期较长，严重影响施工进度。而综合指标法 D、K 值，D 指标是以瓦斯压力 P、煤层埋藏深度 H 和煤层软分层坚固性系数 f 为基础的综合指标，难以准确测定瓦斯压力 P 直接导致综合指标 D 值难以确定。

钻孔瓦斯涌出初速度法 q 值的测定依赖煤层顺层钻孔，即钻孔瓦斯涌出初速度 q 值可作为隧道已经揭露煤体的情况下（过煤门或者煤巷掘进期间）的煤与瓦斯突出预测指标，而石门揭煤条件下未揭露煤体时不具备测定钻瓦斯孔涌出初速度 q 值的条件。而钻孔瓦斯涌出初速度 q 值是计算"R"指标的基本参数，难以测定钻孔瓦斯涌出初速度 q 值直接导致"R"指标难以确定。

基于以上指标测定实用性的欠缺，借鉴防突规定中区域预测的技术思想，采用瓦斯含量 Q 作为近距离突出煤层群突出危险性分层预测指标，预测隧道前方预揭穿煤层的突出危险性。不仅能够保证预测的可靠性而且可以逐层辨明各煤层突出危险性，同时，可以节省预测时间和工程量。

5.3.2 揭煤防突施工技术研究

(1) 煤系地层双侧壁改三台阶七步施工工法优化

桐梓隧道揭煤段原设计采用双侧壁导坑法进行施工，隧道分块开挖并施作临时支撑，考虑到该工艺分块较多，施工组织比较复杂，出渣运输，给水供电困难，拟对施工工法进行优化。采用三台阶七步法进行施工，显然可以增大施工工作面，提高施工效率，施工速度快，保证施工中的经济效益。本节主要通过数值计算对桐梓隧道揭煤段将原设计双侧壁导坑法优化为三台阶七步法的可行性进行分析。

1) 计算模型建立和参数取值

该模型是以桐梓隧道揭煤段为研究对象，模型两边选取 5 倍的隧道直径宽度，模型底部取 3 倍直径进行计算，模型宽 200m，高度为 140m，如图 5-16 和图 5-17 所示，隧道埋深取实际深度。

① 初期支护参数如下：

隧道初支采用 $\phi 42 \times 4$ 注浆钢花管，$L=4.0m$，$\phi 8$ 钢筋网 20cm×20cm（双层），I22b 型钢拱架，间距 50cm，30cm 厚 C25 气密性纤维喷射混凝土。双侧壁导坑法侧壁侧采用

$\phi 50\times 4$ 超前小导管，$L=4.0m$，$\alpha=10°\sim15°$，环向间距 35cm，纵向排距 150cm。小导管加固区通过提高原状土参数实现。双侧壁导坑法计算模型共有 2650 个单元，2454 个结算节点。三台阶七步法计算模型共有 3390 个单元，3235 个结算节点。

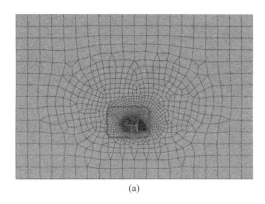
(a)

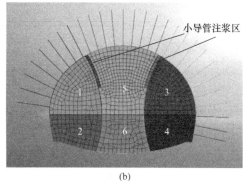
(b)

图 5-16 双侧壁导坑法模型图

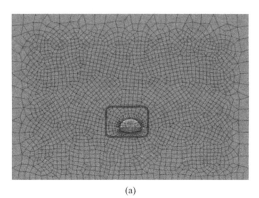
(a)

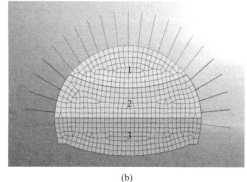
(b)

图 5-17 台阶法模型图

② 初期支护岩体、支护结构模型参数设置如下：

a. 土层参数按地勘报告选取，见表 5-7。

地层参数表　　　　　　　　　　　　　　　表 5-7

岩土名称	$\gamma(kN/m^3)$	$E(MPa)$	$c(kPa)$	$\varphi(°)$
煤系地层	24.5	2600	200	54
小导管加固区	22	4200	450	31

b. 初支及锚杆力学参数见表 5-8。

初支及锚杆力学参数表　　　　　　　　　表 5-8

支护参数	$\gamma(kN/m^3)$	$E(MPa)$
I22b 50	26	34500
钢花管	78.5	210000

2）计算假设、本构模型及边界条件

①模型所用本构关系计算中，岩土体不考虑降水的影响，岩土体材料本构关系采用Mohr-Coulomb模型，假定隧道初支为线弹性模型。

②边界、应力条件模型边界条件的表面边界为自由边界，侧面边界约束水平位移不限制沉降，底部仅限制竖直方向的位移。应力场对应的是隧道即将开挖时的初始应力场，在第1步开挖前荷载工况对初始位移的影响为0。

3）计算结果分析

有限元计算结果如图5-18和图5-19所示。

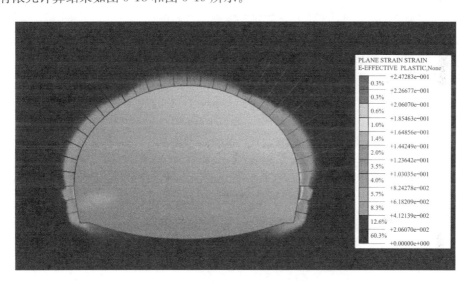

图5-18 双侧壁导坑法塑性区图

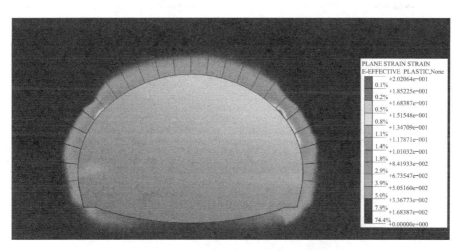

图5-19 三台阶七步法塑性区图

由图5-18、图5-19可知，采用双侧壁导坑法及三台阶七步法施工时，围岩塑性区分布范围基本一致，主要位于侧墙及拱肩等部位，采用双侧壁导坑法与三台阶七步法施工时围岩塑性区相差不大，因此，双侧壁导坑法和三台阶七步法施工对围岩影响相差不大，如

图 5-20 和图 5-21 所示。

由图 5-20 和图 5-21 可知，采用双侧壁导坑法施作暗挖隧道时，隧道初支拱顶最大竖向位移为 10.7cm，采用三台阶七步法开挖初支最大竖向位移为 14.4cm，未超过 V 级围岩设计预留变形量 15cm，满足施工控制标准。因此采用三台阶七步法代替双侧壁导坑法是可行的。

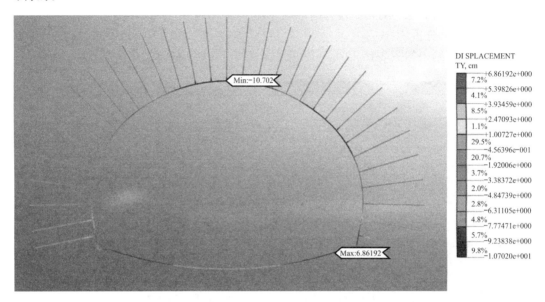

图 5-20　双侧壁导坑法初支竖向位移计算结果

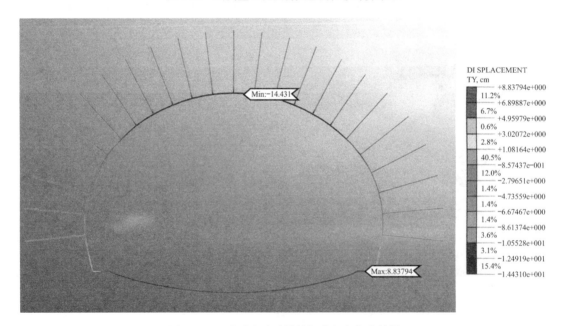

图 5-21　三台阶七步法计算初支竖向位移结果

4）现场施工沉降收敛数据实测分析，见表 5-9、表 5-10，断面位移速率变化如图 5-22 所示。

4号斜井 YK43+670～YK43+515 拱顶下沉监控量测数据一览表　　表 5-9

断面	累计变化值（mm）	设计预留沉降预留变形量（mm）	点位埋设日期
YK43+670-G1	29.2		
YK43+670-G2	25.5		2020/3/5
YK43+670-G3	27.8		
YK43+660-G1	12.1		
YK43+660-G2	11.7		2020/3/9
YK43+660-G3	9.9		
YK43+650-G1	28.9		
YK43+650-G2	25.9		2020/3/12
YK43+650-G3	28.2		
YK43+640-G1	85.5		
YK43+640-G2	80.9		2020/3/17
YK43+640-G3	63.8		
YK43+630-G1	43		
YK43+630-G2	38.9		2020/4/21
YK43+630-G3	38.9		
YK43+620-G1	25.1		
YK43+620-G2	26.1		2020/5/5
YK43+620-G3	28.4		
YK43+605-G1	21.4		
YK43+605-G2	19.7	150	2020/5/9
YK43+605-G3	26.1		
YK43+590-G1	19.5		
YK43+590-G2	24		2020/5/12
YK43+590-G3	22.1		
YK43+575-G1	26.9		
YK43+575-G2	27.9		2020/5/20
YK43+575-G3	22.3		
YK43+560-G1	23		
YK43+560-G2	20.3		2020/5/22
YK43+560-G3	19.2		
YK43+545-G1	22.7		
YK43+545-G2	23.2		2020/5/28
YK43+545-G3	29.2		
YK43+530-G1	22.8		
YK43+530-G2	23		2020/6/5
YK43+530-G3	23.1		
YK43+515-G1	12.2		
YK43+515-G2	17.9		2020/6/10
YK43+515-G3	16.5		

4号斜井 YK43+670～YK43+515 周边位移监控量测数据一览表　　表 5-10

断面	累计变化值（mm）	设计预留沉降预留变形量（mm）	点位埋设日期
YK43+670-SL1	18.5		2020/3/5
YK43+670-SL2	19.3		
YK43+660-SL1	20.7		2020/3/9
YK43+660-SL2	18.4		
YK43+650-SL1	21.6		2020/3/12
YK43+650-SL2	21.8		
YK43+640-SL1	45.1		2020/3/17
YK43+640-SL2	46.6		
YK43+630-SL1	32.6		2020/4/21
YK43+630-SL2	36		
YK43+620-SL1	22.7		2020/5/5
YK43+620-SL2	20.6		
YK43+605-SL1	26.7	150	2020/5/9
YK43+605-SL2	27		
YK43+590-SL1	23.1		2020/5/12
YK43+590-SL2	27		
YK43+575-SL1	20.5		2020/5/20
YK43+575-SL2	17.7		
YK43+560-SL1	20.5		2020/5/22
YK43+560-SL2	20		
YK43+545-SL1	17		2020/5/28
YK43+545-SL2	16.8		
YK43+530-SL1	19.1		2020/6/5
YK43+530-SL2	20.4		
YK43+515-SL1	13.8		2020/6/10
YK43+515-SL2	13.7		

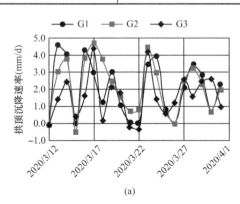
(a)

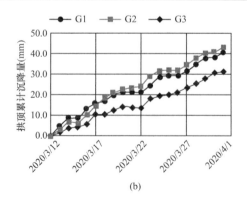
(b)

图 5-22 断面位移速率变化图（一）
(a) YK43+640 断面拱顶沉降速率变化时间图；(b) YK43+640 断面拱顶累计沉降量变化时间图

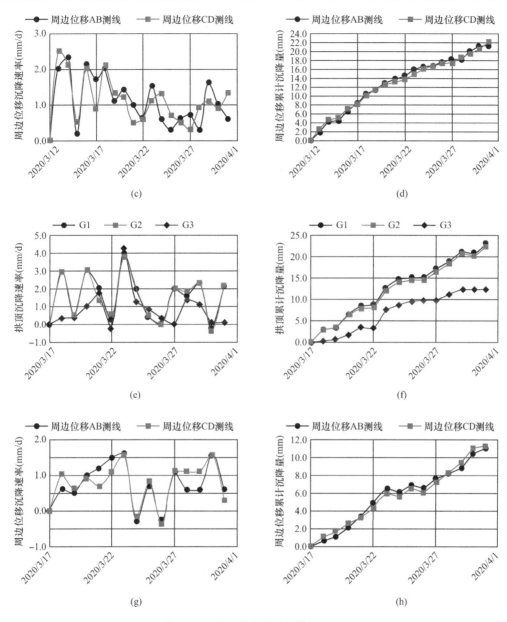

图 5-22 断面位移速率变化图（二）

(c) YK43+640 断面周边位移沉降速率变化时间图；(d) YK43+640 断面周边位移累计沉降量变化时间图；
(e) YK43+645 断面拱顶沉降速率变化时间图；(f) YK43+645 断面拱顶累计沉降量变化时间图；
(g) YK43+645 断面周边位移沉降速率变化时间图；(h) YK43+645 断面周边位移累计沉降量变化时间图

4号斜井 YK43+670～YK43+515 处拱顶沉降最大值出现在 YK43+640 处，为 85.5mm，周边位移最大值出现在 YK43+640 处为 46.6mm，未超过允许值，符合隧道监测沉降收敛要求，由此可见采用三台阶七步法进行施工，拱顶下沉、周边位移满足设计规范要求。

（2）揭煤防突工艺流程

隧道揭煤防突作业应当按照下列程序进行。

1) 物探及超前探测

采取地质素描法、TSP、地质超前预报仪进行远距离较宏观长期预报,GPR(地质雷达)进行近距离探测、超前探孔等方法。

2) 区域综合防突措施

① 在与煤层法向距离10m位置布置5个超前钻孔,精确探明揭煤工作面与煤层的相对位置及煤层赋存情况,并测定煤层瓦斯压力和瓦斯含量。

② 若测定瓦斯含量>8m^3/t(构造带>6m^3/t)或瓦斯压力>0.74MPa,则在掌子面与煤层法向距离7m时采取区域防突措施。

③ 采用残余瓦斯含量为主,钻屑指标法为辅进行防突措施效果检验。

④ 当掌子面与煤层法向距离5m时,选用瓦斯解吸指标K_1值进行区域验证。

3) 局部综合防突措施

① 掌子面距煤层法向距离5m时进行工作面预测,有突出危险,则采取工作面防突措施。

② 实施工作面措施效果检验并对效果检验进行最后验证。

③ 采取安全防护措施并采用洞外爆破揭开煤层(爆破点应距离隧道出口不小于50m),在岩石隧道与煤层连接处加强支护,揭开煤层爆破时岩柱最小垂距2m。

4) 过煤门

① 进行工作面突出危险性预测。

② 若工作面突出危险性预测指标超限,则补充防突措施。

隧道揭煤防突施工作业流程如图5-23所示,隧道揭煤过程划分如图5-24所示。

(3) 区域四位一体综合防突措施

1) 区域预测

当施工地质超前探孔(加深炮孔)探测到煤层且煤层厚度大于0.3m时,根据遇煤情况初步判断煤层赋存情况,采取边探边掘,过程中基本掌握煤层层位、倾角、厚度、顶底板岩性、地质构造等基础参数;当开挖工作面距探测到煤层位置法向距离不小于10m时,在开挖面距煤层法距不小于10m时,在掌子面施工5个直径108mm的地质超前钻孔穿透煤层全厚,并且进入顶板岩层不小于0.5m,其终孔位置应控制掘进面开挖轮廓外6m左右,对煤层突出危险性进行预测,并测定相应瓦斯参数进行区域预测,如图5-25所示。

① 瓦斯含量测定

利用施工直径108mm的超前探测钻孔测定煤层瓦斯含量,测定钻孔施工进入煤层后宜用风排渣,打钻过程中采用煤样罐采集煤样,利用重庆煤科院生产的DGC型瓦斯含量直接测定装置测定煤层瓦斯含量。DGC型瓦斯含量直接测定装置是一套井下和实验室结合使用的直接测定煤层瓦斯含量的装置,装置可在8h内完成煤层瓦斯含量测定。测定过程为:向煤层施工钻孔取煤样、将煤样装入解吸装置测量瓦斯解吸速度及解吸量、在实验室将煤样装入密封粉碎系统粉碎后测量瓦斯解吸量、抽真空测定或计算煤的常压吸附量、建立模型推算取样阶段损失瓦斯量。所以测定的煤层瓦斯含量主要由取样阶段煤样损失瓦斯量Q_1、粉碎前自然解吸瓦斯量Q_2、粉碎后自然解吸瓦斯量Q_3、常压不可解吸瓦斯量Q_4四部分组成。DGC型瓦斯含量直接测定装置由井下取样装置、井下解吸装置、地面解吸装置、称重装置、煤样粉碎装置、水分测定装置、数据处理系统等部分构成,如图5-26所示。

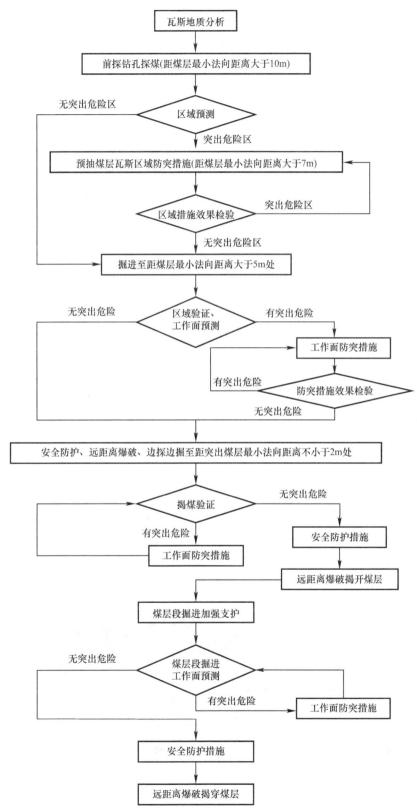

图 5-23 桐梓隧道出口端煤系地层段揭煤防突施工流程图

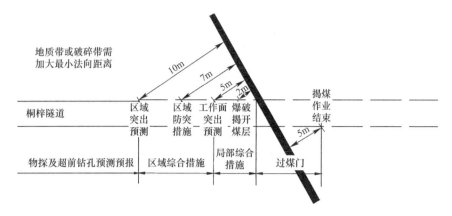

图 5-24 桐梓隧道出口端揭煤过程划分图

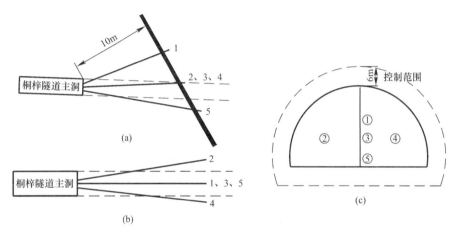

图 5-25 区域预测钻孔布置示意图
(a) 立面图；(b) 平面图；(c) 横断面图

图 5-26 DGC 型瓦斯含量直接测定装置实物图

② 瓦斯压力测定

利用施工直径 108mm 的超前探测钻孔，按照《煤矿井下煤层瓦斯压力的直接测定方法》(AQ 1047—2007)要求测定瓦斯压力,并详细记录有关参数。在隧道开挖工作面至距推测煤层法向距离不小于10m时施工的超前探测钻孔,取其中3个岩层比较完整的钻孔进行封孔、注浆,测定其煤层原始瓦斯压力,其余探测钻孔用水泥砂浆封死。为准确得到煤层原始瓦斯压力值,测压孔与前探孔不能共用时,两者与见煤点的间距不得小于5m。为了缩短测压时间,桐梓隧道出口端煤层瓦斯压力测定采用主动式直接测压法,用水泥砂浆封孔后,向钻孔内预先注入一定压力的气体(一般采用氮气),然后再安装压力表,观察压力表读数变化到稳定状态。主要测定步骤如下:

a. 测压钻孔封孔。

提高封孔质量是确保钻孔准确测定煤层瓦斯参数的重要因素。为了提高封孔质量,可以采用水泥砂浆封孔,同时增大封孔长度,以提高封孔的效果。可采用封孔泵进行注浆封孔,将准备好的材料和设备输送到钻孔位置后封孔,原则上封孔应在钻孔施工完成后1d内完成(图5-27)。钻孔长度>15m时应采用注浆封孔测压法;测压处岩石坚硬、少裂隙,可采用黄泥、水泥封孔测压法。

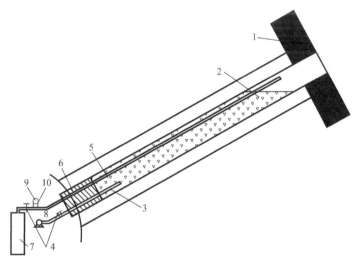

图5-27 测压钻孔封孔示意图
1—煤层;2—水泥浆;3—注浆管;4—闸阀;5—测压管;
6—聚氨酯;7—氮气瓶;8—注浆泵;9—压力表;10—三通

b. 向钻孔送测压管。

1~2根筛孔管在最前端,并在外层用钢丝扎紧包裹一层纱窗布。依次连接测压管,并用管钳上紧,逐步送入钻孔内。在连接测压管过程中,管接头处要缠生料带以加强气密性。在送入测压管的过程中,既要保证管路连接正常,又要注意安全,防止测压管沿钻孔掉下伤人、损坏设备等。煤层测压孔封孔应保证其测压气室长度不小于1.5m,注浆封孔测压法的封孔深度不小于12m,应尽可能加长测压钻孔的封孔深度。

当全部管路送入钻孔后,需用钻杆或木条等支撑住孔口木塞,地面用木板垫实,保证注浆后的钻孔及管路稳定,支撑钻杆或木条要维持到水泥浆凝固后方可撤去,其间不要随意移动。也可以用聚氨酯代替木塞。若同一地点有多个钻孔需要封孔,可以先将所有钻孔的测压管输送完毕后再注浆。

c. 注浆。

在搅拌桶中将足量水泥、膨胀剂、速凝剂与清水均匀混合，搅拌成糊状，膨胀剂用量为水泥的10%左右，速凝剂用量为水泥量的2%～4%。水泥、膨胀剂、速凝剂用量比值一般情况下为水泥∶水∶膨胀剂∶速凝剂=2.1∶0.2∶0.06，水泥浆的黏度根据钻孔倾角、封孔长度、注浆泵类型及能力等具体情况和现场经验而定。水泥浆的注入量约50kg/10m钻孔左右，用注浆泵一次连续将水泥浆注入钻孔内。当注入的水泥浆快达到筛孔管位置时，应观察测压管口是否有清水回流现象，此现象被称为回浆或反浆。如果回浆成功则立即停止封孔泵的电源，本孔注浆完毕。完全关闭注浆球阀，拆卸高压注浆管。钻孔封完后要及时清洗，防止水泥浆在泵及高压输浆管中凝固或沉淀。

d. 注氮、安装压力表。

注浆24h后，在测压管孔口安装三通和压力表，另一端通过高压闸阀和高压胶管及减压阀同高压氮气瓶相连。向钻孔测压室内注入一定量的高压氮气，一般注入氮气的压力略高于设计的煤层瓦斯压力。注氮完毕后，关闭高压闸阀，撤除注氮装置，在压力稳定前不得开启高压闸阀。

e. 数据观测与处理。

注氮安装压力表后，应每天观测1次测定压力表并做好详细记录，采用主动测压法时，当煤层的瓦斯压力小于4MPa时需测压5～10d；当煤层的瓦斯压力大于4MPa时，则需测压20～40d。当观测压力表变化在3d内小于0.015MPa时（0.005MPa/d），测压工作即可结束，否则应延长测压时间。若钻孔内有水则按《煤矿井下煤层瓦斯压力的直接测定方法》（AQ 1047—2007）中的有关规定进行处理。

③ K_1 值测定

另外，作为辅助预测方法，根据《防治煤与瓦斯突出细则》第六十九条及第八十八条规定，可采用钻屑瓦斯解吸指标法预测工作面前方煤层的突出危险性，突出预测指标为钻屑瓦斯解吸指标 K_1 值，K_1 值使用重庆煤科院生产的WTC瓦斯突出参数仪进行测定，K_1 值测定方法如下。

采用钻屑瓦斯解吸指标法进行工作面煤与瓦斯突出危险性预测或防突措施效果检验时，预测或措施效果检验钻孔布置和取样工艺应符合下列要求：

a. 在岩石段宜采用湿式打钻，钻孔孔径50～75mm，见煤后退出钻杆，先用压风将孔内泥浆吹净，再用干式打钻直至见到煤层顶板。

b. 钻孔数量不得少于3个，1个钻孔位于工作面中部，沿工作面前进方向略偏上布置，另两个钻孔分别位于左上角和右上角，终孔点应位于工作面轮廓线外上部5m、两侧3m以外。

c. 各钻孔每隔1m取1个煤样测定钻屑瓦斯解吸指标 K_1。当钻孔钻进到预定取样深度前0.5m时，用1mm和3mm分样筛取样进行筛分，将筛分后的粒径1～3mm煤样装入煤样杯或煤样瓶中。在孔口开始接煤样的同时启动秒表，直至开始启动瓦斯解吸仪测量的时间间隔 t_0，测定 K_1 指标时，要求 $t_0 \leq 2min$。

d. 在钻孔钻至距预定取样深度小于0.5m至接取煤样结束前不允许停止钻进，否则该煤样应作废。打钻过程中，应保持钻进速度稳定，钻进速度保持1m/min左右，同时保持钻进方位、倾角一致，平稳钻进，以免孔壁煤样混入。

④ 其他煤层参数测定

可利用施工超前探孔，在打钻过程中取钻孔煤样 2～3kg，煤样取完后尽快用密封性好的塑料袋封装并填写煤样标签，送实验室分析有关参数。在实验室测试煤的瓦斯吸附常数、工业分析指标、真假比重、孔隙率、ΔP 和 f 值等。

根据桐梓隧道出口端实际情况，本隧道区域预测方法主要采用测定煤层瓦斯压力法和瓦斯含量法，辅助采用钻屑瓦斯解吸指标法，若条件允许，则考虑测定煤层坚固性系数 f 值、瓦斯放散初速度 q 等单项指标。根据煤层瓦斯压力和瓦斯含量进行预测临界值见表 5-11。

根据煤层瓦斯压力和瓦斯含量进行区域预测临界值表　　　表 5-11

瓦斯压力 P(MPa)	瓦斯含量 W(m³/t)	预测结果
$P<0.74$	$W<8$（构造带 $W<6$）	无突出危险区
除上述情况以外的其他情况		瓦斯突出危险区

若测定的煤层瓦斯含量值 $\geqslant 8\text{m}^3/\text{t}$（构造带 $\geqslant 6\text{m}^3/\text{t}$）或瓦斯压力 $P\geqslant 0.74\text{MPa}$，则该揭煤工作面有突出危险，需采取防突措施。

根据掘进工作面钻孔测定的最大瓦斯解吸指标 K_1 值，判断工作面前方煤层突出危险性。采用钻屑解吸指标法进行隧道揭煤工作面突出危险性预测（效果检验）记录见表 5-12。

钻屑指标法临界值　　　表 5-12

钻屑解吸指标 $K_1[\text{mL}/(\text{g}\cdot\text{min}^{1/2})]$	突出危险性
$\geqslant 0.5$	有突出危险
<0.5	无突出危险

2）区域防突措施

区域防突措施是指在突出煤层进行采掘前，对突出煤层较大范围采取的防突措施。区域防突措施包括开采保护层和预抽煤层瓦斯两类。针对隧道掌子面揭煤，主要采用穿层钻孔预抽掌子面揭煤区域煤层瓦斯方式。

隧道工作面防突措施采用施工瓦斯抽采钻孔，施工抽采钻孔工作面与突出煤层间的最小法向距离不得小于 7m，在实施防突措施时，应进行实际考察，得出符合桐梓隧道工作面的有关参数。抽放钻孔直径是确定抽放效果的主要因素，钻孔直径越大，抽放和卸压效果愈好。根据目前煤层赋存、钻进机具、工艺等实际情况，揭煤掘进工作面抽采钻孔直径一般采用 $\phi75\sim\phi120\text{mm}$，在地质条件变化剧烈地带也可采用直径 $\phi42\sim\phi75\text{mm}$ 的钻孔。抽放钻孔终孔间距暂定 4m，在现场可根据实际瓦斯含量情况、瓦斯抽放难易程度、预留抽放时间等因素进行考察调整。抽放钻孔终孔点控制巷道断面轮廓线外最小法向距离 $\geqslant 5\text{m}$，抽放钻孔控制煤层范围为上帮、左帮、右帮在轮廓线以外不得小于 12m，下帮不得小于 6m（煤层线方向距离），桐梓隧道出口端煤系地层段区域防突措施钻孔布置示意如图 5-28 所示。

3）区域防突措施效果检验

预抽煤层瓦斯区域防突措施，采用残余瓦斯含量、钻屑瓦斯解吸指标进行防突措施效果检验，检验指标和临界值与预测指标相同。隧道工作面检验孔数为 5 个，分别位于巷道的上部、中部、下部和两侧。终孔位置应位于措施孔控制范围的边缘线上，并且至少有 1

个检验测试点位于要求预抽区域内距边缘不大于2m的范围，采用与区域预测相同的方法测定瓦斯含量与K_1值。

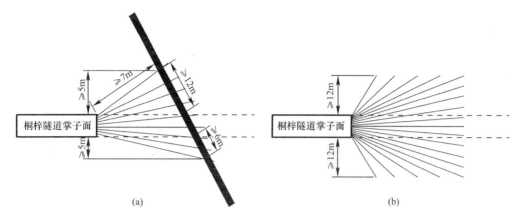

图 5-28　桐梓隧道出口端煤系地层段区域防突措施钻孔布置示意图
（a）钻孔立面布置示意图；（b）钻孔平面布置示意图

如果检验结果各项指标都在该煤层突出危险临界值以下，则认为措施有效，可在采取安全防护措施的前提下进行掘进。反之，则认为措施无效，应继续采取预抽煤层瓦斯区域防突措施，增加瓦斯抽放时间或增加抽（排）放孔数量，或采取其他补救措施。再经措施效果检验有效后，方可在采取安全防护措施的前提下进行掘进，如图 5-29 所示。

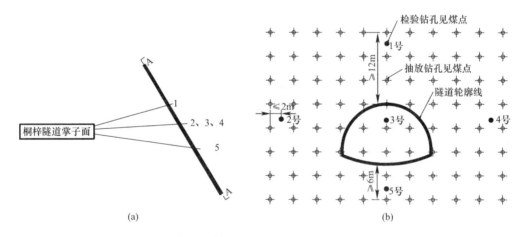

图 5-29　桐梓隧道出口端煤系地层段防突措施效果检验孔布置示意图
（a）检测钻孔布置立面图；（b）A—A 剖面图

4）区域验证

当桐梓隧道区域措施效果检验所测煤层残余瓦斯含量小于 $8m^3/t$（构造带小于 $6m^3/t$），钻屑瓦斯解吸指标 K_1 值小于 $0.5mL/(g·min^{1/2})$ 时，证明预抽措施效果有效，隧道可以正常掘进到掌子面距离煤层法向距离为 5m 时（地质构造带需加大距离）停止掘进，此时进行区域验证。

《防治煤与瓦斯突出细则》第七十三条要求，隧道掌子面揭煤工作面进行区域验证，应当选用钻屑瓦斯解吸指标法或其他经试验证实有效的方法进行。

桐梓隧道区域验证（工作面预测、效果检验、验证）选用钻屑瓦斯解吸指标 K_1 值进行，K_1 值具体测定方法见区域预测部分，当测定指标超过临界值时，则判断为具有突出危险性。

(4) 局部四位一体综合防突措施

1) 工作面预测

桐梓隧道出口端揭煤工作面突出危险性预测采用钻屑瓦斯解吸指标法，在隧道工作面距煤层最小法向距离 5m 前向所揭煤层适当位置施工一定数量钻孔，并测定煤层的钻屑瓦斯解吸指标。根据《防治煤与瓦斯突出细则》要求，每个掌子面揭煤前都应对所在区域的突出危险性进行区域验证，因此掌子面揭煤前的工作面突出危险性预测可以和区域验证合并进行。

2) 局部防突措施

工作面防突措施主要是针对经工作面预测有突出危险的揭煤掌子面，主要有抽放瓦斯、排放钻孔、水力冲孔、金属骨架（超前大管棚、超前小导管）和煤体固化等措施。其中瓦斯抽放一般在未采取过预抽瓦斯区域防突措施的条件下才使用，否则，由于区域预抽钻孔将煤体破坏，将严重影响到瓦斯抽放效果。金属骨架和煤体固化措施应当在采用其他防突措施并检验有效后方可在揭开煤层前实施。根据工作面岩层情况，实施工作面防突措施时，要求揭煤工作面与突出煤层间最小法向距离为：预抽瓦斯、排放钻孔及水力冲孔均为 5m，金属骨架、煤体固化措施为 2m。当岩石破碎度较高时，应适当加大距离。

① 瓦斯抽（排）揭煤防突措施。

在掌子面揭煤工作面采用预抽瓦斯、排放钻孔防突措施时，钻孔直径一般为 $\phi75\sim\phi120$mm。掌子面揭煤工作面钻孔的控制范围是：掌子面两侧和上部轮廓线外至少 5m，下部至少 3m。桐梓隧道出口端煤系地层段瓦斯抽（排）放钻孔布置示意图如图 5-30 所示。

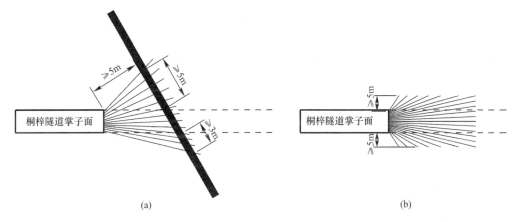

图 5-30　桐梓隧道出口端煤系地层段瓦斯抽（排）放钻孔布置示意图
(a) 钻孔立面布置示意图；(b) 钻孔平面布置示意图

② 金属骨架（超前管棚、超前小导管）揭煤防突措施。

金属骨架是在隧道开挖距离煤层一定距离时，预先在掌子面周边布置钻孔，钻孔穿过煤层全厚进入岩层，在钻孔中插入钢管或钢轨等材料作为劲性骨架，金属骨架一方面可以起到隧道周边瓦斯排放卸压的作用，另一方面由于金属骨架的整体框架作用，增加了煤体的抗压强度。在揭煤过程中,骨架能够抵抗上方煤体的质量,并阻止煤体发生位移,起到预防突出的作用。金属骨架本质上是一种加固抵抗突出的技术,应在实施消除煤与瓦斯突出危险后应用,是一种防突的辅助措施。

实施金属骨架措施时岩柱厚度为2~3m,围岩破坏严重带或地质构造复杂带应适当加大。采取金属骨架防突措施时,应提前3m就将两帮和上部各超挖0.8~1.3m,然后开始施工金属骨架钻孔,金属骨架钻孔直径90mm或110mm,钻孔间距0.2~0.3m,孔口距设计隧道轮廓线0.8~1m,进入煤层顶板2m,超过两帮轮廓线0.5~1m,倾角10°,并在距掌子面0.5m和1m的两帮各布置一个深度不小于0.8m,直径150mm的抬梁钻孔。金属骨架安装时,首先在钻孔施工完成后,立即插入骨架,然后将骨架用抬梁托起并采用抱卡固定,在抬梁与骨架的接触面上要垫可塑性材料,增大摩擦力。

金属骨架钻孔布置示意图如图5-31所示。金属骨架措施可根据围岩实际情况隧道超前小导管注浆融合后使用,达到安全经济的目的,具体实施过程中施工单位应和设计单位沟通,确定合理的超前支护方法及支护参数。

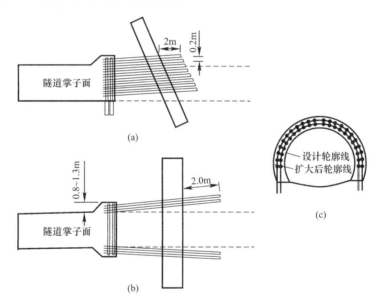

图5-31 桐梓隧道出口端揭煤金属骨架钻孔布置示意图
(a) 钻孔布置剖面图;(b) 钻孔布置平面图;(c) 钻孔布置断面图

③ 局部防突措施效果检验。

局部防突措施效果检验是对局部防突措施效果有效性的验证,只有当局部防突措施效果检验有效后,方可采取边探边掘的技术措施至2m位置进行最后突出危险性验证。若局部防突措施检验无效,则需继续补充局部防突措施,补充防突措施以排放钻孔为主,补充局部防突措施后,再进行局部防突措施效果检验,直至局部防突措施效果检验有效。局部防突措施效果检验方法、指标及钻孔布置均与工作面突出危险性预测一致。

④ 隧道工作面揭煤防突安全防护措施。

为防止防突措施效果检验失误或防突措施失效而发生意外,桐梓隧道在煤系地层段施工全过程中都必须遵守《煤矿安全规程》《防治煤与瓦斯突出细则》《铁路瓦斯隧道技术规范》《贵州省高速公路瓦斯隧道施工技术指南》等有关规定，采取安全防护措施，加强通风，确保施工人身安全。

A. 洞外爆破。

a. 桐梓隧道工作面揭煤采用在隧道洞口外放炮安全措施，放炮前工作面必须制订包括爆破地点、避难线路及停电、撤人和警戒范围等专项措施，揭煤时撤出隧道内所有人员。

b. 桐梓隧道在煤系地层段施工期间采用隧道洞口外爆破，爆破地点必须设在隧道口50m以外安全地点，隧道口50m范围内消灭一切火源。

c. 在放炮前必须预先通知放炮时间、撤离时间。放炮前，工区安全负责人核查进入该隧道工作面的人数，并撤离至指定地点，确保放炮时隧道内无人。

d. 隧道洞口外爆破时，指派专人负责，隧道内电气设备必须全部停电，全部撤出隧道人员，做好警戒，严禁人员进入。

e. 隧道洞口外爆破由工区技术负责人统一指挥，由签订协议的矿山救护队值班，爆破至少30min后，由救护队员先进入检查，根据检查结果确定恢复作业时间。

f. 在距离煤层底板最小法向距离5m至2m范围采用洞外爆破，洞外爆破揭开突出煤层前保证工作面岩柱最小垂距2m，如果岩石松软、破碎，应适当增加法向距离。

g. 在揭煤工作面采用洞外爆破揭开突出煤层后，直至煤层顶板5m，仍应按照洞外揭煤爆破要求执行，直至完成揭煤作业全过程。

B. 设置临时避难洞室

本节仅作简要阐述，临时避难洞室具体设置位置、大小及相关设施布置由施工单位委托专业资质机构进行设计施工，并以施工单位委托专业机构设计施工为准。

a. 避难洞室距工作面距离根据桐梓隧道4号斜井工区现场实际条件确定。要求距隧道工作面距离200m左右（可利用隧道之间人行、车行横道设置，考虑桐梓隧道实际情况，建议施工单位可根据现场实际在4号斜井与主洞交叉口前适当距离设置避难洞室，或者根据实际情况在横洞位置设置避难洞室，施工单位应委托专业单位设计施工，供煤系地层段施工期间突发事故紧急避险使用），桐梓隧道4号斜井工区临时避难洞室位置示意图如图5-32所示。

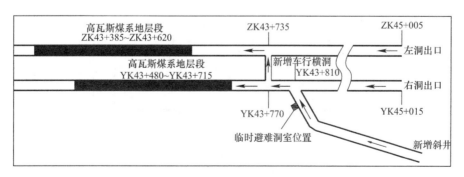

图5-32　桐梓隧道出口端4号斜井工区临时避难洞室建议位置示意图

b. 临时避难洞室面积应能满足不少于隧道内同时作业最大人数，每人使用面积不小于$0.5m^2$的要求。保持支护良好，避难洞室设置向外开的两道木质风门，门周边用胶垫密实，防止有害气体进入。

c. 避难洞室内安装压风自救系统,压风自救站安设减压装置,且带有阀门控制的呼吸管嘴、面罩;同时安设供水管及阀门、安设防爆电话、备有隔离式自救器数量应能满足隧道内同时作业最大人数。

C. 压风自救系统

压风自救装置是一种固定在生产场所附近的固定自救装置,它的气源来自于动力系统-压缩空气管路系统,主要保障现场工作人员遇到事故时供给空气,防止出现窒息事故。根据《防治煤与瓦斯突出细则》要求,工作面必须设置压风自救系统,以确保工作人员安全。

隧道出口端左右幅施工过程中在隧道内每隔50m设置1组压风自救系统,每组配5个ZY-J型压风自救袋。压风自救系统一般由压风源、自救装置、管路组成,安装在工作面掘进隧道内。桐梓隧道压风自救装置布置如图5-33所示。

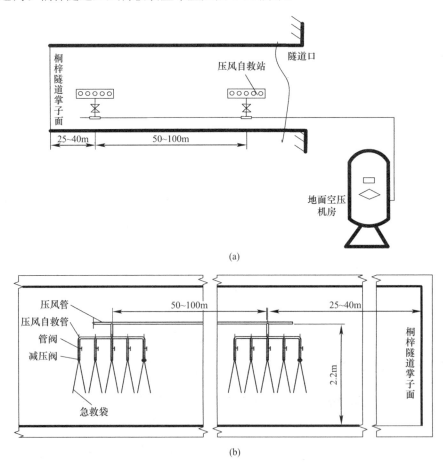

图5-33 桐梓隧道出口端4号斜井工区压风自救系统布置示意图
(a) 压风自救系统布置平面图;(b) 压风自救系统布置立面图

a. 压风自救系统安设在隧道内压缩空气管路上,压缩空气来源于地面压风机房。

b. 压风自救系统设置在距隧道掌子面25~40m巷道中,以及隧道中有人作业处。长距离掘进隧道中,每隔50~100m设置一组压风自救系统。每组压风自救系统可供10人使用,压缩空气供给量,每人不得少于0.3m³/min。

c. 压风自救系统必须派专人维护，确保设备完好，风量足够，保证隧道内随时可以使用。

d. 自救装置应在风筒下方距隧道底 1.5m 高处设置。

e. 若是紧急情况，隧道内作业人员可在风筒上割口供风自救。

D. 逃生管道

为了预防隧道开挖或揭煤过程中出现塌方危及施工人员安全，应在Ⅳ、Ⅴ级及以上围岩或揭煤过程中预先设置逃生管道。在隧道的掌子面开挖、喷锚、支护及仰拱部位的开挖、浇筑混凝土的过程中，均必须确保逃生管道的完好，救生管道设置到位，并随着掌子面的不断掘进而向前移动。逃生管道可采用 $\phi 600 \sim \phi 800$mm 的承插钢管，壁厚不小于 10mm，必须确保其承压能力和连接头的牢固，并经试验室具体试验合格后，方可用于隧道中。管道设置起点距掌子面不得大于 5m，管道长度一般不小于 40m。桐梓隧道逃生管道布置如图 5-34 所示。

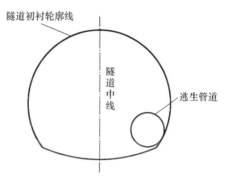

图 5-34 桐梓隧道逃生管道布置示意图

E. 安全防护装备

桐梓隧道 4 号斜井工区揭煤期间必须配备个人自救必要装备，个人安全防护装备主要包括安全帽、纯棉防护服、矿灯、口罩、便携式自救器、便携式瓦检仪等。在隧道揭煤过程中，所有作业人员佩戴必要的安全防护装备。

除特殊工种需佩戴特殊安全防护装备外，其他人员需佩戴的安全防护装备如下：

a. 普通作业工：需佩戴纯棉防护服、安全帽、矿灯、口罩和便携式自救器。

b. 钻机工：需佩戴纯棉防护服、安全帽、口罩、便携式自救器且最少配备 1 台便携式瓦检仪。

c. 技术及管理人员：需佩戴纯棉防护服、安全帽、口罩、便携式自救器和便携式瓦检仪。

F. 其他安全防护措施

a. 施工人员必须进行岗前培训，掌握瓦斯防治基本知识方能上岗。进入隧道工作人员，应佩戴隔离式自救器。

b. 需设专职瓦斯检查员检测瓦斯，并制作瓦斯变化曲线图，以掌握突出预兆。

c. 建立稳妥可靠的通风系统。揭煤施工前，应全面检查风筒、风机及电源，保证风机的正常运转，备用风机应保持良好状态。

d. 揭煤前工作面与煤层之间要留足安全岩柱。桐梓隧道煤系地层段为急倾斜煤层（煤层倾角 70°），工作面与煤层之间最小法向距离不小于 2m，若围岩松散破碎，应适当增加到 2.5m。

e. 隧道分上、中、下台阶面，不能一次揭开煤层全厚，需较长时间过煤层，在施工过煤门时（即煤层未离开隧道施工断面前地段），必须坚持采取防突安全措施（洞外 50m 放炮）。

f. 不论煤层预测突出与否，均采用洞外放炮揭煤，放炮参数及作业要求根据煤层具体情况，参照《防治煤与瓦斯突出细则》制定。

g. 隧道揭煤以及在煤层中掘进时，放炮点应设在隧道外。放炮时，隧道内必须停电，全部人员撤至隧道外。人员及机电设备不要正对隧道口，隧道口附近 50m 范围内杜绝火源。

h. 过煤系地层段施工时，隧道上、中、下台阶均应按设计及时施工超前支护和初期支护。

i. 煤层地段掘进工作面，应设置防尘喷雾装置，浮煤应洒水并及时运出隧道外，防止煤尘爆炸。

j. 桐梓隧道项目部就近与遵义市应急救援大队签订救护协议，由遵义市应急救援大队为隧道过煤系地层段提供救护服务。

其他未详尽事项参照《煤矿安全规程》《防治煤与瓦斯突出细则》《铁路瓦斯隧道技术规范》《贵州省高速公路瓦斯隧道施工技术指南》等规定执行。

（5）过煤门

一般情况下过煤门指从掌子面揭开煤层一直到穿过煤层顶板 2m 的全过程，出于安全考虑，桐梓隧道出口端煤系地层段揭开煤层后至穿过煤层进入顶板最小法向距离 5m 的过程均属于揭煤防突作业段。揭开煤层后，相当于在大面积的突出煤层中开了一个洞，由于隧道周边由原来岩石变成松软的煤层，一方面其抵抗突出能力急剧下降，另一方面进入煤层后煤与瓦斯突出的动力增加，加之放炮振动诱导作用，导致发生煤与瓦斯突出的可能性增加，有的甚至在过煤门一段距离后，发生从巷帮延时突出的情况。

1）工作面突出危险性预测

正向揭煤时，隧道从底板穿入煤层，首先暴露的是上部分煤层。此时，突出危险性预测一般在掌子面布置 4 个 8~10m 直径 42mm 的工作面突出危险性预测钻孔，分别控制掌子面前方煤体的左右和中部，其中中部两个钻孔，左右帮各 1 个钻孔，左右帮控制隧道轮廓线外 2~4m 范围，过煤门期间突出危险性预测钻孔布置示意图如图 5-35 所示，具体钻孔数量及布置可根据现场实际情况进一步确定。

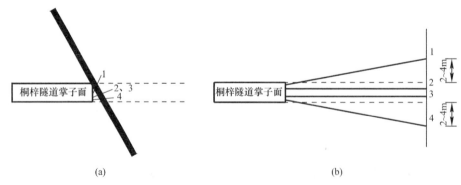

图 5-35　桐梓隧道出口端过煤门期间突出危险性预测钻孔布置示意图
(a) 突出危险性预测钻孔布置立面图；(b) 突出危险性预测钻孔布置平面图

随着隧道继续开挖，隧道逐渐穿过煤层顶板，煤层位于掌子面中、下部时，掌子面上部煤体已经被超前支护。此时主要对掌子面下部煤体进行工作面突出危险性预测，一般可以沿着煤层布置 4 个工作面突出危险预测钻孔，分别控制掌子面前方及两侧 2~4m 范围内煤体，具体钻孔数量及布置可根据现场实际情况进一步确定（图 5-36）。

采用钻屑指标法测定钻屑量 S、K_1 值，效果检验方法、指标与工作面突出危险性预测一致。任一指标达到或超过临界值时，需重新采取超前钻孔排放措施直至有效。

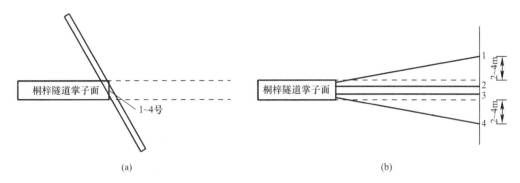

图 5-36　桐梓隧道出口端过煤门期间进入煤层顶板时突出危险性预测钻孔布置示意图
(a) 突出危险性预测钻孔布置立面图；(b) 突出危险性预测钻孔布置平面图

2) 补充防突措施

揭开煤层后，在执行过煤门工作面突出危险性预测时，只要有一个预测钻孔预测指标超限，则视整个掌子面前方预测钻孔控制范围内煤体均具有突出危险性，应立即进行防突措施。揭开煤层后补充防突措施一般为排放瓦斯，当预测突出危险程度较高，突出危险区域较大时，可采用抽放瓦斯的补充防突措施。补充防突措施控制范围为：两侧轮廓线至少 5m，下帮 3m，上帮至少控制在隧道轮廓线与煤层顶板交汇处。当煤层倾角较大或煤层线位于掌子面中上部，施工顺层钻孔有困难时，可以布置穿层钻孔应穿过煤层顶板。当煤层线位于掌子面中下部，可以施工顺层钻孔时，应尽量采用顺层钻孔。

当煤层线位于掌子面中下部时，局部补充防突措施和效果检验钻孔应尽量采用顺层钻孔。执行局部补充防突措施后，再进行局部防突措施效果检验。直至局部防突措施效果检验有效。如效果检验防突措施有效，在保留一定安全距离（要求保留 5m 平距超前距离）且执行防突安全防护措施前提下，严格执行管超前、严注浆、短进尺（每循环≤1m）、弱爆破、强支护、早封闭、勤量测要求继续向前掘进工作，如图 5-37 和图 5-38 所示。

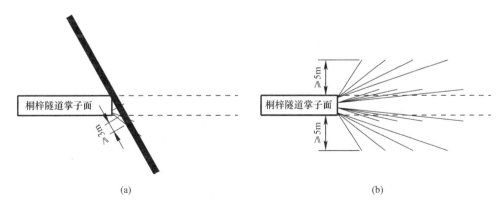

图 5-37　桐梓隧道过煤门期间煤层位于掌子面中上部时补充措施钻孔布置示意图
(a) 补充措施钻孔布置立面图；(b) 补充措施钻孔布置平面图

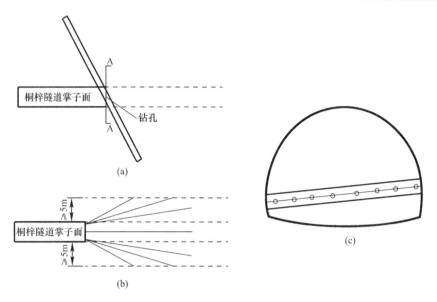

图 5-38 桐梓隧道出口端过煤门期间煤层位于掌子面中下部补充措施钻孔布置示意图

(a) 补充措施钻孔布置立面图；(b) 补充措施钻孔布置平面图；(c) A-A 剖面图

5.3.3 揭煤施工开挖支护工艺流程及操作要点

桐梓隧道瓦斯段煤系地层揭煤施工遵循"管超前、强支护、短进尺、弱爆破、少扰动、早喷锚、勤量测、快封闭"的施工原则。洞身超前支护、开挖及初期支护的主要流程如图 5-39 所示。

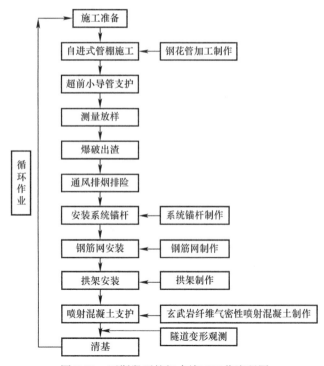

图 5-39 瓦斯段开挖初支施工工艺流程图

(1) 超前支护

1) 超前大管棚施工

煤系地层段开挖前先做好超前地质预报，采用C6多功能地质钻施作φ76mm自进式大管棚并注浆进行超前预加固和支护，钢管环向间距40cm，仰角：1°～3°，隧道纵向同一横断面内的接头数不大于50%，相邻钢管的接头至少须错开1m。自进式管棚施工注意事项如下：

① 钢花管制作，采用φ76mm钢管加工，用切割机切断，将断口打磨平顺，严禁用电焊或氧割等粗糙方式切断钢管；钢管分段钻丝完成后，先在加工场地上按整根管棚长度预拼装完成，进行编号，套管预拼装成整根长度平放时，平面翘曲小于2cm。

② 将钢管穿过固定拱架上部，尾端外露20cm固定，与钢架共同组成预支护体系。

③ 钻孔过程中钢花管必须紧跟接长，套丝钢管连接牢固。

④ 管棚注浆后需待浆液凝固达到设计强度85%后才能对掌子面开挖掘进（图5-40～图5-42）。

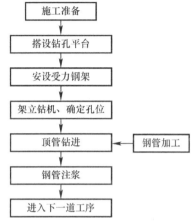

图5-40 自进式管棚施工工艺流程图

图5-41 超前管棚施工

图5-42 超前管棚注浆

2) 超前小导管施工

超前小导管采用长度为3.0m，外径φ50mm，壁厚3.5mm的热轧无缝钢管。按设计布孔：孔口环向间距35cm，注浆孔纵向间距180cm，环间注浆孔呈梅花形布置，纵向搭接长不小于1.2m。钢管沿拱顶顺着拱腰线对称分布，环向外倾角10°～15°，并根据岩体节理的产状确定超前小导管的最佳自进方向，以便超前支护发挥其最佳的支护效果，注浆机选用防爆液压注浆机，如图5-43所示。

(2) 开挖工法选择

煤系地层洞身开挖作业必须在实施揭煤防突措施并经防突效果检验无突出危险后进行，为利于煤系地段瓦斯稀释、通风管理、减少爆破频繁扰动围岩等方面，结合三车道瓦斯隧道施工经验，项目在保证安全情况下将施工方法由双侧壁导坑法调整为三台阶七步法开挖。施工步骤如图5-44所示。

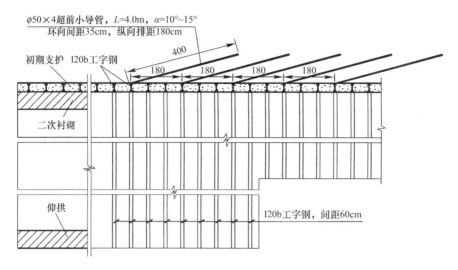

图 5-43 超前小导管支护示意图

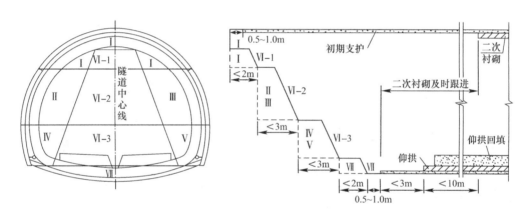

图 5-44 三台阶七步开挖法施工顺序示意图

(3) 初期支护

1) 注浆钢花管施工

YK43+560~YK43+540 段揭煤施工系统锚杆支护手段采用 $\phi42×4$ 注浆钢花管，长度为 4m，纵环向间距为 50cm（纵）×120cm（环）梅花形布置，锚杆在围岩进行初喷后施工。钻孔及送管符合设计要求后进行注浆，确保浆液饱满，且保证后续的喷射混凝土覆盖，不得外露。

2) 钢筋网施工

钢筋网采用 $\phi8mm$ 圆钢，间距均为 20cm×20cm 双层，钢筋网采用隧道外制作网片，现场拼装，以加快作业速度。网片的宽度按型钢拱架的间距预制；挂网采用人工挂网，钢筋网片与型钢拱架以及钢筋网片之间严禁焊接作业。

3) I22b 型钢拱架施工

① 型钢拱架按设计要求分片加工好，要求尺寸准确，弧形圆顺。
② 型钢拱架按设计位置现场测量定位，拱架平面必须与隧道中线垂直。
③ 型钢拱架现场拼接，各段应在一个平面上用 M20 螺栓连接。

④ 型钢拱架之间纵向采用 $\phi20$ 纵向钢筋连接，环向间距为 1m。

⑤ 型钢拱架与岩壁之间用钢楔块楔牢，并与锚杆、钢筋网绑扎连接。

⑥ 型钢拱架与锚杆、钢筋网、钢楔块、$\phi20$ 纵向钢筋中间严禁焊接作业。

4）喷射混凝土施工

① 材料机具准备：瓦斯段采用玄武岩纤维 C25 喷射混凝土进行初支支护，施工前由试验室确定施工配合比，并有足够的材料储备量；保证喷射混凝土用水、用风的压力。检查隧道内通风、瓦斯是否符合规定；检查喷射机、空压机运转是否正常，防爆喷射机就位是否恰当，试车运转是否良好；检查风、水、电是否处于良好状态。

② 喷射混凝土：在喷射混凝土之前，开挖后检查开挖断面净空尺寸，找顶、撬帮完成立即进行初喷封闭围岩，充分发挥围岩的自稳能力。初喷混凝土采用湿喷机配机械手进行作业。

③ 拌料时严格掌握规定的速凝剂掺量和混凝土配合比，喷射距离一般为 0.8～1.2m，且垂直于岩面。初喷厚度 4cm，复喷每次 7～10cm，直至设计厚度（图 5-45、图 5-46）。

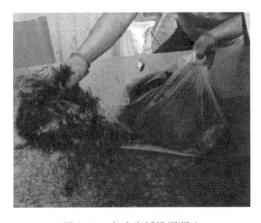

图 5-45　玄武岩纤维混凝土

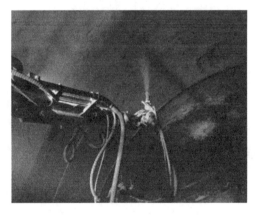

图 5-46　喷射混凝土施工

（4）隧道衬砌施工

隧道二次衬砌采用 C40 防腐蚀混凝土，仰拱及隧底填充施工在隧道底部开挖支护完成后，及时全幅分段施工，为确保洞内交通不中断，采用仰拱栈桥方式。拱墙二次衬砌在围岩变形基本稳定后施工，采用全断面液压衬砌台车进行，二衬衬砌施工注意事项如下。

① 瓦斯段衬砌采用两道中埋式止水带防渗措施。

② 瓦斯段施工采用 U 形排放管水汽分离装置将瓦斯分离排放至洞外。

③ 瓦斯段煤系地层二次衬砌采用 C40 防腐蚀气密性混凝土，仰拱与掌子面的距离不得超过 40m。二次衬砌距掌子面的距离不得大于 70m。

④ 预埋件施工与二次衬砌同时施工。预埋件预埋位置严格按设计要求进行施作，保证预埋件位置及质量要求符合设计和施工规范。

（5）安全控制措施

1）钻机操作人员必须经过专门培训合格持证上岗，并须严格遵循钻机的操作规程和安全注意事项。操作人员不能靠近旋转部件和滑动部件站立；不能把手放在夹盘和钻杆夹持器之间;不能穿太松的衣服和使用手动工具;在电动机和水泵周围须安设保护装置;操作者应严密注视钻杆的位置和其的运动,防止钻杆被卡住;助手不要正对着站在钻杆的后方。

2)在隧道内打钻地点,安设瓦斯断电仪,一旦瓦斯超限,自动切断钻机电源,并发出报警,打钻人员应及时撤离施工地点。

3)钻机供电开关必须安装在打钻地点进风侧30m以外,并在打钻地点安装远程控制开关,打钻及其他有关人员必须站在打钻地点进风侧。

4)钻孔施工过程中要注意钻孔内瓦斯涌出情况,钻孔施工时,要控制好给进速度,如遇钻孔瓦斯压力和涌出量较大时,应加强通风并采取防止瓦斯喷出措施,保证施工人员安全。

5)钻孔施工过程中要定时检查瓦斯,同时要悬挂便携式瓦斯检查报警仪于钻机5m以内的回风侧;施钻地点瓦斯浓度不得超过0.5%,否则不准送电开钻。在打钻过程中,要详细记录岩芯资料,注意是否进入煤层,以便及时采取相关措施。

6)当施工过程中出现某些预兆,如岩芯极其破碎、喷孔、吹出煤粉、劈裂声、顶钻等异常情况,可认为有突出危险,必须立即停止作业,撤出人员,并及时上报处理。

7)瓦斯抽采钻孔施工完毕后应及时封孔并抽采,防止隧道内瓦斯超限发生瓦斯事故。

8)隧道穿煤系地层时,必须使用煤矿专用电雷管和炸药,炮泥封堵。严格执行"一炮三检"和"三人连锁放炮制度"。

9)在进行爆破时,应坚持"多打眼,少装药"的措施,分步爆破开挖法。

10)在进行隧道口爆破时,应严格控制单孔装药量和一次爆破规模。

11)在隧道施工过程中严禁交叉作业。在实施爆破前,必须对爆破区域内的所有人员进行清场工作,做到所有施工设备和人员撤离至安全地带。

12)在爆破前,安全警戒工作不到位,严禁起爆。

13)爆破作业期间,如需建设炸药和雷管的临时存放库房,必须严格按照《爆破安全规程》(GB 6722—2014)和《煤矿安全规程》等相应法律法规规定严格实施。

14)爆破施工必须合理选择技术参数,做到"精心设计、严格施工、科学管理";争取"安全、优质、高效、低耗"完成本项目工程。

15)施工期间由专人进行24h不间断瓦斯检测,严格执行瓦斯隧道动火审批制度。

16)严格按照规范要求在配置双风机、双风筒,配备双路电源,确保10min内进行切换,成立隧道通风管理小组,加强隧道施工通风巡视及维护工作。

17)隧道内供配电系统、车辆等均应按照规范要求进行防爆改装。

(6)劳动力组织

1)总体施工人员计划见表5-13。

桐梓隧道出口端正洞工作面人员统计表(双洞) 表5-13

序号	工作内容	工种	人数(人)	备注
1	技术管理人员	技术员、工程师	8	
2	开挖	管理人员	4	
3		技工	20	
4		普工	80	

续表

序号	工作内容	工种	人数（人）	备注
5	运输	管理人员	6	
6		驾驶员	48	
7	初支立架	管理人员	6	
8		技工	12	
9		普工	48	含仰拱初支
10	电工	电工	12	
11	空压机、风机操作员		12	
12	钢材加工	技工	30	
13	装载机司机		24	
14	挖掘机司机		12	
15	二衬、仰拱混凝土	管理人员	12	
16		技工	12	
17		普工	36	
18	后勤	通风风筒维护	30	
19	瓦斯治理人员	瓦斯监控	41	
20	专职安全员	安全监控	8	
合计			461	

2）专职安全生产管理人员。出口正洞高瓦斯每掌子面配置两名专职安全员，低瓦斯每掌子面配置1名专职安全员，共8名。

3）瓦检员。桐梓隧道出口端瓦斯监控、检测人员配置计划见表5-14。

桐梓隧道出口端瓦斯治理人员统计表（双洞） 表5-14

序号	工作内容	工种	人数（人）	备注
1	煤与瓦斯综合治理	防突队长	2	
2	煤与瓦斯综合治理	地质工程师	2	
3	瓦斯自动监控系统	监控员	9	
4	瓦斯人工检测	瓦检员	9	
5	门禁安检人员	安检人员	9	安检
6	洞内电工	电工	6	兼
7	专职安全员	安全监控	6	
合计			43	

劳动力安排随隧道施工进度逐步调整，满足现场施工要求。

（7）主要机具设备

桐梓隧道瓦斯治理施工仪器、设备及材料主要由煤层参数测定实验室设备、防突校检设备（DGC、WTC等）、抽采工程施工设备（钻机、封孔泵等）、配套系统设备（瓦斯抽采系统、瓦斯监控系统、压风系统、供水系统、供电系统等）组成。其中瓦斯治理主要施工及校检设备见表5-15。

桐梓隧道瓦斯治理施工及校检主要设备表　　　　　表5-15

序号	名称	规格型号	单位	数量
一	抽采工程施工设备			
1	钻机	卡萨C6水平钻机	台	1
2	钻机	ZY-1250矿用液压钻机	台	1
3	封孔泵	双液封孔泵	台	2
4	钻机配件及钻头		批	1
5	钻机开关	匹配钻机	台	2
二	施工配备材料			
6	岩芯管	$\phi 68mm$	根	5
7	岩芯钻头	$\phi 68mm$	个	5
8	孔内瓦斯抽采管	PE-KW-$\phi 32\times 2.0mm$	批	1
9	封孔材料	天固	批	1
10	其他零星材料		批	1
三	防突检验设备			
11	WTC		台	2
12	瓦斯含量直接测定装置	DGC	套	1
13	瓦斯吸附装置	HCA	套	1
14	煤质工业分析仪		套	1
15	孔隙率测定仪		套	1

5.4 基于新型纤维混凝土的衬砌结构瓦斯密封技术

桐梓隧道出口端高瓦斯煤系地层段长470m，局部瓦斯设计瓦斯压力最大1.5MPa，是典型的高瓦斯隧道。为有效地解决高瓦斯煤系地层隧道施工存在的安全隐患多发、工效低、瓦斯抽排时间长、密封难度大等技术难题，项目基于玄武岩纤维开展高气密性抗裂喷射混凝土，对施工中揭露围岩进行及时封闭，利用喷射混凝土的高致密性，对施工过程中的瓦斯溢出进行有效控制，课题研究成果为桐梓隧道实现高效穿煤提供技术保障。

基于复合材料设计理论，通过玄武岩纤维与矿物掺合料的协同作用，研究提出高气密性、低收缩性、可喷性及可泵性好的新型纤维混凝土材料组成设计，并针对喷射混凝土的工作特性，提出机制砂气密性抗裂高性能喷射混凝土施工指南。

5.4.1 玄武岩纤维喷射混凝土基础试验

（1）试验开展总体思路

根据煤系地层中含有瓦斯、弱碱水（碳酸盐和硫酸盐），高覆盖层导致高应力段等因素，把喷射混凝土设计为抗高应力、抗弱碱水破坏、抗渗漏（漏水漏气）、抗燃烧的高性能喷射混凝土。

材料选择思路：

1) 高应力段要防止混凝土在高应力下产生拉裂，因此需考虑混凝土抗弯拉强度，即加纤维增强混凝土抗弯拉性能。

2) 为了防止弱碱水对混凝土造成破坏，影响混凝土的耐久性，掺粉煤灰预防弱碱水破坏。

3) 由于隧道有瓦斯，为了防瓦斯渗漏，选择气密性好的混凝土配合比：即选择添加粉煤灰来增强混凝土的密实性，达到防瓦斯渗漏的作用。目前使用的减水剂均含有引气剂，混凝土的含气量达5%左右，也起到了气密作用，因此不用再另加引气剂。

4) 由于是特长隧道，考虑营运过程中火对混凝土的损伤。聚丙烯纤维不防火，选用既防火又防裂的玄武岩纤维。

5) 喷射混凝土中各类材料的总碱量（Na当量）不得大于$3kg/m^3$，氯离子含量不应超过胶凝材料总量的0.1%。

（2）配合比设计及技术指标的确定

桐梓隧道设计说明表明，隧道高瓦斯煤系地层段局部瓦斯压力最大值为1.5MPa，>0.74MPa，瓦斯隧道结构设防等级为Ⅰ级。按照《贵州省高速公路瓦斯隧道设计技术指南》（JT 52/02—2014）中对瓦斯段隧道衬砌混凝土气密性要求，衬砌结构混凝土需满足如下技术要求：

1) 初支喷射混凝土气体渗透系数不大于$1\times10^{-10}cm/s$，二次衬砌混凝土气体渗透系数不大于$1\times10^{-11}cm/s$。

2) 初支喷射混凝土最低强度要求为C25。

3) 根据规范中关于抗渗混凝土的规定及国内多座瓦斯隧道相关试验资料，为控制混凝土的渗透性，水胶比适宜控制在0.55以内；当使用机制砂时，贵州省机制砂混凝土的配置一般使用中砂，细度模数为2.6~3.0，根据多座隧道使用经验，细度模数最低限值为2.8。

基于上述设计原则，桐梓隧道瓦斯段喷射混凝土应兼具低回弹、低收缩、高抗渗及可喷性好等性能特点。为此，本次配合比设计时拟采用玄武岩纤维加粉煤灰的设计思路，利用粉煤灰的火山灰效应及微珠效应提高混凝土的密实性，同时，利用玄武岩纤维与水泥基材料在物性上的相容性，增强水泥水化产物基体的抗收缩性能，最终实现通过配置玄武岩纤维高气密性喷射混凝土，为桐梓隧道瓦斯地段的快速穿越提供技术支持。

配合比设计除必须满足喷射混凝土的施工性能外，还需满足表5-16所示技术指标。

配合比设计及技术指标　　　　　表5-16

序号	设计混凝土等级	规范规定1d抗压强度（MPa）	试配28d抗压强度（MPa）	规范规定抗渗等级	规范规定抗弯拉强度（MPa）	设计气密系数（cm/s）	规范规定弹性模量（MPa）
1	C25气密	大于8	33.2	大于P6（取P8）	无（取3.4）	1×10^{-10}	2.6×10^4
2	C30气密	大于8	38.2	大于P6（取P8）	3.4	1×10^{-11}	2.86×10^4

由于是气密性混凝土，因此抗渗等级提高为P8。

C25纤维喷射混凝土抗弯拉强度规范没有规定，因此使用C30纤维混凝土的技术指标3.4MPa作为指导指标。

纤维喷射混凝土对弹性模量没有规定，一般使用喷射混凝土的技术指标作为指导指标。

配合比试验选用以下原材料：

1）水泥：水泥是决定混凝土性能最为关键的部分，本次试验选用华润普通硅酸盐水泥 P·O 42.5。

2）粉煤灰：粉煤灰 F 类 Ⅱ 级。

3）骨料：砂采用中砂，表观密度 $2600kg/m^3$，堆积密度 $1450kg/m^3$，含泥量约为 1.0%，细度模数 2.7。粗骨料为石灰岩碎石，粒径为 5～10mm，表观密度 $2800kg/m^3$，堆积密度 $1400kg/m^3$，含泥量约为 0.3%，压碎指标为 6%。

4）水：采用自来水，pH 约为 7。

5）外加剂：减水剂为 DS-J2 缓凝性高性能减水剂，速凝剂为 DS-11 型速凝剂。

6）玄武岩纤维：贵州石鑫玄武岩有限公司生产的玄武岩纤维，长 15mm。

配合比设计指标依据：依据设计图纸、《岩土锚杆与喷射混凝土支护工程技术规范》(GB 50086—2015)、《普通混凝土配合比设计规程》(JGJ 55—2011)。

(3) 试验计划

1）找出不同纤维掺量对混凝土抗弯拉强度、弹性模量的影响。

2）玄武岩纤维混凝土与聚丙烯纤维混凝土燃烧后的强度损失比较（在试验过程中）。

3）实体施工中掺纤维与不掺纤维、掺粉煤灰与不掺粉煤灰的回弹量比较。

4）不同纤维掺量试验 C40 泵送混凝土的抗裂性能及气密性。

5）纤维长度不同对喷射混凝土抗裂性能的影响对比试验。

6）气密性和抗渗指标是关键指标，现场成型喷射混凝土大板，钻芯或切割成气密性和抗渗抗压试件作相应的指标。

(4) 试配所用的原材料

1）玄武岩纤维：贵州石鑫有限公司生产，长 5～15mm、线密度 8.12g/km。

2）抗拉强度 586MPa，断裂伸长率 36.4%，弹性模量 4.2×10^3 MPa。

3）水泥：华丰 P·O42.5 普通硅酸盐水泥。

4）砂：自产料场生产的机制砂，细度模数为 3.3，粗砂、石粉含量为 7%。

5）碎石：自产料场生产，母材抗压强度 66MPa。

6）粉煤灰：鸭溪电厂生产的 Ⅱ 级粉煤灰。

(5) 配合比试验

取相同料场的试验数据作比较，不同料场的试验数据不作比较。

1）配合比试验一

原材料：集料外购料场一、水泥为华丰 P·O42.5 普通硅酸盐水泥、贵州石鑫玄武岩纤维长 5～10mm 混合型。水泥用量相同，纤维掺量不同。

试验成果统计见表 5-17。

配合比试验一成果统计表　　表 5-17

序号	强度等级	水胶比	水泥用量 (kg/m^3)	玄武岩纤维量用量 (kg/m^3)	抗压强度 (MPa)	抗折强度 (MPa)	抗渗	弹性模量 (MPa)	性能描述
1	C25 喷射混凝土	0.44	425	1.5	34.7	3.4	P8	3.1×10^4	和易性好

续表

序号	强度等级	水胶比	水泥用量 (kg/m³)	玄武岩纤维量用量 (kg/m³)	抗压强度 (MPa)	抗折强度 (MPa)	抗渗	弹性模量 (MPa)	性能描述
2	C25 喷射混凝土	0.44	425	2	33.6	3.6	P8	3.6×10^4	和易性好
3	C25 喷射混凝土	0.44	425	2.5	33.9	4.0	P8	3.7×10^4	不柔软
4	C25 喷射混凝土	0.44	425	3	33.8	4.1	P7	3.8×10^4	泌水
5	C25 喷射混凝土	0.44	425	3.5	34.5	4.2	P6	4.1×10^4	泌水
6	C25 喷射混凝土	0.44	425	4	37.0	4.3	P6	3.7×10^4	泌水

该组配合比试验结果分析：

① 胶凝材料用量不变，纤维掺量的增加、混凝土拌合物和易性变差。

② 胶凝材料用量不变，纤维掺量在 3.5kg/m³ 以内，随着纤维掺量增加混凝土的抗折强度和弹性模量有所提高。

③ 胶凝材料用量不变，纤维掺量对混凝土的抗压强度影响不大。

④ 胶凝材料用量不变，在配合比不调整的情况下，纤维掺量增加抗渗性能降低。

2）配合比试验二

原材料：自采料场、华丰 P·O42.5 普通硅酸盐水泥；鸭溪电厂的Ⅱ级粉煤灰；贵州石鑫玄武岩纤维，长 15mm；无碱速凝剂。

试验成果统计见表 5-18。

该组试验数据结果分析：

① 在纤维掺量不变的情况下，抗压强度、抗渗等级、抗弯拉强度、弹性模量、随着水泥用量增加而增加，符合一般混凝土发展规律。

② 各项指标均大于规范规定。

配合比试验二成果统计表　　表 5-18

序号	设计强度 (MPa)	水胶比	每立方米混凝土材料用量（kg）			28d 强度 (MPa)	抗弯拉强度 (MPa)	抗渗等级	弹性模量 (MPa)	性能描述
			水泥	粉煤灰	玄武岩纤维					
1	C30 喷射混凝土	0.38	450	—	1.50	37.3	5.9 (3.4)	P10 (P6)	2.93 (2.8) $\times10^4$	和易性好
2	C30 喷射混凝土	0.36	475	—	1.50	39.5	6.1 (3.4)	P12 (P6)	2.93 (2.8) $\times10^4$	和易性好
3	C35 喷射混凝土	0.35	489	—	1.50	43.3	6.3 (4.0)	P12 (P6)	3.02 (3.0) $\times10^4$	和易性好
4	C40 喷射混凝土	0.35	500	—	1.50	49.1	7.8 (4.4)	P12 (P6)	3.43 (3.15) $\times10^4$	和易性好
备注	括号中的数据是规范规定值									

3) 配合比试验三

原材料：自采料场、华丰P·O42.5普通硅酸盐水泥；鸭溪电厂的Ⅱ级粉煤灰；贵州石鑫玄武岩纤维，长15mm；无碱速凝剂。

试验成果统计见表5-19。试验数据结果分析：

① 加粉煤灰的纤维混凝土与不掺粉煤灰的纤维混凝土比较，拌合物的和易性好，混凝土的抗弯拉强度和抗渗等级有所提高，弹性模量变化不大；透气系数小，气密性好。

② 在胶结材料用量不变的情况下，随着纤维掺量的增加，混凝土抗压强度变化不大，抗弯拉强度增加。

③ 在胶结材料用量不变的情况下，纤维掺量在3.5kg/m³以内，混凝土弹性模量随着纤维掺量增加而提高，当纤维掺量在4.5kg/m³时，弹性模量较掺量3.5kg/m³时低。

配合比试验三成果统计表　　　　　表5-19

序号	设计强度(MPa)	水胶比	每立方米混凝土材料用量（kg）			28d强度(MPa)	抗弯拉强度(MPa)	抗渗等级	弹性模量(MPa)	透气系数/性能描述
			水泥	粉煤灰	玄武岩纤维					
1	C30喷射混凝土	0.38	450	—	1.50	37.3	5.9	P10	2.93(2.8)×10⁴	3.32881×10⁻¹¹
2	C30喷射混凝土	0.38	360	90	1.50	38.4	6.2	P12	2.93×10⁴	8.52043×10⁻¹²
3	C30喷射混凝土	0.36	380	95	1.50	38.7	6.0	P12	2.93×10⁴	和易性好
4	C30喷射混凝土	0.35	391	98	1.50	41.7	5.8	P12	2.95×10⁴	和易性好
5	C30喷射混凝土	0.36	475	—	2.50	39.6	5.4	P12	2.96×10⁴	和易性好
6	C30喷射混凝土	0.36	475	—	3.50	38.0	5.8	P12	3.05×10⁴	和易性好
7	C30喷射混凝土	0.36	475	—	4.50	38.5	6.1	P12	2.98×10⁴	和易性好
8	C30喷射混凝土	0.35	489	—	2.50	40.4	5.9	P12	3.12×10⁴	和易性好
9	C30喷射混凝土	0.35	489	—	3.50	40.6	6.3	P12	3.07×10⁴	和易性好
10	C30喷射混凝土	0.35	489	—	4.50	39.2	6.6	P12	2.97×10⁴	和易性好
11	C40喷射混凝土	0.35	500	—	2.50	50.2	8.2	P12	3.41×10⁴	和易性好
12	C40喷射混凝土	0.35	500	—	3.50	49.9	8.5	P12	3.48×10⁴	和易性好
13	C40喷射混凝土	0.35	500	—	4.50	51.5	8.8	P12	3.32×10⁴	和易性好

(6) 气密性试验

1) 气密性测试方法

气体渗透性的计算为广义达西定律：

$$V_x = \frac{K_x}{\mu} \frac{dP_x}{dx}$$

式中：V_x——气体流速；

x——距离试件进气的距离；

K_x——气体渗透系数；

P_x——试件内部随进气端距离而产生的气压变化值。

混凝土气密性测试时，将待测混凝土柱或台体其一端封闭，一端敞开，检查试件与容器之间的密封性，用压力表控制各时段有压气体的压力。然后将敞开一端密闭，接通气压计，测量气压计在规定时间内水柱的高度变化，计算试验混凝土的透气量（图 5-47），最终，混凝土透气系数 K 计算公式如下式所示：

$$K = \frac{2LP_0\gamma_a}{P^2 - P_0^2} \cdot \frac{Q}{A} \times 10^{-2}$$

式中：L——试件厚度（cm）；

γ_a——空气容重（$1.205 \times 10^{-6} \text{N/cm}^3$）；

P_0——出口段气体压力，取大气压力 0.1MPa；

P——进口段气体压力（MPa）；

Q——平均单位时间进气量（cm^3/s）；

A——透气面积（cm^2）。

(a)　　　　　　　　　(b)

图 5-47　气密性试验

测试的结果见表 5-20，均满足设计要求。

气密性试验成果统计表　　　　　表 5-20

序号	水胶比	水泥	粉煤灰	纤维	透气系数	设计透气系数	判断
1	0.44	425	—	1.5	7.41×10^{-11}	1×10^{-10}	均满足设计值
2	0.4	450	—	1.5	3.33×10^{-11}		
3	0.38	360	90	1.5	8.52×10^{-12}		

为了验证实体喷射混凝土的透气系数，在现场试喷后钻芯进行测试。

2）气压对混凝土气密性测试结果的影响

现场取样喷射混凝土如图 5-48 所示。

图 5-48　现场取样喷射混凝土（C30）

由混凝土气体渗透性的计算公式可知，通过混凝土试件的气体流量与混凝土的气体渗透系数成正比，施加于混凝土试件的压力 P 越大，混凝土的气体渗透系数越小，但这是针对其他变量恒定时的结果。实际中，施加于混凝土试件上气体的压力变化时，通过试件的气体流量也会随之发生改变。因此，不同压力对混凝土透气系数的影响应综合考虑压力增大导致的 $P_0/(P^2-P_0^2)$ 减小与压力增大导致 Q/A 的增加。

为此，通过对混凝土施加不同的进气压力，以测试不同压力下混凝土的透气系数，以确定能够真实反映混凝土渗透系数的最佳进气压力。另外，由于不同强度等级混凝土其内部孔隙结构不同，高强混凝土其内部的孔隙结构更为细化，而孔隙结构的粗细，将可能直接导致气体分子与孔隙间发生 Klinkenberg 效应，进而影响气体在孔隙结构中的流动。因此，为了找到实际测试中气体流量和施加的气体压力与混凝土气体渗透性的关系，通过现场对表 5-19 中配合比 2 混凝土进行现场试喷后钻芯取样，测试不同进气压力下混凝土渗透系数的变化规律，配合比见表 5-21。

不同进气压力下的混凝土渗透系数试验配合比　　　表 5-21

强度等级	水胶比	水泥 (kg/m³)	粉煤灰 (kg/m³)	玄武岩掺量 (kg/m³)	28d 抗压强度 (MPa)
C30	0.38	360	90	1.50	38.4

试验时，针对某个试件，施加一定的压力，待通过的气体流量稳定后记录相应的气体渗透系数，再提高压力测试下一个压力下试件的气体渗透系数，鉴于桐梓隧道瓦斯段气体压力范围为 0.4~1.5MPa，本次试验中选取的压力测试分别为 0.20MPa、0.30MPa、0.40MPa、0.60MPa、0.90MPa、1.20MPa、1.50MPa。整理数据如图 5-49 所示。

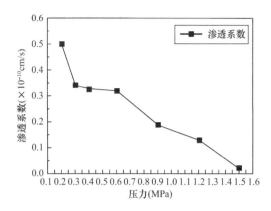

图 5-49　进气压力与 C30 混凝土渗透系数的关系

对于 C30 混凝土，从图 5-49 中可以看出，对试件施加的压力从 0.2MPa 增加到 0.3MPa，试件的气体渗透系数下降且速率较大，在 0.3~0.6MPa 时，试件的气体渗透系数变化较小，而当进气压力继续增大时，渗透系数快速下降。

出现上述现象的原因是，对于强度等级较低的混凝土，其内部连通孔较多且孔隙较为粗大，施加较低的气体压力，通过试件的流量就较大，随着施加气体压力的增加（小于 0.3MPa），虽然可导气孔隙越来越多，但流量增加幅度较小，其对渗透系数的影响较压力的增加偏小，因此造成渗透系数下降程度较为明显。

而当压力增加到 0.3~0.6MPa 时，该阶段的压力足以导致混凝土内部一些较细的孔隙张开，气体流量显著增大，其对渗透系数的影响与压力相当，因此造成渗透系数下降程度较小。当压力增大到 0.9MPa 之后，由于 Klinkenberg 效应，在更细的孔隙中，气体流量随压力的增大将很难增加，因此，渗透系数持续降低。

由此可知，对于强度设计等级为 C30 的混凝土，施加于试件的气体压力应该控制在 0.3~0.6MPa，这时测试结果较真实，此时，混凝土的渗透系数为 0.32×10^{-11}~0.34×10^{-11} cm/s。

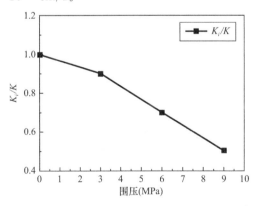

图 5-50　不同围压下混凝土气体渗透系数

3）围压对混凝土气密性的影响

由于混凝土在结构中实际的应力状态为三维应力状态，因此有必要考虑存在围压时混凝土的渗透系数。为此，对表 5-19 中的配合比 2 进行不同围压下渗透系数的测试，围压选择为 3MPa、6MPa 和 9MPa，进气压力为 0.6MPa，图 5-50 给出了相较于围压为 0MPa 时，进气压力 0.6MPa 时混凝土渗透系数比值。

由图 5-50 可知，随着围压的逐渐增大，混凝土的渗透性逐渐降低，并在围压为 9MPa 时达到最低，降低至围压 0MPa 时的 1/2。以上现象主要是由于随着围压的逐渐增大，混凝土的整体体积被压缩，而混凝土颗粒的弹性模量较高。因此，体积压缩主要体现在内部孔隙结构的压缩，造成内部孔隙率降低，孔径收缩，并且导致某些孔隙由连通孔变为闭合孔，进一步降低试件的渗透性。因此，将围压为 0MPa 时的渗透系数作为混凝土气密性评价值偏于保守，安全系数高。

4）气密性微观性能评估

为进一步验证配合比的气密性，试验设计了两种配合比进行压汞测试（表 5-22），试样取自现场试喷后钻芯得到的芯样，如图 5-51 所示，每种配合比测试三组后综合评价。

气孔测试配合比　　　　　　　　　　　　　表 5-22

序号	设计等级	水胶比	每立方米混凝土材料用量（kg）			28d强度（MPa）	抗弯拉强度（MPa）	抗渗等级	性能描述
			水泥	粉煤灰	玄武岩纤维				
1	C30	0.38	450	—	1.50	37.3	5.9（3.4）	P10（P6）	和易性好
2	C30	0.38	360	90	1.50	38.4	6.2（3.4）	P12（P6）	和易性好

图 5-51　压汞测试芯样

通过图 5-52～图 5-57 的测试结果，从图中可以得到最可几孔径，表 5-23 给出玄武岩高气密性喷射混凝土孔结构参数。

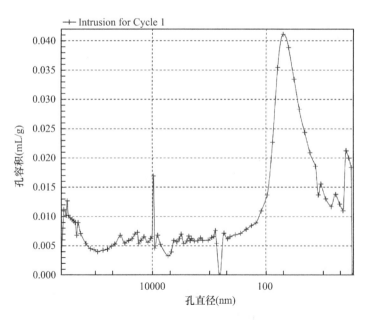

图 5-52　孔结构微分曲线（1-1）

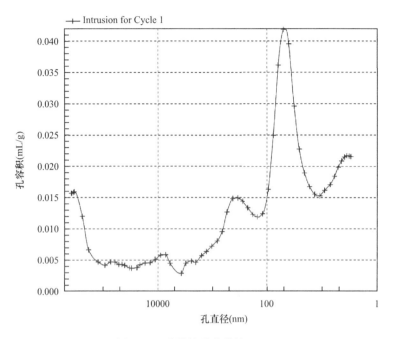

图 5-53 孔结构微分曲线（1-2）

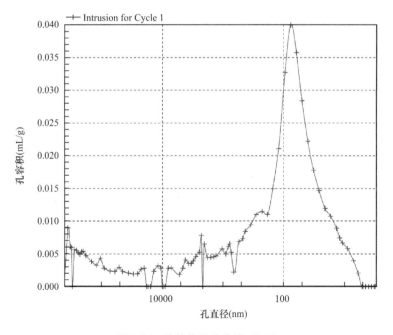

图 5-54 孔结构微分曲线（1-3）

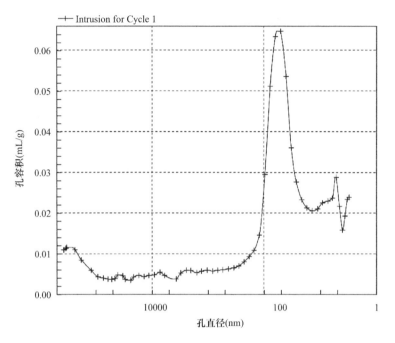

图 5-55　孔结构微分曲线（2-1）

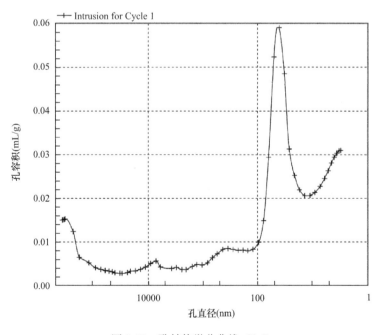

图 5-56　孔结构微分曲线（2-2）

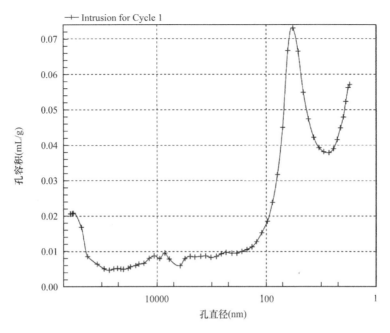

图 5-57　孔结构微分曲线（2-3）

从以上分析可知，对于未掺加粉煤灰的配合比 1，其孔隙率明显偏高，大孔径气孔占比明显大于掺加粉煤灰的配合比 2。显然，粉煤灰加入后发生的火山灰效应及微珠效应，使得混凝土更为致密。

最可几孔径的大小直接表示各孔径中出现比例最大的孔径，显然，配合比 2 的最可几孔径普遍要小于配合比 1，即配合比 2 混凝土小孔径气孔出现的比率更高。

通过统计相关文献，可以建立最可几孔径与混凝土气体渗透系数的关系式：

$$K = 0.005 \times n^{1.26} \times 10^{-10}$$

式中：K——气体渗透系数（cm/s）；

n——最可几孔径（nm）。

则由上式可以计算出混凝土的气渗系数，结果显示，两种配合比气渗系数与前述测试得到的结果接近，均符合规范要求，小于 1×10^{-10} cm/s，但配合比 2 的气密性要优于配合比 1，推荐采用，见表 5-23。

玄武岩高气密性喷射混凝土孔结构参数　　　　　　　表 5-23

编号	孔隙率（%）	孔径分布（%）				最可几孔径（nm）	气渗系数（×10⁻¹⁰ cm/s）
		<20nm	20～50nm	50～200nm	>200nm		
1-1	15.22	41.67	11.98	8.77	37.54	50.37	0.3245
1-2	13.44	51.22	11.60	11.51	25.69	50.36	0.3244
1-3	18.82	47.36	11.45	10.68	30.51	77.12	0.5550
2-1	12.42	55.80	12.18	9.50	22.51	50.34	0.3242
2-2	12.44	55.22	10.77	9.43	24.58	40.28	0.2448
2-3	9.62	55.97	9.90	9.58	24.55	32.39	0.1860

(7) 现场试喷试验

目的：验证配合比的施工性能。采集喷射速度、回弹量、粘结力、透气系数等数据及施工过程的一些注意事项。

原材料：与配合比试验三相同。

选择水胶比为0.38，胶材总量为450kg/m³的四种配合比进行试喷，测试数据见表5-24。

现场试喷试验数据分析 表5-24

四种配合比	普通喷射混凝土	粉煤灰取代（20%）	普通喷射混凝土+纤维（1.5kg/m³）	普通喷射混凝土+粉煤灰+纤维（1.5kg/m³）
水泥+粉煤灰+纤维（kg/m³）	450+0+0	360+90+0	450+0+1.5	360+90+1.5
回弹量（%）	2.5	2.25	0.22	0.21
喷射速度（m³/h）	12	15.5	19	19.5

根据现场采集的数据显示：水胶比为0.38，（水泥+粉煤灰）+纤维＝(360+90)kg/m³+1.5kg/m³的配合比施工性能好，喷射速度快，回弹量小。

采用普通喷射混凝土＋粉煤灰＋纤维（1.5kg/m³）配合比施工，与普通喷射混凝土配合比相比较，节约1/3的时间（图5-58）。

(a)

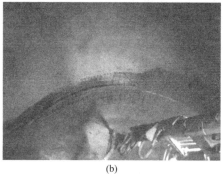
(b)

图5-58 现场试喷试验

5.4.2 玄武岩纤维喷射混凝土配合比设计规定及参数控制

(1) 喷射混凝土配合比设计规定

1) 胶凝材料总量不宜≤450kg/m³。本项目C25玄武岩纤维气密性喷射混凝土胶凝材料总量470 kg/m³。

2) 水泥用量不宜≤300kg/m³。

3) 矿物外掺量总量不宜≥胶凝材料总量的40%。

4) 水胶比不得≥0.45；混合料的坍落度宜≥220mm。

5) 砂率宜为50%～65%。

6) 若需掺加硅粉的混合料，硅粉的掺量宜为硅酸盐水泥重量的2%～5%。

7) 玄武岩纤维参量≥1.5kg/m³。

8) 本隧道部分段落含弱碱水段（pH＝7.4～9.5），施工到弱碱水段，配合比中应掺入粉煤灰。

(2) 喷射混凝土配合比参数控制

施工过程中采用的C30和C25喷射混凝土的配合比参数要求见表5-25，表中未明确的其他指标需满足《喷射混凝土应用技术规程》（JGJ/T 372—2016）中的相关要求。

C30玄武岩纤维气密性喷射混凝土配合比参数 表5-25

序号	设计混凝土等级	规范规定1d抗压强度（MPa）	试配28d抗压强度（MPa）	规范规定抗渗等级	设计规范规定抗弯拉强度（MPa）	设计气密系数（cm/s）	规范规定弹性模量（MPa）	抗拉强度（MPa）	轴芯抗压强度（MPa）
1	C25气密	8	33.2	P8	6	1×10^{-10}	2.6×10^4	2	11.9
2	C30气密	8	38.2	P8	6	1×10^{-11}	2.86×10^4	2	14.3
3	抗裂性	残余抗弯强度（韧性）等级为4级							

注：1. 实际配合应该根据项目现场实际材料做验证。
2. 残余抗弯强度（韧性）等级根据《岩土锚杆与喷射混凝土支护技术规范》（GB 50086—2015）中附录N试验、附录P规定判断，见表5-26。

不同变形等级的喷射混凝土的残余抗弯强度 表5-26

变形等级	梁的挠度（mm）	不同残余抗弯强度等级下的弯曲应力（MPa）			
		等级1	等级2	等级3	等级4
很低	0.5	1.5	2.5	3.5	4.5
低	1	1.3	2.3	3.3	4.3
普通	2	1.0	2.1	3.0	4.0
高	4	0.5	1.5	2.5	3.5

用于制备C30和C25喷射混凝土的骨料比例应根据项目类型和集料类型，且通过试验确定。采用砂率可以根据砂的粒度确定。

5.4.3 玄武岩纤维喷射混凝土原材料质量要求

(1) 水泥

水泥宜采用硅酸盐水泥或普通硅酸盐水泥，水泥质量应符合现行国家标准《通用硅酸盐水泥》（GB 175）的有关规定。

(2) 骨料

1) 粗骨料应选用坚硬耐久的卵石或碎石，粒径不宜大于12mm；不得使用含有活性二氧化硅的石料。

2) 细骨料应选用坚硬耐久的中砂或粗砂，细度模数宜为2.5～3.3，保持砂源的稳定性。

(3) 速凝剂

宜用无碱或低碱型速凝剂，掺加正常用量速凝剂的水泥净浆初凝时间不应大于3min，终凝不应大于12min。掺加速凝剂的喷射混凝土试件1d抗压强度大于8MPa，28d抗压强度比不应低于90%。

(4) 粉煤灰

粉煤灰的品质应符合现行国家标准《用于水泥和混凝土中的粉煤灰》（GB/T 1596）

的有关规定。粉煤灰的级别不应低于Ⅱ级，烧失量不应大于5%。

（5）减水剂

减水剂宜为引气型高效减水剂。

（6）玄武岩纤维

玄武岩纤维长度宜为15mm，控制在10~20mm之间，过长影响混凝土的施工性能，过短影响混凝土抗裂性能。纤维必须保持干燥（图5-59）。

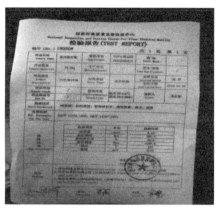

图5-59　玄武岩纤维及检测报告

5.4.4　玄武岩纤维喷射混凝土拌合要求

集料宜为干燥状态，否则干拌时间会延长。

（1）拌合：纤维与集料水泥一起投入拌合锅拌合均匀（称之为干拌时间），才能加入水和减水剂进行拌合。

（2）拌合时间：

1）纤维的长短不一样，干拌时间不一样，纤维越长，干拌时间越长。

2）集料干燥的情况下，在室内试验干拌需要120~150s，在现场干拌时只需90~120s。

3）如果集料含水，干拌时间要增加到240s左右，也可以与粗集料拌合均匀后，再加其他材料进行拌合。

4）纤维与集料、胶凝材料拌合均匀后，后期拌合时间以减水剂完全反应时间为准，一般为90~150s。

5）混合料搅拌前，应按混合料配比对各种原材料严格称量。

6）纤维应按每盘的用量称好，拌合时方便准确添加。

5.4.5　玄武岩纤维喷射混凝土喷射注意事项

（1）喷射作业准备工作

1）拆除作业面障碍物，清除开挖面的浮石、泥浆、回弹物及岩渣堆积物。

2）埋设控制喷射混凝土厚度的标志（厚度控制钉、喷射线）。

3）喷射机司机与喷射手不能直接联系时应配备联络装置。

4）作业区应有良好的通风和足够的照明装置。

5)喷射作业前应对机械设备、风水管路、输料管路和电缆线路等进行全面检查及试运转。

(2) 喷射作业要求

1)喷射作业应分段分片进行,喷射顺序应由上而下进行。

2)对受喷岩面应用压力水预先湿润,对遇水易潮解的岩层可用低压风清除岩面的松石、浮渣和尘埃。

3)在大面积喷射作业前应先对岩面上出露的空洞、凹穴和较宽的张开裂隙进行喷射混凝土充填。

4)喷嘴指向与受喷面应保持90°夹角。

5)严禁随意调整速凝剂的掺量。

6)喷射纤维混凝土,施工中应采取措施防止回弹物中的纤维刺入工作人员肌肤或眼中,加强防护。

5.4.6 玄武岩纤维喷射混凝土成本分析

项目原设计瓦斯段初支喷射混凝土采用聚丙烯纤维混凝土,其与玄武岩纤维混凝土经济性对比见表5-27、表5-28。

混凝土配合比使用各种材料单价(元/t) 表5-27

材料名称	水泥	机制砂	碎石	减水剂	速凝剂	聚丙烯纤维	玄武岩纤维	气密剂	粉煤灰
材料单价	305	60	60	2890	2530	14000	18000	1100	150

混凝土配合比使用各种材料单价(元/m³) 表5-28

类型	每立方米混凝土材料用量(kg/m³)									价格	备注
	水泥	粉煤灰	碎石	机制砂	用水量	速凝剂	减水剂	纤维	气密剂		
玄武岩喷射混凝土	367	92	861	861	170	22.95	4.59	1.5	—	327.4	—
聚丙烯纤维喷射混凝土	367	92	861	861	170	22.95	4.59	0.9	44.04	357	配合比外委重庆大学确定

配合比设计时,引气型减水剂替代气密剂,透气系数等相关指标满足要求。通过比较计算,玄武岩纤维混凝土成本为327.4元/m³,聚丙烯纤维混凝土单价为357元/m³,每立方米节约30元,瓦斯段初支混凝土6582m³,按照110%超耗计算,采用玄武岩纤维混凝土施工节约经济成本6582×2.1×30=41.5万元。关键是加快了施工进度,质量得到提升,防裂性好,气密性好,防碱集料反应,耐久性好。

5.4.7 聚丙烯纤维混凝土和玄武岩纤维混凝土结构物分析

根据现场实际情况,在YK43+590处施工聚丙烯纤维混凝土,在YK43+610处施工玄武岩纤维混凝土,设置表面应变计,分析实体受力情况,如图5-60~图5-65所示。

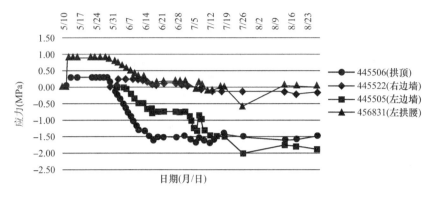

图 5-60　YK43+590 断面喷射混凝土内力监测数据图

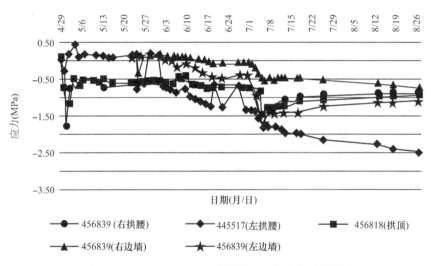

图 5-61　YK43+610 断面喷射混凝土内力监测数据图

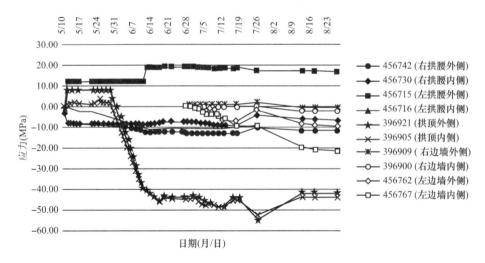

图 5-62　YK43+590 处钢支撑内力监测数据图

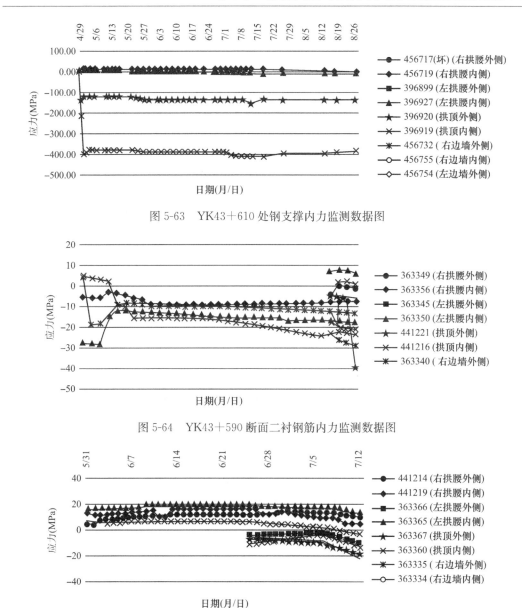

图 5-63 YK43+610 处钢支撑内力监测数据图

图 5-64 YK43+590 断面二衬钢筋内力监测数据图

图 5-65 YK43+610 断面二衬钢筋内力监测数据图

经过监测数据对比，YK43+610 处断面玄武岩纤维喷射混凝土处、钢支撑处、二衬钢筋处应力小且较均匀集中，体现高应力瓦斯隧道玄武岩纤维喷射混凝土较聚丙烯纤维混凝土各项性能更优越，抗裂性和气密性都得到了显著提升。

5.5 小结

（1）本章选取桐梓隧道为典型工点对预留安全岩柱厚度进行数值模拟计算，对于桐梓隧道设计 1.5MPa 瓦斯压力下预留安全岩柱厚度进行计算预留安全岩柱厚度为 6.0m，数值计算得出的预留安全岩柱厚度应该是预留安全岩柱厚度的最小值，可以作为取值下限。

(2）对项目设计瓦斯段煤系地层采用三台阶七步法施工代替双侧壁导坑法施工进行了模型理论计算，结合施工过程变形收敛情况验证三台阶七步法施工可行性，施工中采用三台阶七步法对瓦斯段进行施工，采用C6多功能地质钻进行超前大管棚及双层注浆小导管进行超前支护，基于玄武岩纤维喷射混凝土的研究，提出玄武岩纤维喷射混凝土施工配合比及施工工艺，应用于桐梓隧道瓦斯段初支施工。

（3）根据隧道施工技术指南揭煤防突施工要求进行桐梓隧道瓦斯段煤系地层揭煤防突施工，采用区域、局部两个"四位一体"综合防突措施进行瓦斯段煤系地层揭煤防突施工，很好地解决了现场施工过程中揭煤防突难题，可为同类大跨隧道提供经验借鉴参考。

第6章 贵州桐梓隧道修建技术的创新实践

6.1 设计与施工的创新实践

6.1.1 软弱围岩下快速施工的安全控制优化设计

(1) 基于桐梓隧道 C6 多功能地质钻、全电脑三臂凿岩台车、车载湿喷机、车载拱架安装机、自行式液压仰拱栈桥、防水板铺挂一体机、自动分层浇筑二衬台车、电缆沟槽台车等机械设备，进行了复杂条件下特长大跨公路隧道机械设备配套快速施工技术研究和应用，总结出特长大跨公路隧道高效施工机械化配套模式；通过三臂台车，"中、深孔"与"长、短眼"爆破技术应用，总结出山岭隧道机械钻爆法施工控制围岩稳定性最优爆破循环进尺；以及基于机械钻爆法施工控制隧道超、欠挖钻爆技术的运用，实现了特长大跨隧道安全、快速、高效施工。

(2) 通过理论分析、数值模拟、工程类比及现场对比试验，总结出大跨隧道不同工法施工前提下围岩变形特性及变形量，为大跨隧道优化结构参数提供了实践数据支撑；对机械化施工前提下的不同工法、工况分析，总结出控制特殊围岩稳定的微台阶工法；通过工法参数优化、爆破参数优化、爆破新技术应用与机械化配套技术应用，将隧道施工进度由最初的平均 65m/月，提高到 85m/月，进度提升了 30% 以上，节约工期近 12 个月，节约直接经济成本 1000 万元以上；实现了大跨隧道高效施工，为重遵扩容线早日通车，西南出海通道早日建成，打下了坚实基础。

6.1.2 富水岩溶环境下地下水防排及回收应用关键技术

(1) 针对特长、大涌水隧道反坡施工，通过涌水量区域预测计算、超前预探、预测分析，制订抽排水方案、应急预案，建立智能化反坡排水远程操作平台，总结出大涌水隧道反坡施工综合预探、预测技术以及现场预防、预控技术，提出大涌水反坡隧道施工"综合预探，提前投入，预防为主"的安全理念；建立反坡排水自动化、智能化抽排水，实现"智能化减人，有效降低安全风险"，节约成本，为同类大涌水隧道施工提供重要的经验参考。

(2) 通过用大气降雨入渗法、地下水径流模数法和半理论半经验法预测了隧道涌水量，三种方法中地下水径流模数法计算得到隧道最大涌水量最小值为 187069 m^3/d，大气降雨入渗法得到隧道最大涌水量最大值为 194592 m^3/d。建立了桐梓隧道排水环境负效应评价指标体系，引入煤系地层指标和地下水限排量指标。构建了单指标属性测度函数和多指标属性测度函数，采用置信度准则对属性结果进行了识别，预测桐梓隧道对地下水环境的影响为中等或中等偏强。

(3) 规范推荐的地下水质量单因子评价法和 F 值法评价结果相似,但单因子评价法更保守,以最差污染指标确定整体水质,因此存在 V 类水。F 值评价结果更乐观,存在 I 类水。达到 F 值法的 II 类水标准即符合直接饮用条件。Fe、Al 及 NO_3^- 是地下水中主要污染超标物。

(4) 分析了地下水利用途径和隧道消防水水源,地下水水质符合消防水水源标准,目前现场实测流量达到消防补水要求。通过 EPANET 软件对消防供水管网进行平差分析,采用进出口高位消防水池和洞内横洞消防水池分三区供水,相比于传统高位消防水池全段供水的方式可以有效降低管网水压力,且运营期地下水得以利用。

6.1.3 大跨隧道平立面交叉施工控制技术

(1) 为了简化交叉洞室围岩力学特性的计算,提出了通过等代圆法,将非圆形的洞室断面处理为圆形断面,并就不同的断面形式给出了相应的计算方法。阐述了单一洞室的弹性及塑性应力的计算方法,指出其影响范围受到 λ 的影响。根据已有的理论基础以及 Schwarz 交替法,实现了对交叉洞室围岩力学特性的解析求解,并利用 Matlab 软件实现了算法的计算。最后根据工程算例及数值模拟计算结果,表明该理论的实用性。

(2) 应用大型有限元软件 Midas GTX,对交叉口部分建立整体模型进行模拟分析。通过交叉口及主洞初支位移、应力分析,揭示了大跨隧道空间交叉施工工况下,隧道的位移、应力的特征。在此基础上对交叉口处初支优化的安全性进行了模拟分析。为隧道空间交叉施工提供了理论依据。

(3) 通过对立面交叉洞室的施工方法进行模拟分析,根据对围岩的应力、位移、地表沉降以及支护结构的受力进行分析得出:①围岩的应力主要集中在拱顶、边墙、墙脚和隧底处,其中挑顶先行三台阶法在拱顶处出现了拉应力,导洞爬升反向施工挑顶后挖法在左边墙处的应力较大,但是拱顶、拱底和右边墙的位置较挑顶先挖法都要小。②导洞爬升反向施工挑顶后挖法的边墙水平位移较另外两种方案都小,三种施工方案的洞室拱顶沉降和地表最大沉降都相差不大,其中挑顶先行三台阶法要比后两种要小,最大相差不超过 24.9%。③挑顶先行三台阶法除了拱脚位置的最大主应力比另外两种方案要小,其他位置的最终主应力都较大。导洞爬升反向施工挑顶后挖法与导洞爬升反向施工挑顶先挖法的最小主应力分布基本相同,前者应力值要略大于后者,在最大主应力上,挑顶后挖法的拱腰位置与前挖法相差 1.69MPa,而其他位置最大相差不超过 0.43MPa。因此综合考虑采用导洞爬升反向施工挑顶后挖法较另外两种方法更有利于施工。

(4) 基于隧道空间交叉口施工组织综合分析,选择最合理科学的施工开挖工法,有效提高大跨隧道空间交叉施工工效及施工安全风险管理水平,节约工期 10%以上。

6.1.4 新型支护结构体系设计和施工

(1) 基于隧道空间交叉口施工组织综合分析,选择最合理科学的施工开挖工法,有效提高大跨隧道空间交叉施工工效及施工安全风险管理水平。节约工期 10%以上。

(2) 根据平面交叉洞室的断面情况,提出了"Y"形主拱架和三角形主拱架两种支护方式,并采用数值模拟和荷载-结构法相结合方式对两种主拱架进行分析,得到两种主拱架的最大位移主要发生拱顶偏右侧,且有向左倾斜的趋势,因此要加强此部位的锚杆质量控制，适当缩小锚杆的间距。"Y"形主拱架的斜拱架靠近搭接点部位的上翼缘主要承受压应力，其值达到了 180MPa，最大压应力发生在斜拱架拱肩位置，达到了 202.6MPa，而三角形主拱架单元最大拉应力在左侧拱架的拱顶部位，最大值为 287.3MPa，最大压应力在左侧拱架的拱脚处为 73.6MPa，得到了采用"Y"形主拱架最优。同时针对异型钢拱架难以弯制的问题，提出了一种折线等代小半径椭圆弧的方法，最后通过开展异型钢拱架的抗弯承载力试验，分析与常规钢拱架的力学性能对比，验证了异型钢拱架的承载力满足要求。

（3）根据数值模拟与室内试验的研究成果，设计了一种"Y形主拱架＋斜截拱架"异型钢拱架支护体系。同时针对主拱架与斜截拱架的连接问题，研发了一种可以调节的球形与球面装置，实现了钢拱架之间的细微调节。另外针对交叉口衬砌拆除与加固施工，提出了一种"V形开槽，骨架先行，随拆随支"的施工原则，实现了衬砌拆除＋支护一体化施工，保证了施工的安全。最后通过对工程现场监测数据进行分析，结果表明，围岩及钢拱架的变形都在控制值的范围内，说明此新型钢拱架支护体系及其施工方法的实用性与可行性。

6.1.5 高瓦斯段隧道穿煤设计和施工关键技术

（1）选取桐梓隧道典型工点对特长大跨高瓦斯隧道石门揭煤岩柱受力状态进行研究，通过数值模拟对石门揭煤瓦斯隧道不同预留岩柱厚度进行受力分析，确定大跨度高瓦斯隧道最小安全岩柱厚度不小于 6m，科学合理指导揭煤，确保施工安全。

（2）通过复杂地质特长大跨瓦斯突出隧道瓦斯突出性判别、评估及防突措施研究，确定瓦斯突出预测方法及突出危险性临界值，参照相关规定确定适用于本隧道的瓦斯突出评估方法及步骤，总结出瓦斯突出防突措施，在保障本隧道隧道施工安全基础上，为高瓦斯隧道施工提供参考。

（3）根据隧道施工技术指南揭煤防突施工要求进行桐梓隧道瓦斯段煤系地层揭煤防突施工，采用区域、局部两个"四位一体"综合防突措施进行瓦斯段煤系地层揭煤防突施工，很好地解决了现场施工过程中揭煤防突难题，可为同类大跨隧道提供经验借鉴参考。

6.1.6 新型纤维混凝土的衬砌结构瓦斯密封关键技术

（1）基于玄武岩新型纤维混凝土的衬砌结构瓦斯密封措施研究，开展了不同纤维掺量对于 C25、C30 喷射混凝土抗弯拉强度、弹性模量、抗渗指标影响的研究，提出了 C25、C30 喷射混凝土配合比设计要求。确定了玄武岩新型纤维混凝土的衬砌结构气密性和抗渗等关键指标，提出玄武岩纤维混凝土施工工艺标准，本研究结果可为国内其他瓦斯隧道新型纤维混凝土的衬砌结构应用提供参考。

（2）对项目设计瓦斯段煤系地层采用三台阶七步法施工代替双侧壁导坑法施工进行了模型理论计算，结合施工过程变形收敛情况验证三台阶七步法施工可行性，施工中采用三台阶七步法对瓦斯段进行施工，采用 C6 多功能地质钻进行超前大管棚及双层注浆小导管进行超前支护，基于玄武岩纤维喷射混凝土的研究，提出玄武岩纤维喷射混凝土施工配合比及施工工艺，应用于桐梓隧道瓦斯段初支施工。

（3）通过复杂地质特长大跨瓦斯突出隧道瓦斯突出性判别、评估及防突措施研究，确定瓦斯突出预测方法及突出危险性临界值，参照相关规定确定适用于本隧道的瓦斯突出评估方法及步骤，总结出瓦斯突出防突措施，在保障本隧道隧道施工安全基础上，为高瓦斯隧道施工提供参考。

6.1.7 工程创新技术

本研究以桐梓隧道复杂条件下特长大跨隧道快速施工、大跨隧道空间交叉施工研究为背景，采用理论分析、数值模拟、现场监测的方法对复杂条件下特长大跨公路隧道Ⅳ级围岩微台阶施工、斜井、联络风道、交叉口开挖进行了动态模拟，揭示桐梓隧道微台阶施工、空间交叉施工工况下，隧道的位移、应力的特征。基于特长大跨隧道机械化施工技术、Ⅳ级围岩微台阶施工技术、大跨隧道空间交叉口施工技术等综合应用，从而提高隧道施工工效、施工质量，提升隧道施工安全风险管理水平。研究成果成功应用与桐梓隧道施工过程中，在保障隧道施工安全、质量、工效方面均取得了显著的效果。具体工程创新技术如下：

（1）采用全电脑三臂凿岩台车进行自动找点精准钻孔，同时周边眼采用长短眼相结合方式实现开挖轮廓精准爆破成型。

（2）研发双组分速凝剂，结合车载湿喷机械手进行湿喷混凝土施工，实现速凝剂综合掺量5%左右，综合回弹8%左右，强度满足设计要求，外观质量优良。

（3）二衬台车顶部配置混凝土自动浇筑轨道小车，利用遥控控制轨道小车上泵管接头位置，实现不同部位管道自动换管，分层浇筑。

（4）研制隧道中心水沟一体化浇筑台车并用其进行隧道中心水沟一体化浇筑，确保施工质量。

（5）Ⅳ级围岩段施工通过减少上、中台阶长度，上台阶长度控制到3~6m，高度3m；中台阶长度控制在15m以内，高度2.6m，大型侧翻装载机联合作业出渣，工序衔接时间更紧密，提高台阶机械化施工水平，增加施工进度。

（6）3号斜井与主洞交叉口应用大型有限元软件Midas GTX，对排烟道、送风道、排风道与主洞大跨度交叉口三维受力状态研究，提出适用于大跨空间交叉口最优的施工组织顺序，开挖爆破控制技术以及最优的支护参数，指导隧道开挖支护，确保交叉口施工安全高效。

（7）4号斜井与主洞交叉口采用超前锚杆和双拼工字钢托梁门架配合，临时门架小导洞爬坡进入正洞顶部，形成施工断面后配合超前锚杆、锁脚锚杆反向扩挖成隧道正式断面，实现由斜井小断面向正洞大断面的过渡转换。

6.2 科研和成果

复杂地质长大公路隧道安全快速施工关键技术研究分别在隧道施工组织、机械化配套、空间交叉施工等提供了宝贵经验，具有良好的推广应用前景。复杂地质长大公路隧道安全快速施工关键技术研究成果可适用于公路、铁路隧道、地下空间施工工程。科研成果汇总见表6-1。

科研成果汇总表　　　　　　　　　　　　　　　　表6-1

序号	成果类别	成果名称	级别
1	技术论文	大跨隧道软弱围岩高效施工工艺	核心期刊
2		隧道施工不同台阶长度开挖数值模拟对比分析	核心期刊
3		基于双组分速凝剂在长大隧道湿喷中的优势探讨	局级论文
4		特长大跨公路隧道辅助通道小导洞进洞施工技术	局级论文
5	工法	山岭隧道新型双组分速凝剂喷射混凝土施工工法	贵州省工法
6		全电脑三臂凿岩台车线性聚能智能化预裂爆破施工工法	贵州省工法
7		大跨公路隧道斜井与主洞交叉口小导洞扩挖施工工法	贵州省工法、局级工法
8		特长大跨公路隧道多断面立体交叉口施工工法	贵州省工法
9		大跨隧道中心水沟一体化快速施工工法	贵州省工法
10		特长隧道自动布料模板台车整体衬砌混凝土浇筑施工工法	局级工法
11	专利	一种隧道初支上台阶拱架连接钢板保护装置	实用新型
12		一种隧道钢拱架连接钢板焊接定位装置	实用新型
13		一种可收缩式隧道开挖活动台架	实用新型
14		一种反坡隧道施工排水系统	实用新型
15		一种便携式管道运输装置	实用新型
16		一种适用于喷射混凝土的速凝剂及其制备方法	发明专利
17		一种隧道多断面立体交叉口施工方法	发明专利
18		一种隧道长距离反坡排水施工的引流装置	实用新型
19		一种隧道施工通风口加固支撑结构	实用新型
20		一种隧道围岩变形激光测量装置	实用新型
21		一种隧道自动喷雾降尘装置	实用新型
22		一种隧道光面爆破周边眼装药装置	实用新型
23		一种隧道用通风除尘装置	实用新型
24		一种隧道初支湿喷回弹混凝土回收装置	实用新型
25	计算机软件著作权	隧道工程反坡排水自动化监测监控系统	—
26		隧道工程光面爆破质量验收系统	—
27		隧道工程结构变形检测系统	—
28		隧道工程施工项目综合管理平台	—
29	QC成果	提高隧道光面爆破施工质量	重庆市QC成果二等奖
30		隧道喷射混凝土双组分速凝剂的研制	重庆市QC二等奖、中国施工企业管理协会QC二等奖

参 考 文 献

[1] 于书翰，杜谟远. 隧道施工 [M]. 北京：人民交通出版社，2002.
[2] 崔玖江. 隧道与地下工程修建技术 [M]. 北京：科学出版社，2005.
[3] 王海亮. 工程爆破 [M]. 北京：中国铁道出版社，2008.
[4] 郑颖人. 地下工程锚喷支护设计指南 [M]. 北京：中国铁道出版社，1988.
[5] 铁路第二工程局. 铁路工程施工技术手册：隧道 [M]. 北京：中国铁道出版社，1995.
[6] 铁道部经济规划研究院. 铁路隧道钻爆法施工工序及作业指南 [M]. 北京：中国铁道出版社，2007.
[7] 关宝树. 隧道及地下工程喷射混凝土支护技术 [M]. 北京：人民交通出版社，2009.
[8] 赖涤泉. 隧道施工通风与防尘 [M]. 北京：中国铁道出版社，1994.
[9] 铁道部基建总局. 铁路隧道新奥法指南 [M]. 北京：中国铁道出版社，1988.
[10] 李晓红. 隧道新奥法及其量测技术 [M]. 北京：科学出版社，2002.
[11] 吕康成. 隧道工程试验检测技术 [M]. 北京：人民交通出版社，2000.
[12] Pietro Lunardi. 岩土控制变形分析法（ADECO-RS）[M]. 北京：中国铁道出版社，2011.
[13] 唐经世. 隧道与地下工程机械掘进机 [M]. 北京：中国铁道出版社，1998.
[14] 王梦恕等. 岩石隧道掘进机（TBM）施工及工程实例 [M]. 北京：中国铁道出版社，2004.
[15] 中国铁道建筑总公司. 隧道掘进机施工技术 [M]. 北京：机械工业出版社，2005.
[16] 李向国. 高速铁路技术 [M]. 北京：中国铁道出版社，2009.
[17] 吕康成. 公路道运营管理 [M]. 北京：人民交通出版社，2006.
[18] 吴焕通，崔永军. 隧道施工及组织管理指南 [M]. 北京：人民交通出版社，2005.
[19] 彭立敏，刘小兵. 隧道工程 [M]. 长沙：中南大学出版社，2009.
[20] 覃仁辉. 隧道工程 [M]. 2版. 重庆：重庆大学出版社，2005.
[21] 霍润科. 隧道与地下工程 [M]. 北京：中国建筑工业出版社，2011.
[22] 陶龙光，刘波，侯公羽. 城市地下工程 [M]. 2版. 北京：科学出版社，2011.
[23] 仇文革，郑余朝，张俊儒，等. 地下空间利用 [M]. 成都：西南交通大学出版社，2011.
[24] 曾亚武. 地下结构设计模型 [M]. 2版. 武汉：武汉大学出版社，2013.
[25] 王树理. 地下建筑结构设计 [M]. 2版. 北京：清华大学出版社，2012.
[26] 徐干成，白洪才，郑颖人，等. 地下工程支护结构 [M]. 北京：中国水利水电出版社，2002.
[27] 沈明荣，陈建峰. 岩体力学 [M]. 上海：同济大学出版社，2006.
[28] 朱汉华，尚岳全，杨建辉，等. 公路隧道设计与施工新法及其应用 [M]. 北京：人民交通出版社，2010.

[29] 贺少辉,叶锋,项彦勇,等. 地下工程 [M]. 2版. 北京:北京交通大学出版社,2013.

[30] 王梦恕,等. 中国隧道及地下工程修建技术 [M]. 北京:人民交通出版社,2010.

[31] 周传波,陈建平,罗学东,等. 地下建筑工程施工技术 [M]. 北京:人民交通出版社,2008.

[32] 李树忱,马腾飞,冯现大. 地下建筑结构设计原理与方法 [M]. 北京:人民交通出版社,2018.

[33] 陈小雄. 现代隧道工程理论与隧道施工 [M]. 成都:西南交通大学出版社,2006.

[34] 王玉杰. 爆破工程 [M]. 武汉:武汉理工大学出版社,2007.

[35] 蔡美峰,何满潮,刘东燕. 岩石力学与工程 [M]. 2版. 北京:科学出版社,2013.

[36] 李志业,曾艳华. 地下结构设计原理与方法 [M]. 成都:西南交通大学出版社,2003.

[37] 徐辉,李向东. 地下工程 [M]. 武汉:武汉理工大学出版社,2009.

[38] 王毅才. 隧道工程 [M]. 2版. 北京:人民交通出版社,2006.

[39] 王成. 隧道工程 [M]. 北京:人民交通出版社,2009.